数字经济下社会资本
与农业转移人口高质量就业：
多维测度与机制识别

付明辉◎著

中国财经出版传媒集团

经济科学出版社
Economic Science Press

·北京·

图书在版编目（CIP）数据

数字经济下社会资本与农业转移人口高质量就业：
多维测度与机制识别 / 付明辉著. -- 北京：经济科学
出版社，2025.3. -- ISBN 978 - 7 - 5218 - 6837 - 1

Ⅰ. C924.24

中国国家版本馆 CIP 数据核字第 2025NA8351 号

责任编辑：汪武静
责任校对：齐　杰
责任印制：邱　天

数字经济下社会资本与农业转移人口高质量就业：
多维测度与机制识别

SHUZI JINGJI XIA SHEHUI ZIBEN YU NONGYE ZHUANYI RENKOU
GAOZHILIANG JIUYE：DUOWEI CEDU YU JIZHI SHIBIE

付明辉　著

经济科学出版社出版、发行　新华书店经销
社址：北京市海淀区阜成路甲 28 号　邮编：100142
总编部电话：010 - 88191217　发行部电话：010 - 88191522
网址：www.esp.com.cn
电子邮箱：esp@esp.com.cn
天猫网店：经济科学出版社旗舰店
网址：http://jjkxcbs.tmall.com
固安华明印业有限公司印装
710 × 1000　16 开　14.5 印张　220000 字
2025 年 3 月第 1 版　2025 年 3 月第 1 次印刷
ISBN 978 - 7 - 5218 - 6837 - 1　定价：78.00 元
（图书出现印装问题，本社负责调换。电话：010 - 88191545）
（版权所有　侵权必究　打击盗版　举报热线：010 - 88191661
QQ：2242791300　营销中心电话：010 - 88191537
电子邮箱：dbts@esp.com.cn）

本书得到以下三个项目的资助：

1. 教育部人文社会科学研究青年基金项目"数字化转型对农民工高质量就业的影响机制研究"（批准号：22YJC790027）；

2. 广东省基础与应用基础研究基金自然科学基金面上项目"数字化转型与高质量就业研究：理论机制、风险评估与政策优化"（批准号：2023A1515011837）；

3. 广东省哲学社会科学规划2023年度青年项目"共同富裕下数字化转型驱动广东省农民工收入增长的理论机制与政策优化研究"（批准号：GD23YYJ13）。

就业是最大的民生，事关人民福祉、社会稳定和国家安定。党的二十大报告指出，强化就业优先政策，健全就业促进机制，促进高质量充分就业。健全就业公共服务体系，完善重点群体就业支持体系，加强困难群体就业兜底帮扶。2024 年 5 月 27 日，中共中央政治局就促进高质量充分就业进行第十四次集体学习时，习近平总书记强调，要坚定不移贯彻新发展理念，更加自觉地把高质量充分就业作为经济社会发展的优先目标，使高质量发展的过程成为就业提质扩容的过程，提高发展的就业带动力。我国的劳动力市场二元分割导致绝大多数农业转移人口被限制在次属劳动力市场的工作岗位上，农业转移人口的薪酬福利待遇较差、就业能力较低、就业稳定性较差、社会保障水平较低，就业质量较低。经济新常态以来，经济增长动能减弱使得传统产业对劳动力的需求下降，而产业结构转型升级和数字经济发展导致对低技能劳动力需求下降，农业转移人口的供给和需求不匹配问题日趋严重，农业转移人口就业质量进一步恶化。由于次属劳动力市场广泛存在不完全信息和不确定性，新进入的农业转移人口面临着高昂的求职成本和无法传递技能信号的匹配摩擦，社会网络是农业转移人口找工作的主要途径。大量研究关注了社会资本的就业效应或工资效应，然而，少有文献研究社会资本对农业转移人口高质量就业的影响，也缺乏探究社会资本影响农业转移人口高质量就业的机制。实际上，中国正处于经济结构快速转型和新型城镇化升级的进程中，探究社会资本对农业转移人口高质量就业的影响及其影响机制，不仅能为农业转移人口高质量就业研究提供新的理论分析框架，而且能为从社会资本积累和数字经济发展的角度促进农业转移人口高质量就业提供经验启示。

本书重点回答了5个问题：农业转移人口的高质量就业现状如何？社会资本对农业转移人口的高质量就业有什么影响？社会资本影响农业转移人口高质量就业的机理是什么？社会资本通过哪些机制影响农业转移人口的高质量就业水平？数字经济发展下社会资本对农业转移人口高质量就业产生了什么影响？围绕研究问题，本书按照"概念界定与理论基础—理论分析—评价分析—实证分析—政策建议"的逻辑思路展开理论研究和实证分析。

本书在概念界定与理论基础部分，通过系统梳理国内外关于社会资本和高质量就业的文献，界定了社会资本和高质量就业的概念，提出了社会资本影响农业转移人口高质量就业的理论分析框架。首先，高质量就业指劳动者就业能力的提升和就业福利待遇的改善，它包含静态维度的就业薪酬福利好、就业能力强、劳动关系稳定和社会保障足，也包含动态维度的收入持续增加。其次，基于社会资本投资理论和职业选择理论模型，提出了社会资本影响农业转移人口高质量就业的理论模型，预测了生产率增强型社会资本和成本降低型社会资本的高质量就业效应差异。再次，基于社会网络的创新扩散理论、工作搜寻匹配理论和社会认同理论，厘清了社会资本影响农业转移人口高质量就业的机制：人力资本促进机制、工作搜寻和就业匹配机制以及市民身份认同机制。最后，将社会资本和数字经济发展水平纳入统一分析框架，提出了数字经济发展水平调节下社会资本影响农业转移人口高质量就业的理论分析框架。

本书在农业转移人口的社会资本与高质量就业的测度评价部分，基于网络位置法对农业转移人口的社会资本和原始整合型社会资本、原始跨越型社会资本和新型跨越型社会资本进行测度。并且，构建了包含薪酬福利、就业能力、劳动关系和社会保障四个维度的农业转移人口高质量就业指标体系，基于中国流动人口动态监测调查（China Migrants Dynamic Survey，CMDS）2011年和2017年数据对农业转移人口的社会资本和高质量就业指数进行测度。研究发现，首先，农业转移人口的总体社会资本处于中等水平，不同地区和群体之间社会资本水平存在较大差异。其次，农业转移人口的原始整合型社会资本、原始跨越型社会资本和新型跨越型社会资本也存在区域和群体异质性。再次，农业转移人口的高质量就业指数处于较低水平，2011~2017年全国农业转移人口的高质量就业指数整体差异有所扩大，低质量就业的农业转移人口的就业质量具有较强的稳定性，农业转移人口的就业质量向上转移的难度较大。最后，东部地区农业转移人口的高质量就业水平最高，而中部地区农业转移人口的高质量就业水平最低。高质量就业指数随着农业转移人口受教育水平的提高而呈现不断增大的趋势。随着年龄的增加而呈现先增加后下降的倒"U"型趋势。

本书在社会资本影响农业转移人口高质量就业的实证分析部分，基于CMDS 2011年和2017年调查数据、城市统计数据和家谱数据，采用线性回归模型和分位数模型分别研究了总体社会资本对农业转移人口高质量就业的影响，原始整合型社会资本、原始跨越型社会资本和新型跨越型社会资本对农业转移人口高质量就业的影响。此外，采用两阶段最小二乘回归、倾向性得分匹配、加权回归法和共线性检验展开稳健性检验。研究发现，首先，原始整合型社会资本降低了农业转移人口的高质量就业水平，而原始跨越型社会资本和新型跨越型社会资本均提高了农业转移人口的高质量就业水平。其次，原始整合型社会资本对中低分位的高质量就业有显著影响；原始跨越型社会资本的高质量就业效应随着高质量就业分位数的增加而持续增大；新型跨越型社会资本的高质量就业效应随着高质量就业分位数的增加而呈现倒"U"型趋势。最后，原始整合型社会资本是一种成本降低型社会资本，而原始跨越型社会资本和新型跨越型社会资本是生产率增强型社会资本。

本书在社会资本影响农业转移人口高质量就业的机制检验部分，基于CMDS 2011年和2017年调查数据、城市统计数据，采用线性回归模型检验了社会资本影响农业转移人口高质量就业的人力资本促进机制、工作搜寻和就业匹配机制、市民身份认同机制。研究发现，首先，新型跨越型社会资本通过人力资本促进机制提高了农业转移人口的高质量就业，而原始整合型社会资本和原始跨越型社会资本降低了农业转移人口业余时间学习的概率。其次，原始整合型社会资本和原始跨越型社会资本对农业转移人口高质量就业具有网络搜寻效应，而新型跨越型社会资本对农业转移人口的高质量就业的网络搜寻效应不显著。再次，原始跨越型社会资本和新型跨越型社会资本对农业转移人口的高质量就业有良好匹配效应。最后，原始跨越型社会资本和新型跨越型社会资本均通过市民身份认同机制提高了农业转移人口的高质量就业，但原始整合型社会资本影响高质量就业的市民身份认同机制不显著。

本书在社会资本影响农业转移人口高质量就业的异质性分析部分，基于 CMDS 2011 年和 2017 年调查数据、城市统计数据、中国数字普惠金融数据，采用线性回归模型展开实证分析。研究发现，首先，社会资本显著提高了农业转移人口的薪酬和同比工资增加，促进农业转移人口从事高端服务业就业和正规就业，社会资本也提高了农业转移人口的本地医疗保险覆盖和长期劳动合同覆盖。其次，数字经济发展水平对农业转移人口高质量就业产生了劳动力替代效应，但数字经济提高了新型跨越型社会资本的高质量就业效应。再次，异质性社会资本对东部地区农业转移人口的高质量就业没有显著影响，原始跨越型社会资本和新型跨越型社会资本显著促进了中部地区、西部地区和东北地区农业转移人口的高质量就业。最后，社会资本对不同个体特征的农业转移人口的高质量就业的影响不同。

本书根据理论分析和实证研究结果提出促进农业转移人口社会资本积累和高质量就业的相应的对策建议。首先，本书提出了促进农业转移人口社会资本积累的三条政策建议，分别是：加快户籍制度改革，提高农业转移人口的市民化水平；加强社区和公共服务建设，提高农业转移人口社会资本异质性；充分考虑群体差异，优化社会资本促进政策。其次，本书提出了促进农业转移人口高质量就业的五条政策建议：加大技能培训力度，提高农业转移人口人力资本水平；完善技能认定机制，促进农业转移人口就业匹配质量；畅通信息传递渠道，提高农业转移人口工作搜寻效率；推进社会融合政策，强化农业转移人口市民身份认同；优化数字经济结构，促进农业转移人口充分高质量就业。需要说明的是本书 CMDS 2011 年和 2017 年的数据，结合城市统计数据和家谱数据，对农业转移人口的社会资本与高质量就业的关系进行了系统分析。尽管 CMDS 数据的最新更新截至 2018 年，研究结论仍然具有现实意义。首先，农业转移人口的就业结构和社会资本积累具有较强的路径依赖性，短期内不会发生根本性变化，因此本书识别的社会资本对农业转移人口高质量就业的作用机制依然适用。其次，近年来城镇化和数字经济的快速发展，使得社会资本在农业转移人口就业中的作用愈加凸显，这进一步印证了研究结论的适用性。最后，本书构建的分析框架和测度方法可为后续研究提供理论和实证支持，对当前政策制定仍具有重要参考价值。因此，尽管数据时间有所滞后，本书的核心结论依然稳健，对理解和促进农业转移人口高质量就业具有重要现实意义。

目录

第1章

绪 论

就业是最大的民生，高质量就业是解决新时代我国社会主要矛盾的迫切要求。农业转移人口是城镇化建设和现代化建设的主力军，然而，由于城市劳动力市场二元分割，农业转移人口作为城市的新来者面临劳动力市场信息问题和就业摩擦，其就业质量并不高。为此，党的十九届五中全会进一步提出"民生福祉达到新水平，实现更加充分更高质量就业"。农业转移人口的高质量就业问题引发政界和学界的关注。社会资本是农业转移人口获取信息的重要渠道，那么，社会资本是否促进了农业转移人口高质量就业？哪些社会资本有利于农业转移人口高质量就业？研究相关问题对于深化了解新时代社会资本的高质量就业效应的理论具有重要的理论意义，对于促进农业转移人口社会融合和高质量就业具有重要的现实意义。围绕本书的核心问题，本章主要介绍了社会资本与农业转移人口高质量就业的研究背景、研究意义，梳理了社会资本与农业转移人口高质量就业的国内外研究动态，介绍了本书的研究目标、研究内容以及数据来源、研究方法和技术路线，并提出本书的创新之处。

1.1　研究背景与研究意义

1.1.1　研究背景

就业是最大的民生，事关人民福祉、社会稳定和国家安定。党的十八大报告提出"推动实现更高质量的就业"。党的十九大报告提出"要坚持就业优先战略和积极就业政策，实现更高质量和更充分就业"。党的二十大报告提出强化就业优先政策，健全就业促进机制，促进高质量充分就业，完善重点群体就业支持体系，加强困难群体就业兜底帮扶。2024 年 5 月 27 日，中共中央政治局就促进高质量充分就业进行第十四次集体学习时，习近平总书记强调，要坚定不移贯彻新发展理念，更加自觉地把高质量充分就业作为经济社会发展的优先目标，使高质量发展的过程成为就业提质扩容的过程，提高发展的就业带动力。

改革开放以来，伴随工业化和城镇化进程的推进，我国大量农村剩余劳动力离开农村和农业，进入城镇和非农产业就业，形成规模庞大的农业转移人口群体。广大农业转移人口为城市产业发展和经济建设提供了丰富的劳动力资源（董延芳等，2018）。国家统计局调查数据显示，2024 年我国有 2.99 亿农业转移人口，占我国总人口的 20%。然而，由于我国的劳动力市场二元分割，他们中的绝大多数被限制在次属劳动力市场的工作岗位上。这些次属劳动力市场工作岗位的共同特征是薪酬福利待遇差、就业能力低、就业稳定性差、社会保障水平低（Meng，2012；毛晶晶等，2020；王建，2017）。已有研究表明农业转移人口就业有助于推动经济发展（伍山林，2016；程名望等，2018；蔡昉，2010）、促进国内国际双循环（蔡昉等，2020）、降低农村不平等（Foltz et al.，2020）并减少犯罪发生率（张丹丹等，2014）。因此，农业转移人口的就业质量问题受到政府和社会的广泛关注。

经济新常态以来，经济增长动能减弱使得传统产业面临增速下降的压力和劳动力需求下降，而新型产业结构转型升级和数字经济发展导致对低技能劳动力需求下降，我国农业转移人口群体面临较大的就业压力。与此同时，农业转移人口的规模、年龄构成和工资收入等方面也出现了一系列新变化。首先，农业转移人口规模和外出农业转移人口规模的增速持续下降。我国已经迈过刘易斯拐点（Zhang et al.，2011），农民工规模的增速从 2010 年的 5.4% 下降到 2020 年的 −1.8%，随后小幅增长到 2023 年的 0.6%，并且，外出农民工规模的增速下降得更快，从 2010 年的 5.5% 下降到 2020 年的 −2.7%，随后又小幅增长到 2023 年的 2.7%（见图 1 − 1）。

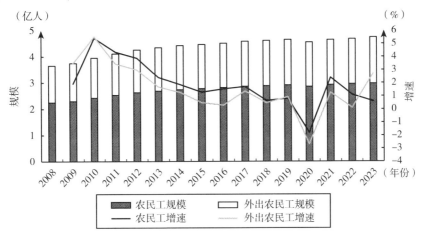

图 1 − 1　农业转移人口就业规模和数量

资料来源：2008 ~ 2023 年《农民工监测调查报告》。

其次，农业转移人口老龄化趋势明显。农业转移人口的平均年龄从 2008 年的 34 岁增加到 2023 年的 43.1 岁，40 岁以上农业转移人口所占比重从 2008 年的 30% 增加到 2023 年的 55.4%（见图 1 − 2）。

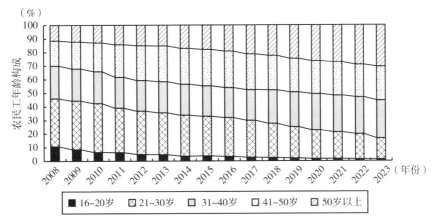

图 1 − 2　农业转移人口年龄构成

资料来源：2008 ~ 2023 年《农民工监测调查报告》。

此外，"十二五"前期，外出农业转移人口月收入年增长率达20%，2014年增长率降至个位数，为9.8%，到2024年，农业转移人口的月收入为4961元，比上年增长3.8%。这些变化说明支撑农业转移人口就业的传统动能已经处于极限状态，农业转移人口的就业空间进一步缩紧，另外也意味着农业转移人口的供给和需求不匹配问题日趋严重。经济增速放缓和产业结构升级倒逼农业转移人口从就业数量增加向就业质量提升转型。促进农业转移人口高质量就业的前提是需要采用合适的指标测度农业转移人口的高质量就业水平。

　　农业转移人口是城市的新来者，特别容易受到信息问题的影响（Munshi，2015；Wilson，2021）。因为农业转移人口主要从事体力劳动，这些工作类型与需求的频繁变化有关导致农业转移人口的工作替换率较高。因此，劳动力市场的信息显得尤为重要（Hjort et al.，2019）。社会资本有助于解决城市二元劳动力市场中的农业转移人口面临的信息问题。一般来说，农业转移人口主要在非正规部门和低端产业部门工作（Fleisher et al.，2003；Meng，2012；陈斌开等，2018），这些部门大多依靠口头传递劳动力需求信息，依靠推荐和介绍的方式招聘劳动力（Zhang et al.，2003）。由于受教育水平普遍较低、普通话熟练程度低，农业转移人口获取信息有限，社会资本通过网络搜寻效应改善农业转移人口的就业。此外，新到的农业转移人口面临的主要困难是难以向雇主传达他们技能的准确信息，此时，其社会网络中的城市成员或已就业成员将通过推荐方式证明其就业能力，降低企业和农业转移人口之间信息摩擦，促进农业转移人口高质量就业（Abebe et al.，2021）。

　　大量实证文献研究了社会资本与农业转移人口就业和收入的关系（Mahajan et al.，2020；Munshi et al.，2003，2016；Zhao，2003；叶静怡等，2010；王春超等，2013，2017；章元等，2009；陈斌开等，2018）。然而，少有文献研究社会资本对农业转移人口高质量就业的影响，也缺乏探究社会资本影响农业转移人口高质量就业的机制。实际上，中国正处于经济结构快速转型和新型城镇化升级的进程中，探究社会资本对农业转移人口高质量就业的影响及其影响机制，不仅为农业转移人口高质量就业研究提供新的理论分析框架，而且为从社会资本积累的角度促进农业转移人口高质量就业提供理论指导和政策建议。本书重点研究新时代社会资本对农业转移人口高质量就业的影响，并探讨其影响机制。

需要说明的是，本书基于 CMDS 2011 年和 2017 年数据，结合城市统计数据和家谱数据，对农业转移人口的社会资本与高质量就业的关系进行了系统分析。尽管 CMDS 数据的最新更新截至 2018 年，研究结论仍然具有现实意义。首先，农业转移人口的就业结构和社会资本积累具有较强的路径依赖性，短期内不会发生根本性变化，因此本书识别的社会资本对农业转移人口高质量就业的作用机制依然适用。其次，近年来城镇化和数字经济的快速发展，使得社会资本在农业转移人口就业中的作用愈加凸显，这进一步印证了研究结论的适用性。最后，本书构建的分析框架和测度方法可为后续研究提供理论和实证支持，对当前政策制定仍具有重要参考价值。因此，尽管数据时间有所滞后，本书的核心结论依然稳健，对理解和促进农业转移人口高质量就业具有重要现实意义。

1.1.2 研究意义

系统研究社会资本对农业转移人口高质量就业的影响，不仅有助于丰富新时代社会资本的高质量就业效应的理论，而且有助于为促进农业转移人口社会融合和高质量就业提供政策启示，本书具有明确的理论意义和现实意义。

1.1.2.1 理论意义

（1）研究了社会资本对农业转移人口高质量就业的影响，拓展了社会资本对劳动力市场绩效的研究。首先，根据农业转移人口社会交往的关系强度和社会网络的开放程度，将农业转移人口的社会资本分类从两维度延伸到三维度，分别为原始整合型、原始跨越型和新型跨越型社会资本，拓展了社会资本的研究维度。其次，基于社会资本投资理论和职业选择模型，提出社会资本影响农业转移人口高质量就业的理论模型及理论预测，根据预测结果将原始整合型社会资本、原始跨越型社会资本和新型跨越型社会资本分类为生产率增强型社会资本和成本降低型社会资本，丰富了社会资本对劳动力市场效应的研究。

（2）挖掘社会资本对农业转移人口高质量就业的影响机制，深化了社会资本影响的相关研究。首先，本书结合经典理论和相关文献，提出社会资本促进农业转移人口高质量就业的三类机制。基于社会网络的创新扩散理论，从蔓延效应、社会影响效应和社会学习效应三个方面提出社会资本影响农业转移人口高质量就业的人力资本促进机制；基于工作搜寻匹配理论，从网络搜寻渠道效应和良好匹配效应两个方面提出社会资本的工作搜寻和就业匹配机制；基于社会认同理论，从市民身份认同度和市民接受度两方面提出社会资本的市民身份认同机制。其次，根据社会资本对农业转移人口高质量就业的影响分析和机制检验结果，分析三种社会资本对农业转移人口高质量就业的影响存在差异的原因，有助于深化了解社会资本影响农业转移人口高质量就业的机理。

（3）考察社会资本和数字经济发展互动对农业转移人口高质量就业的影响，拓展了数字经济发展水平和社会资本互动对农业转移人口高质量就业的影响的研究。首先，结合基于任务的需求理论模型和信息扩散理论，挖掘数字经济发展水平影响农业转移人口高质量就业的三种直接效应：劳动力替代效应、就业创造效应和生产率提高效应。其次，结合社会资本理论，挖掘数字经济发展水平下社会资本的高质量就业效应，结合开放型网络和封闭式网络的特点，提出数字经济发展下社会资本的高质量就业效应因不同类型社会资本而异的研究假设，拓展了数字经济和社会资本动态演化对农业转移人口高质量就业的影响的研究。

1.1.2.2　现实意义

（1）从薪酬福利、就业能力、劳动关系和社会保障四个维度构建农业转移人口高质量就业指标体系，为建立新时代高质量就业指标体系提供分析框架。近年来，国家不断强调促进劳动力更充分更高质量就业，但是，其前提是建立合适的多维度高质量就业指标评价体系。本书从同期群角度和动态变化角度构建了四个维度7个指标的农业转移人口高质量就业指标体系，有助于系统了解农业转移人口的高质量就业情况并了解农业转移人口高质量就业中存在的问题。同时，鉴于指标的标准性，农业转移人口高质量指标对于非农业转移人口群体也具有广泛的适用性。

（2）社会资本影响农业转移人口高质量就业的机制分析结果，为有效促进农业转移人口高质量就业提供政策启示。机制检验结果为我们提供了促进农业转移人口高质量就业的药方，在人力资本促进机制方面，可以为农业转移人口提供学习场所、鼓励农业转移人口通过业余时间学习来增强自身文化素质，为农业转移人口提供技能培训来增强农业转移人口的技能。在工作搜寻和就业匹配机制方面，增加农业转移人口获取就业信息的渠道，加快农业转移人口工作技能认定，提高农业转移人口人力资本数字化水平，提高农业转移人口就业匹配质量。在市民身份认同机制方面，通过公共活动提高农业转移人口的城市认同感，加强农业转移人口与城市市民的联系，促进农业转移人口城市融合，进而提高农业转移人口高质量就业水平。

（3）实证研究数字经济发展水平下社会资本的高质量就业效应，为促进农业转移人口应对数字经济的冲击从而实现高质量就业提供政策建议。实证分析发现数字经济发展水平降低了农业转移人口的高质量就业水平，数字经济发展水平增强了原始跨越型社会资本和新型跨越型社会资本的高质量就业效应，但是数字经济发展水平恶化了原始整合型社会资本的高质量就业效应，相关研究为系统探究数字经济对农业转移人口的高质量就业水平的影响提供经验证据，也为推进数字经济发展下农业转移人口的高质量就业提供了经验借鉴。

1.2 国内外研究现状与文献综述

社会资本与农业转移人口高质量就业的研究涉及社会资本的相关研究、社会资本与农业转移人口就业的相关研究以及高质量就业的相关研究，本书将从这三个维度介绍相关研究进展并对现有研究进行总结。

1.2.1 社会资本的相关研究进展

当前关于社会资本的研究可以分为发达经济体的社会资本研究和发展

中经济体的社会资本研究。区别发达经济体和发展中经济体关于社会资本研究的原因并非两种经济体的数据差异，而是两种经济体的关注点存在差异。本部分将介绍发达经济体关于社会资本的研究进展，以及发展中经济体关于信息网络和关系网络的研究进展。

1.2.1.1　发达经济体社会资本的研究

发达经济体对社会资本的关注源于其对富裕社会中持续存在的社会排斥以及对贫困和不平等的担忧（Durlauf et al.，2005）。当前发达经济体关于社会资本和社会网络的研究主要集中于同伴效应，即个体的某种行为偏向受到其网络中其他人的行为的影响。例如，切蒂等（Chetty et al.，2018a）采用美国通勤区的调查数据研究儿童成长的社区如何塑造儿童的收入、大学入学率和婚姻模式，发现搬到更好社区的儿童代际流动受到社区接触的积极影响。奥尔科特等（Allcott et al.，2019）在研究关于美国富人为什么比穷人吃得更健康的"营养不平等"问题时，发现将低收入家庭暴露在高收入家庭可获得的产品和价格下时，低收入家庭的营养不平等下降10%。阿都伊诺等（2019）研究了美国青少年在吸烟和饮酒方面的同群效应，构建一个基于学校网络的动态社会互动模型，发现社会互动的影响很大，如对10年级学生偏好的冲击使得10年级、11年级和12年级学生的社会乘数效应分别为1：53、1：03和0：76。耶拉斯—莫尼等（Lleras-Muney et al.，2020）研究了美国工人青少年时期社会资本的产生及其对成年后的工资的影响，发现在青少年时期接受5~6个朋友的提名会使得其在成年后的工资收入增加10%。柯文尼等（Coveney et al.，2021）采用随机试验分析了同伴间社会互动在驱动课堂同伴效应方面的重要性，发现只有亲密同学才会对学生有溢出效应，而远方的同伴并不重要，它意味着同伴间的社会互动会导致课堂同伴效应。表1-1从关注点、研究内容、研究动机、社会资本的度量方式、社会资本的影响效应和当前研究中存在的问题六个方面总结了发达经济体和发展中经济体在社会资本研究上的差异。发达经济体研究社会资本的动机是增加对不平等产生的原因的理解。

表 1-1　　　发达经济体与发展中经济体关于社会资本的研究比较

项目	发达经济体	发展中经济体
关注点	富裕社会中持续存在的社会排斥以及对贫困和不平等的担忧	社会资本作为改善全社会经济增长和发展问题的机制
研究内容	心理健康（Jarosch et al.，2021；Karbownik et al.，2019）、幸福感（Hajek et al.，2018；Helliwell et al.，2017，2018；Rodríguez-Pose et al.，2014）、辍学（Calvó-Armengol et al.，2004；Dube et al.，2019）、犯罪活动（Bacher-Hicks et al.，2019；Billings et al.，2019；Costa et al.，2003；Satyanath et al.，2017；Topa et al.，2015）、收入不平等（Chetty et al.，2016；Chetty Hendren，2018b；Dimaggio et al.，2012；Magruder，2010），等	经济绩效（Knack et al.，1997；万建香等，2016；严成樑，2012；吕朝凤等，2019；陆铭等，2008）、金融发展（Guiso et al.，2004；杨汝岱等，2011）、迁移（Munshi，2011，2020；Munshi et al.，2016；Zhao，2003）、就业（Bian，1994；Bian et al.，2015；Ioannides et al.，2004；Kalfa et al.，2018；Loury，2006；Zhang et al.，2003）、工资收入（Chen et al.，2018；叶静怡等，2010，2014；王春超等，2013，2017；章元等，2009）、农业产量（Carter et al.，2019）、企业发展（Dai et al.，2018；戴亦一等，2016；潘越等，2019），等
研究动机	理解如何避免一些人进行各种类型的自残行为和理解不平等产生的原因	寻找影响经济增长与发展的潜在因素
社会资本的度量	父母、子女、邻里和学校关系是社会资本的主要形式	个人参与的社会网络，参与的网络主要集中于分享信息和生产公共物品等经济利益
社会资本的影响效应	社会资本的心理效益和社会效益	个体或国家、组织的经济效益
存在的问题	社会资本的代理指标较为多样和随意，导致存在违反可交换性原则。社会资本的内生性问题或其他群体效应的识别问题	如何区别社会资本产生的影响与其他规则或制度产生的影响的差异，如信息外溢、法律或政治体制等共同因素的存在

资料来源：笔者整理绘制。

1.2.1.2　发展中经济体社会资本和社会网络的研究

　　发展中经济体对社会资本的持续关注源于许多发展中经济体未能实现持续增长，这促使学者在增长与发展进程中寻找以前未发现的因素。如孟希等（Munshi et al.，2016）研究了印度的种姓网络如何塑造印度移民在消费平滑和迁移收入之间的选择，发现印度农村面临更高收入风险的家庭中的男性的迁移概率更高。吕朝凤等（2019）将那什—鲁宾斯坦

（Nash-Rubinstein）讨价还价谈判模型和布鲁姆—撒敦—里宁（Bloom-Sadun-Reenen）信任模型应用到内生经济增长模型中，以研究社会信任对经济增长的影响，发现社会信任显著促进了经济增长。

根据社会资本产生影响的途径（传递信息、改变偏好、社会学习和群体认同）（Durlauf et al.，2005），本部分将发展中经济体关于社会资本和社会网络的研究分为基于网络开放度的信息网络的研究和基于关系强度的关系网络的研究。

（1）发展中经济体信息网络的研究。由于发展中经济体居民的互联网普及率和识字率相对较低，社会网络是发展中经济体居民获取信息的重要的来源（Chuang et al.，2015）。发展中经济体对社会网络的关注反映了发展中经济体的居民更需要社交网络。现有的文献主要考察了社会网络在传递农业技术信息、金融信息和卫生技术信息以及就业信息方面的作用。

关于社会网络影响农业技术信息传播的研究。马根等（Magnan et al.，2015）研究了社会学习如何影响印度农民采用资源节约型技术，发现当个体的社会网络中有一个人受益于新技术时，该个体对新技术的需求增加50%，社会网络促进了更多的农民使用该新技术，但并没有促进农民广泛使用该技术，说明社会网络传播技术的速度较为缓慢。阿拉塔斯等（Alatas et al.，2016）基于印度尼西亚村庄的信息网络的研究发现，不管是个人还是家庭，都对与自己联系紧密的他人了解很多；并且，更具有开放性和扩散性的网络从社区中获益更多。梅尔坦斯（Maertens，2017）研究了社会网络在农民采用苏云金芽孢杆菌（Bt）棉花过程中的作用，他们发现，农民主要从村里的"进步"农民采用 Bt 棉花的过程中学习而不是从"普通"农民采用该棉花的过程中学习。乔丹等（2017）基于甘肃省的农户调查数据研究了社会网络对农业转移人口的节水灌溉技术需求的影响，发现社会网络增加了农户获取该技术信息的渠道、提高了农户的技术认知水平，从而促进了节水灌溉技术的运用。

关于社会网络影响金融和卫生技术信息传播的研究。巴纳吉等（Banerjee et al.，2013）基于口碑传播模型研究了社会网络对印度村庄小额信贷采用的影响。研究结果显示，小额信贷参与者传递信息的概率是知情的非参与者传递信息的概率的 7 倍；并且，"注入点"更集中的村庄获得了更高比例的贷款，其原因是社会网络促进了邻里之间的信息传递。蔡等（Cai et al.，2015）基于我国农村的随机试验研究了社会网络如何影响购买天气保险的行为。他们将关于天气保险的信息随机分配给两组农民，结果发现，由于社会网络的知识扩散效应而非购买决策效应，接受该信息的朋友越多，农民越可能购买天气保险。贝尔曼等（Behrman et al.，2002）研究了社会网络对肯尼亚居民使用避孕药具的影响，发现由于社会学习的信息效应，社会网络显著提高了当地居民对避孕药具的使用。

关于社会网络影响就业信息传递的研究。孟希（Munshi，2003）研究了墨西哥移民网络在促进新移民就业方面的作用。他们发现，个体的移民关系网越大，越有可能在美国就业并从事工资更高的非农就业。比曼（Beaman，2012）基于工作信息传递模型研究了社会网络对美国难民的劳动力市场绩效的影响。他们发现，社会网络对农业转移人口就业具有双重影响：增加同类群体规模会降低与其迁移时间接近的网络成员的就业绩效，但会提高新到达移民的就业概率和工资。阿贝比等（Abebe et al.，2021）采用随机对照试验研究了技能信号干预和搜寻成本干预对求职者劳动力市场绩效的影响，发现技能信号干预可以帮助年轻求职者向雇主展示他们的技能，从而持久而显著地改善他们的劳动力市场绩效。

（2）发展中经济体关系网络的研究。关系网络，也称为承诺网络、互惠网络，与可以围绕偶然的熟人甚至是匿名的在线社区组织的信息网络不同，解决承诺问题的关系网络必须建立在强大的社会关系基础上，以支持维持合作行为所必需的制裁措施（Munshi，2014）。如谢克特等（Schechter et al.，2011）发现互惠网络表现出更高的支持水平。

关系网络通常围绕长期存在、紧密联系的社区来组织，有时甚至跨越多代人。这些社区的纽带可以是血缘（如中国的宗族网络、印度的种姓制度），也可以是地理上的接近性（社区或村庄）。这些社区的成员充分合作，以实现共同目标。当他们有足够的耐心进行社会制裁或社会制裁的威胁足够大时，他们可以牺牲眼前的个人利益。一般认为，关系网络中成员的网络质量是对称的（每个人具有相同的连接数量），并且这些群体具有明显的集群性（Krishnan，2009）。

在市场运作不完善时，关系网络可以为其成员提供一系列的服务和便利。其功能主要是以下三项：第一，关系网络支持商业活动。例如，北京的"浙江村"（项飚，2018），巴黎的"温州城"（王春光，2000），以及广州批发零售市场的潮汕人（杨小柳和谢立兴，2010）等，关系网络在不确定和不完全信息的城市劳动力市场中为资深农业转移人口提供了一条稳定的生存路径（Alchian，1950）。第二，关系网络提供社会保险。传统农业活动面临巨大的自然风险和市场风险，农业经济收入波动较大（Kube et al.，2018；Li et al.，2015）。在市场信贷和政府保障不可及的情况下，农村互助保险可以帮助农户在一定程度上抵御风险，让他们从平滑消费中获益（Foltz et al.，2020；Munshi et al.，2016；杨汝岱等，2011）。第三，关系网络为内部成员推荐工作。如19世纪到20世纪初，来自欧洲原籍社区的朋友和亲属帮助新到美国的移民寻找工作（Munshi，2014），又如原籍温州的移民在国外建立的温州商业网络（王春光，2000），等等。这一功能是关系网络的最常见、最活跃的功能。在关于中国的研究中，以这一功能为主的网络常常围绕家庭、亲属群体（宗族）、原籍村或目的地社区来组织（Bian，1994；Bian et al.，2015；Dai et al.，2018；Wang，2013；Zhang et al.，2003）。然而，虽然社区网络可以改善成员的绩效，但它的一个主要局限是，好处仅限于选定的人群（左翔等，2017；陈斌开等，2018）。

1.2.2　社会资本与农业转移人口就业的相关研究进展

1.2.2.1　社会资本对农业转移人口就业的影响

学者就社会资本对农业转移人口就业的影响展开了一系列研究。如张等（Zhang et al.，2003）利用中国东北地区的住户调查数据发现，"关系"对农村劳动力获得非农工作的概率有积极影响。"关系"在传递劳动力市场信息方面发挥了重要作用，特别是对年轻人有重要的影响。然而，关系可能支持裙带关系，并歧视没有裙带关系的人。边等（Bian et al.，2015）发现，在中国的市场化改革中，"关系"对工人的职业成就有重要的影响。求职者通过"关系"获得工作信息和"关系偏爱"，后者使求职者找到更好的工作并获得更多的软技能。巴克希等（Bakshi et al.，2018）采用孟加拉国北部易受季节性饥荒（Monga）影响地区的 5600 户极端贫困家庭的调查数据，研究了社会资本在获取就业机会和获得非正式贷款中的作用。作者利用克莱因和薇拉（Klein and Vella，2010）提出的异方差识别法校正社会资本的内生性问题，结果显示，社会资本对获得受雇就业和自主创业机会均具有显著促进作用，但对获得非正规贷款仅有微弱的负向影响。陈—锡恩等（Chen-Zion et al.，2019）研究了公司网络的形成机制。他们发现，因为代理人彼此了解，他们之间的良好关系构成了社会网络。然而，随着时间的推移，积累关系的成本越来越高，代理人越来越不愿意与新的未知的代理人建立关系，他们的社会网络被他们在职业生涯早期认识的代理人占据，导致出现代理人社会网络的历史依赖问题。此外，公司的新代理人倾向于雇佣同族成员。帕克（Park，2019）通过在一家海产品加工厂的实地实验研究了与朋友一起工作如何影响员工的生产率，以及这种影响与员工的个性的关系。研究结果表明，工人愿意支付 4.5% 的工资去朋友身边工作。当与同事的社交关系足够亲密时，工人的生产率会下降。

1.2.2.2　社会资本对移民工作搜寻的影响

早期的劳动力市场搜索理论集中于个人一对一的决策上，忽略了社会结构的影响。实际上，信息的获取受到社会结构的影响，个人利用与他人的关系，如朋友、社交熟人或职业熟人等，来建立和维护个人信息网络。里斯（Rees，1966）首次提出工人在使用各种信息渠道方面的差异。他通过对芝加哥劳动力市场的研究发现，在 4 个白领职业中，通过非正式搜寻获得工作的人约占所有招聘人数的一半；在 8 个蓝领职业中，非正式来源占所有招聘人数的 4/5 以上。卡尔沃和加泰罗（Calvó-Armengol et al.，2004）开发了一个代理人通过社会关系网络获得工作信息的模型。在这个模型中，就业在不同时间和代理人之间是正相关的，而获得工作的概率随着代理人失业时间的增加而持续下降。通过对两个群体的比较，作者发现，当留在劳动力市场的成本很高时，若一个群体开始时的就业状况较差，那么他们的就业前景将持续低于另一个群体。劳瑞（Loury，2006）研究了社会网络对求职者的工作搜寻和匹配的影响。他对非正式搜寻获得的工作的任期更长这一现象提出了两种解释：良好匹配假说和有限选择假说。前者强调非正式搜寻降低了工人和雇主之间匹配质量的不确定性，而后者表明工人不得不将非正式搜寻的信息资源作为求职的最后手段。巴尔等（Barr et al.，2019）基于呼叫中心公司的数据研究了推荐信息如何通过工作机会、接受工作和离职等方式影响员工的选择。他们发现，推荐有助于雇主吸引表现更出色的求职者。其原因在于推荐能够帮助雇主筛选难以观测但与绩效相关的信息。帕森等（Parsons et al.，2020）基于1974年越南难民在美国就业调查数据，研究了移民社会网络的规模和质量对其职业绩效、技能强度和技能升级的影响，发现网络质量而非网络规模在越南难民的劳动力市场绩效中扮演了更重要的角色。其原因是工作推荐的类型比推荐的数量更为重要。蓝领网络增加了难民从事蓝领工作的概率并吸引更多的工人从事劳动密集型工作。

1.2.2.3　社会资本对移民收入的影响

关于发展中国家的社会资本的研究更关注社会资本的经济效益。当前，关于社会资本对移民工资的影响存在以下两种观点。

（1）社会资本促进了收入提升。孟希（Munshi，2003）利用墨西哥原籍社区的长期个人数据并采用原籍社区的降水量作为网络规模的工具变量进行实证分析，发现移民就业的概率和工资随个人社会网络规模的扩大而增加。贝曼（Beaman，2012）基于工作信息传递模型研究了社会网络如何影响了美国难民的劳动力市场绩效，发现同类群体规模将显著提高新到达移民的就业概率和工资。边等（Bian et al.，2015）发现，在中国的市场化改革中，求职者使用"关系"的主要目的是获取工作信息，以帮助其找到工资更高的工作。王春超等（2017）基于两期招聘模型研究了社会关系网如何影响农业转移人口的工资，发现企业通过推荐方式招聘能够使得企业和农业转移人口都获益，而且农业转移人口的工资与社会关系网络质量呈倒"U"型关系。列拉斯—木尼等（Lleras-Muney et al.，2020）研究社会交往的工资提升效应，发现收到5~6个朋友的提名对个体工资的影响约为10%，这与多上一年学的影响相当。阿贝比等（Abebe et al.，2021）发现技能信号干预能够帮助年轻求职者向雇主展示他们的技能，从而帮助他们获得更高的工资。

（2）不同类型社会资本对农业转移人口收入的影响不同。洛安尼德斯等（Ioannides et al.，2004）探讨了非正式网络在工资和就业不平等中的作用。他们认为，网络效应是复杂的，因个人、社会交互和雇主的异质性而有所不同。叶静怡等（2010）将农业转移人口的社会资本分为"原始"和"新型"社会资本进行研究，发现前者对农业转移人口的收入没有显著影响，而后者则显著促进了农业转移人口的收入提升。王春超等（2013）则将社会资本分类为"整合型"社会资本（家乡朋友）和"跨越型"社会资本（城市朋友）进行研究，发现两种社会资本均显著提高了农业转移人口的工资水平。叶静怡等（2014）采用 2009 年北京市进城务工人员调查数据，使用职业权力与职业声望分数测量农业转移人口的社会资本并在此基础上讨论社会资本对农业转移人口工资的影响。他们发现，职业权力度量的社会资本的工资效应大于职业声望分数度量的社会资本的工资效应，说明社会网络中权力所反映的资源内涵大于声望等其他因素。毛晶晶等（2020）发现，加入工会增加了新生代农业转移人口的工资。

1.2.2.4　社会资本对移民就业质量的影响

随着劳动者就业质量问题受到持续的关注，学者也开始关注社会资本对农业转移人口就业质量的影响。如卡尔夫等（Kalfa et al.，2018）分析了社会联系和种族关系对澳大利亚本地人及移民的教育—职业不匹配程度的影响。采用动态随机效应线性概率模型回归发现，社会资本加剧了过度教育的发生率，特别是加剧了女性移民过度教育的发生率。此外，社会参与、朋友以及种族集中是造成教育—职业不匹配的主要因素，而互惠和信任对移民和本地人的过度教育均没有影响。陈斌开等（2018）研究了宗族文化对移民城镇就业的影响。他们采用 2005 年全国 1% 人口抽样调查数据，以大姓占比度量宗族文化，研究发现宗族文化显著提高了移民进入低端服务业的概率，却并没有提高其进入高端服务业的概率。进一步研究发现，宗族文化主要通过信任促进了农业转移人口就业。毛晶晶等（2020）研究了人力资本和社会资本对上海农业转移人口就业质量的影响，发现新生代农业转移人口有更高的社会资本和就业质量，加入工会使新生代农业转移人口获得了更高的工资。

1.2.3　高质量就业的相关研究进展

高质量就业是一个比较新的概念。学术界对高质量就业的研究仍处于起步阶段。目前，学者尝试从多个角度对高质量就业进行了定义。赖德胜（2017）认为，高质量就业包括工作稳定性、工作待遇和工作环境、提升和发展机会、工作和生活的平衡度，以及意见表达和对话机制。丁守海等（2018）认为，高质量就业能力是指劳动者符合未来主导产业要求的劳动技能。蔡跃洲等（2019）认为，居民收入持续而稳定地提高反映了高质量就业水平。惠建国等（2020）指出，高质量就业应重点关注就业机会充分与否、收入与分配、工作条件与环境、劳动关系和谐程度等方面。沈嘉贤（2020）认为，高质量就业体现了就业质量的动态变化过程，而且高质量就业在不同阶段有不同的内涵。在生产力水平较低的发展阶段，劳动者看中就业的安全性、稳定性，对就业质量的诉求体现在正规就业、安全的工作环境、职业健康以及基本劳动权益保护等方面；而在生产力发展水平较高时劳动者对就业的发展性、价值感和获得感的关注度更高。王文（2020）则认为，高质量就业指劳动力者技能的提升和就业于不同部门的分布和比例关系的结构优化。王阳等（2020）认为，更高质量就业既是反映就业质量水平指数值增长的静态结果，又是反映更高质量就业促进机制的持续作用的动态结果。

在此基础上，学者们对如何通过提高就业质量来解决现实问题进行了初步的讨论。苏丽锋等（2018）全面分析了新时期经济社会发展对就业造成的冲击，并在此基础上阐述了通过提高就业质量解决就业问题的现实逻辑和政策路径。丁守海等（2018）考察了新时期我国就业矛盾的转变，认为在当前劳动力供给不断收缩和劳动力需求持续扩张的双重压力下，我国的就业矛盾从数量型向质量型转变。

高质量就业的量化研究离不开科学的指标衡量体系。现有学者从多个角度构建了衡量高质量就业水平的指标体系。陈成文等（2014）从较高的工人—职业匹配程度、较稳定的工作性质等10个方面提出了高质量就业指标体系应包含的维度。蔡跃洲等（2019）从就业总量、劳动就业结构、收

入分配格局等方面考察人工智能对高质量就业的影响。王文（2020）采用
生产性服务业就业比重和高端服务业就业比重等指标来度量省级层面高质
量就业水平。孟祺（2021）采用整体就业水平、制造业就业比重和服务业
就业比重度量国家和行业层面高质量就业水平。然而，上述研究主要关注
国家和地区层面高质量就业情况，关于个体层面高质量就业的研究则较
少。张世虎等（2020）基于 CFPS 调查数据，从非农就业选择、就业收入
和工作满意度三个方面度量了高质量就业水平。

近年来，随着数字经济和人工智能的迅猛发展，文献也开始关注它们
对高质量就业的影响。阿沃特等（Autor et al.，2003）在比较技术和劳动
力在不同工作任务中的优势后，提出了基于任务的需求模型（task-based
demand model），发现在从事认知任务和手工任务等程式化任务（routine
tasks）的劳动力中，数字化和劳动力相互替代，因此数字化会抑制这些劳
动力的就业；而在从事非程序化任务的劳动力中（non-routine tasks），数字
化和劳动力互为补充，因此数字化反而会增加这些劳动力的就业。古斯等
（Goos et al.，2014）就 1993 ~ 2010 年 16 个西欧国家出现的工作极化（job
polarization）现象提出解释，认为技术进步增加了高技能和低技能劳动力
的工作岗位，然而，它减少了中等技能水平劳动力的工作岗位。在数字化
技术相比劳动力更具优势的岗位，企业更愿意采用数字化技术替代劳动力
以节约生产成本。另外一些文献则关注了互联网对个体高质量就业的影
响，如张世虎等（2020）发现，互联网通过提高乡村居民的信息获取能力
和扭转其风险厌恶意识，增加了他们获得高质量就业的机会。

近年来随着农业转移人口就业问题日益受到关注，学者们也开始关注
农业转移人口的高质量就业问题。蔡瑞林等（2019）通过高质量就业的调
查数据发现，工资福利、就业能力、就业环境、就业嵌入 4 个因素均能够
提高农业转移人口的高质量就业水平。侯启缘等（2018）从盘活城市和农
村劳动力要素流动等 4 个方面提出了推进农业转移人口高质量就业的对策
建议。

1.2.4 文献述评

现有研究为本书的研究提供了丰富的理论支撑和经验借鉴，但仍有以

下问题值得关注：

（1）仍然缺乏全面衡量农业转移人口高质量就业的指标体系。现有研究为本书界定高质量就业和构建农业转移人口高质量就业的指标体系提供了丰富的参考。然而，由于农业转移人口大多在非正规部门就业并且流动频繁，地区层面相关统计数据非常不足。现有研究从国家、城市等宏观层面度量的就业质量指数难以全面地反映农业转移人口就业的实际情况。因此，需要使用微观调查数据研究农业转移人口的就业情况。此外，现有指标体系主要从就业能力、就业时间和就业满意度等维度反映高质量就业，尚不够全面。高质量就业指标体系应是一个多维度的指标，以全面反映就业质量。

（2）关于社会资本对农业转移人口高质量就业的研究较少，更少有研究同时从社会网络的开放度和关系强度两方面考察社会资本对农业转移人口高质量就业的影响。现有对农业转移人口社会资本的测度，大多根据农业转移人口的社会网络的某一方面构建社会资本指标，如"原始型"和"新型"社会资本（叶静怡等，2010）、"整合型"和"跨越型"社会资本（王春超等，2013），同时考察社会网络的开放度和关系强度的研究仍然少见。实际上，随着城镇化的升级发展，农业转移人口的城市户口朋友已逐渐分化出城市户口同乡和城市户口本地人两类，识别这两类社会资本的就业效应能够为促进农业转移人口高质量就业提供更具针对性的对策建议。

（3）少有文献探究社会资本影响农业转移人口高质量就业的机制。大量文献讨论了社会资本的就业效应或工资效应，指出社会资本通过提高搜寻效率、传递劳动力市场信号、提高人力资本等方式促进就业。由于高质量就业的研究尚处于起步阶段，鲜有文献讨论社会资本影响农业转移人口高质量就业的路径。然而，与一般的就业不同，高质量就业对劳动力的就业能力和就业质量提出了更高的要求。社会资本如何提高农业转移人口就业的质量，这是值得特别研究的课题。厘清社会资本影响农业转移人口高质量就业的机制对于深化了解社会资本的作用渠道，并据此提出有效促进农业转移人口高质量就业的经验启示具有重要意义。

（4）现有文献大多研究数字经济对高质量就业的影响，少有文献以数字经济发展为背景研究社会资本对高质量就业的影响。实际上，数字经济不仅直接影响就业质量，它也会影响社会资本的高质量就业效应。认识数字经济发展背景下社会资本如何更好地促进高质量就业，有助于帮助农业转移人口更好地应对数字经济带来的冲击。此外，现有研究大多从国家层面和省级层面构建数字经济指数，然而，国家和省级层面覆盖范围太广导致遗漏了不同城市数字经济发展水平的影响，也无法识别农业转移人口目的地城市数字经济发展水平带来的高质量就业差异。

鉴于此，本书首先基于社会资本投资理论和职业选择模型等理论，构建社会资本影响农业转移人口高质量就业的理论模型，梳理社会资本影响农业转移人口高质量就业的人力资本促进机制、工作搜寻与就业匹配机制和市民身份认同机制，并阐述数字经济影响下社会资本的高质量就业效应，厘清本书的理论分析框架。其次，从薪酬福利、就业能力、劳动关系和社会保障四个维度构建农业转移人口微观层面的高质量就业的指标体系，采用 CMDS 调查数据测算和评价了新时代我国农业转移人口的高质量就业水平。再次，按照社会交往的关系强度和社会网络的开放度将农业转移人口的社会资本分为原始整合型社会资本、原始跨越型社会资本和新型跨越型社会资本。接着，采用 CMDS 调查数据、城市和行业统计数据、家谱数据和中国数字普惠金融指数，实证分析原始整合型社会资本、原始跨越型社会资本和新型跨越型社会资本对农业转移人口的高质量就业指数的影响，厘清各个社会资本的生产率促进效应和成本降低效应，并实证分析社会资本影响农业转移人口高质量就业的机制，研究数字经济发展水平下社会资本对农民高质量就业的影响。最后，总结本书的主要研究结论，并提出促进农业转移人口社会资本积累和提高农业转移人口的高质量就业水平的对策建议。

1.3 研究目标与研究内容

1.3.1 研究目标

本书将社会资本与农业转移人口高质量就业的关系作为研究对象，力图解决以下四个问题。

（1）构建社会资本影响农业转移人口高质量就业的理论分析框架，挖掘社会资本与农业转移人口高质量就业的关系并厘清社会资本影响农业转移人口高质量就业的机制。首先，基于罗伊（Roy）职业选择理论，分析社会资本影响下农业转移人口在传统部门和现代部门之间的就业选择和就业绩效，并根据不同社会资本的高质量就业效应，预测生产率增强型社会资本的高质量就业效应和成本降低型社会资本的高质量就业效应。其次，基于社会网络的创新扩散理论、工作搜寻匹配理论和社会认同理论，厘清社会资本影响农业转移人口高质量就业的三条机制：人力资本促进机制，工作搜寻与就业匹配机制和市民身份认同机制。最后，提出了社会资本对农业转移人口高质量就业影响的理论分析框架。对社会资本影响农业转移人口高质量就业的理论模型构建和机制探讨弥补了现有研究的不足。

（2）界定高质量就业的概念，构建农业转移人口高质量就业指标体系并测度农业转移人口的高质量就业水平。首先，通过系统梳理关于高质量就业的文献并界定了高质量就业的概念。其次，构建了包含薪酬福利、就业能力、劳动关系和社会保障四个维度的农业转移人口高质量就业指标体系。最后，基于 CMDS 2011 年和 2017 年调查数据对农业转移人口的高质量就业状况进行测度，并分析农业转移人口高质量就业的区域异质性和群体异质性。对农业转移人口高质量就业的界定及测算有助于总体把控新时代我国农业转移人口高质量就业水平，特别是对地区之间和群体之间高质量就业水平的比较明确了农业转移人口高质量就业的异质性及存在的问题。

（3）实证检验原始整合型社会资本、原始跨越型社会资本和新型跨越型社会资本对农业转移人口高质量就业的影响及其影响机制。采用 CMDS 调查数据、城市和行业统计数据、家谱数据和中国数字普惠金融指数，实证分析了原始整合型社会资本、原始跨越型社会资本和新型跨越型社会资本对农业转移人口的高质量就业的影响，厘清了各类社会资本的生产率促进效应和成本降低效应。并实证分析了社会资本影响农业转移人口高质量就业的机制。实证研究有助于更有针对性地提出促进农业转移人口高质量就业的对策建议。

（4）将社会资本和数字经济发展水平纳入统一分析框架，挖掘数字经济调节下社会资本对农业转移人口高质量就业的影响。首先，厘清数字经济影响农业转移人口高质量就业的直接效应和调节效应，并提出数字经济发展调节下社会资本影响农业转移人口高质量就业的理论分析框架。其次，采用 CMDS 调查数据、互联网发展水平和数字普惠金融数据实证分析数字经济发展水平下社会资本的高质量就业效应。对数字经济发展水平下社会资本对农业转移人口高质量就业的影响进行理论分析与实证检验，有助于为促进农业转移人口应对数字经济的冲击从而实现高质量就业提供经验启示。

1.3.2　研究内容

本书在新时代经济转型发展和新型城镇化升级的背景下，构建了一个从社会资本角度推进农业转移人口高质量就业的理论分析框架，聚焦农业转移人口高质量就业的关键问题，从社会资本和数字经济发展的角度破解农业转移人口高质量就业过程中的难题，探讨推进农业转移人口高质量就业的政策安排。

本书主要包括 8 个章节。

第 1 章为绪论。介绍了本书的研究背景和研究意义，梳理了社会资本、社会资本与农业转移人口就业、高质量就业的相关研究进展。

第 2 章为概念界定与理论基础。对本书的核心概念"社会资本""高质量就业""数字经济"进行了界定，并梳理了与社会资本、高质量就业相关的理论演进，奠定了文章的理论基础。

第 3 章展开社会资本影响农业转移人口高质量就业的理论分析，提出社会资本影响农业转移人口高质量就业的理论模型，梳理社会资本影响农业转移人口高质量就业的人力资本促进机制、工作搜寻与就业匹配机制，以及市民身份认同机制，并阐述数字经济发展影响下社会资本的高质量就业效应。

第 4 章介绍社会资本和高质量就业的测度与评价。从薪酬福利、就业能力、劳动关系和社会保障四个维度构建农业转移人口微观层面的高质量就业指标体系，并采用 CMDS 调查数据测算了我国农业转移人口的高质量就业水平，分析了我国农业转移人口高质量就业的动态演进，并从区域异质性和群体异质性的角度进行了综合评价。

第 5 章实证分析社会资本对农业转移人口高质量就业的影响。具体实证分析了总体社会资本和原始整合型社会资本、原始跨越型社会资本和新型跨越型社会资本对农业转移人口的高质量就业的影响，基于分位数回归模型研究了社会资本对不同农业转移人口的分位度高质量就业指数的影响，并厘清了各个社会资本的生产率增强效应和成本降低效应。

第 6 章实证检验原始整合型社会资本、原始跨越型社会资本和新型跨越型社会资本影响农业转移人口高质量就业的机制。采用 CMDS 2011 年和 2017 年数据、城市统计数据，从人力资本促进机制、工作搜寻与就业匹配机制、市民身份认同机制三个方面检验了社会资本影响农业转移人口高质量就业的机制。

第 7 章研究社会资本对农业转移人口高质量就业的异质性分析。具体实证分析了社会资本对农业转移人口的各维度高质量就业的影响，研究了数字经济发展水平下社会资本对农业转移人口高质量就业的影响，以及社会资本对不同区域、不同受教育水平、性别和代际的农业转移人口群体的高质量就业水平的影响。

第 8 章为研究结论与对策建议。总结本书的主要研究结论，并提出促进农业转移人口社会资本积累和高质量就业的对策建议。

1.4　数据来源、研究方法与技术路线

1.4.1　数据来源

本书的主要数据来源于中国流动人口动态监测调查（China Migrants Dynamic Survey，CMDS）2011 年和 2017 年的调查数据、家谱数据库、城市统计数据以及中国数字普惠金融数据。

（1）中国流动人口动态监测调查数据（CMDS）。CMDS 调查由中国人

口与发展研究中心委托国家卫生和计划生育委员会①进行，采用分层、多阶段、面向规模的 PPS 抽样调查方法，调查样本覆盖 31 个省（区、市）和新疆生产建设兵团。被调查者都是没有当地城市户口但已经在目的地城市居住一个月以上的外来务工人员。CMDS 调查方案总体结构延续自 2011 年以来历年的抽样方案。关于该数据的详细介绍参见付等（Fu et al.，2020）、林等（Lin et al.，2017）、卢等（Lu et al.，2019）和陈飞等（2021）等。

本书选取户口性质为农业户口并且在目的地城市生活时间不少于 6 个月的样本视为农业转移人口样本。此外，本书还将 65 岁以上农业转移人口排除在样本之外，以更好地识别社会资本对农业转移人口高质量就业的影响。

（2）家谱数据库。在检验社会资本与农业转移人口高质量就业之间的互为因果的内生性问题时，采用上海图书馆收录的 1300～2016 年的家谱数据作为农业转移人口社会资本的工具变量。家谱数据库收集了来自中国、日本、韩国、德国、北美等国家（地区）的收藏机构所藏的六万余种家谱。每本家谱都介绍了题名、责任者、撰修时间、摘要、版本、数量、馆藏地、先祖名人、世系图等。关于该数据的详细介绍参见曹等（Cao et al.，2020）、陈等（Chen et al.，2020）、格雷夫等（Greif et al.，2017）、潘越等（2019）的文献。本书通过网络爬虫和手工整理了 61000 多条族谱数据。

（3）城市统计数据。在控制目的地城市特征和计算互联网发展指数时，本书使用了《中国城市统计年鉴》中的 292 个城市的人口和经济统计数据。

（4）中国数字普惠金融数据。数字普惠金融指使用数字手段为经济上受排斥和服务不足的人群提供一系列符合他们需求的正式金融服务，以客户可负担得起的价格提供可持续的服务（Sun，2018）。本书采用城市层面的北京大学数字金融研究中心与蚂蚁金服集团共同编制的数字普惠金融指数来度量各城市的数字普惠金融发展水平。2011～2018 年，中国的数字普

---

① 2018 年 3 月，根据第十三届全国人民代表大会第一次会议批准的国务院机构改革方案，国家卫生和计划生育委员会不再保留，组建国家卫生健康委员会。

惠金融发展迅速，数字普惠金融指数均值从 53.248 增加到 173.607。关于该数据的详细介绍参见郭峰等（2020）、张勋等（2019）、赵涛等（2020）和吴雨等（2020）的文献。

本书将 CMDS 调查数据与家谱数据库、农业转移人口户籍地城市人口密度数据按照农业转移人口户籍地城市行政区划编码进行匹配，为了降低家谱数据与农业转移人口的社会资本指标因同时性而可能产生的估计偏差，本书采用滞后一期的农业转移人口户籍地家谱数据展开研究。此外，本书将 CMDS 调查数据与城市统计数据、城市层面数字普惠金融指数按照农业转移人口目的地城市的行政区划编码进行匹配，得到本书展开研究的数据。本书的样本规模约为 350 个迁入城市的约 21 万农业转移人口样本数据。

1.4.2　研究方法

本书使用的研究方法主要有：

（1）文献分析法。本书各部分均体现了文献分析法。通过梳理国内外关于社会资本、社会资本与农业转移人口就业以及高质量就业的相关经典理论和研究文献，确定本研究主题、研究内容以及研究方法等。

（2）指标体系法和熵权法。本书构建了包含薪酬福利、就业能力、劳动关系、社会保障四个维度的高质量就业指标体系，以动态性、多角度、全方位地刻画农业转移人口的高质量就业水平。同时，本书构建了包含互联网发展和数字普惠金融发展两个维度的数字经济发展指标体系，以系统性和全方位刻画数字经济发展水平，并采用客观的熵权法测算数字经济发展水平。

（3）问卷调查和加权研究法。采用 CMDS 调查问卷构建农业转移人口的社会资本变量、原始整合型社会资本变量、原始跨越型社会资本变量、新型跨越型社会资本变量、农业转移人口的高质量就业变量、农业转移人口的个体特征和家庭特征变量以及机制变量，基于全国的综合性大规模流动人口为样本的 CMDS 调查数据为展开本研究提供了丰富的项目和数据。

尽管 CMDS 采用了分层、多阶段及概率与规模成比例（Probability Proportional to Size，PPS）的抽样技术方法，从而确保得到的样本进而使得样本具有良好的代表性，但本书仍通过样本加权回归来检验回归结果的稳健性进行了进一步检验。根据 PPS 抽样的个体标准化权重系数对样本数据进行加权，然后进行回归分析。

（4）线性回归模型。本书运用线性回归模型估计社会资本对农业转移人口高质量就业的影响，原始整合型社会资本、原始跨越型社会资本和新型跨越型社会资本对农业转移人口高质量就业指数的影响及其影响机制。

（5）分位数回归法。分位数回归模型（QRM）不仅可以估计协变量对整个分布的微小影响，而且考虑了因变量的异方差问题，有助于分析因变量条件分布的全部特征。在本书中，农业转移人口的高质量就业指数是一个连续变量，不同高质量就业水平的农业转移人口可能对社会资本的偏好不同，因此本书采用分位数回归模型（QRM）分析整个高质量就业指数分布中三种社会资本与高质量就业的关系。

（6）工具变量法。本书采用农业转移人口户籍地宗族文化浓厚度作为其社会资本的工具变量，采用基于工具变量法的两阶段最小二乘回归模型（2SLS）对社会资本与农业转移人口的高质量就业指数进行内生性检验。其具体做法是：第一阶段将宗族文化浓厚度对农业转移人口的社会资本进行回归分析，第二阶段将第一阶段得到的社会资本的预测值与农业转移人口的高质量就业指数进行回归。并结合第一阶段 F 统计量检验工具变量回归结果的稳健性。

（7）倾向性得分匹配法（PSM）。异质性社会资本与农业转移人口高质量就业之间可能存在自选择问题。为了检验社会资本影响农业转移人口高质量就业的回归结果的稳健性，本书以拥有异质性社会资本的农业转移人口为处理组，以其他类型农业转移人口为对照组，运用 PSM 技术找到属于控制组的某个个体，使得该个体与处理组的个体在可观测特征上相似（匹配），并以匹配后的样本为研究样本展开回归分析，以检验异质性社会资本的样本选择性问题。

1.4.3　技术路线

本书按照"问题提出—概念界定与理论基础—理论分析—评价分析—

实证分析—政策建议"的逻辑思路展开社会资本影响农业转移人口高质量就业的理论研究和实证分析。本书的技术路线如图 1 – 3 所示。

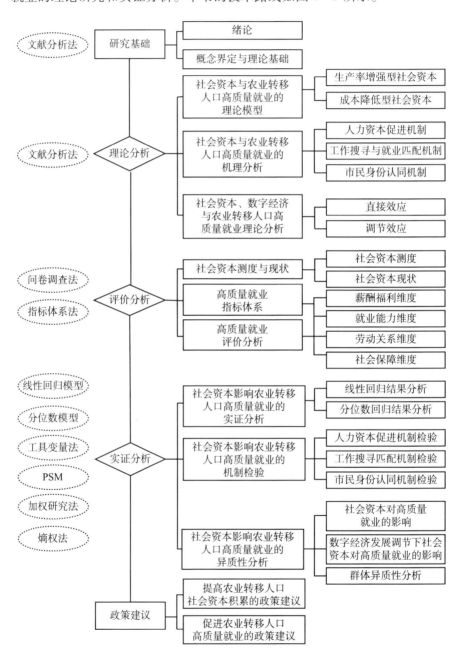

图 1 – 3　本书的技术路线

1.5　研究的创新之处

与现有文献相比，本书主要有以下的创新和贡献：

（1）界定了高质量就业的概念，从薪酬福利、就业能力、劳动关系和社会保障四个维度构建了农业转移人口高质量就业指标体系，测度和分析了农业转移人口的高质量就业水平，为新时代农业转移人口高质量就业研究提供指标参考。

建立合适的高质量就业指标评价体系是识别劳动力更充分更高质量就业现状的重要前提。现有研究多从国家、城市等宏观层面度量不同维度高质量就业水平，但由于农业转移人口相关统计数据不足而难以全面地反映农业转移人口的实际就业质量情况，因此相关政策未能有效覆盖农业转移人口群体。本书从农业转移人口个体角度构建高质量就业指标体系，有助于了解农业转移人口群体的高质量就业水平。首先，从薪酬福利、就业能力、劳动关系和社会保障四个维度构建农业转移人口高质量就业指标体系，该指标体系充分考虑农业转移人口工资的同期群差异和增长差异、就业行业差异和就业职业差异、劳动合同类型差异以及农业转移人口社会保障覆盖地区差异，有助于构建更有针对性的高质量就业指标体系，为高质量就业的研究提供指标框架。其次，鉴于指标体系的广泛适用性和量化性，农业转移人口的高质量就业指标体系对于非农业转移人口群体的高质量就业的研究也具有借鉴意义。

（2）基于社会资本投资理论和职业选择理论，扩展了社会资本影响农业转移人口高质量就业的理论模型，检验了生产率增强型社会资本和成本降低型社会资本的高质量就业效应差异，丰富了社会资本的劳动力市场效应的研究。

首先，现有文献大多从"原始"和"新型"社会资本、"整合型"和"跨越型"社会资本的角度对农业转移人口的社会资本进行分类，但缺乏将两者纳入统一分析框架的文献。本书基于社会资本投资理论和合作理论，测度了基于社会交往关系强度与社会网络开放程度差异的三种社会资本类型：原始整合型社会资本、原始跨越型社会资本和新型跨越型社会资本，丰富了社会资本指标分类的研究。其次，基于职业选择理论，扩展了社会资本影响农业转移人口高质量就业绩效的分析框架，预测了三种社会资本对农业转移人口高质量就业的异质性影响，细化了异质性社会资本的高质量就业效应的研究。最后，通过实证分析发现原始整合型社会资本是成本降低型社会资本，原始跨越型社会资本和新型跨越型社会资本是生产率增强型社会资本，相关研究能为有针对性地提高农业转移人口的社会资本进而促进高质量就业提供经验借鉴。

（3）基于社会网络的创新扩散理论、工作搜寻匹配理论和社会认同理论，厘清和检验了社会资本影响农业转移人口高质量就业的机制：人力资本促进机制、工作搜寻与就业匹配机制和市民身份认同机制，深化了社会资本对农业转移人口高质量就业的影响机制的研究。

首先，基于社会网络的创新扩散理论，从业余时间学习和接受技能培训两个方面研究了社会资本影响农业转移人口高质量就业的人力资本促进机制；基于工作搜寻匹配理论，从网络搜寻渠道效应和良好匹配效应两个方面研究了社会资本影响农业转移人口高质量就业的工作搜寻和就业匹配机制；基于社会认同理论，从市民身份认同度和本地人接受度两方面研究了社会资本影响农业转移人口高质量就业的市民身份认同机制，有助于深化了解社会资本影响农业转移人口高质量就业的机理。其次，根据实证分析结果和机制检验结果，挖掘三种社会资本对高质量就业产生不同的影响的根源：新型跨越型社会资本具有人力资本促进效应、工作搜寻和就业匹配效应以及市民身份认同效应；原始跨越型社会资本具有良好匹配效应和市民身份认同效应；原始整合型社会资本只有网络搜寻效应。最后，社会资本影响农业转移人口高质量就业的机制分析的结果为有效促进农业转移人口高质量就业提供政策启示。

（4）将社会资本和数字经济发展水平纳入统一分析框架，探究了数字经济发展水平调节下社会资本对农业转移人口高质量就业的影响，拓展了数字经济发展和社会资本交互的高质量就业效应的研究。

首先，本书系统梳理了数字经济发展水平调节下社会资本影响农业转移人口高质量就业的理论分析框架。梳理了数字经济发展水平影响农业转移人口高质量就业的劳动力替代效应、就业创造效应和生产率提高效应等三种直接效应。厘清了数字经济发展水平调节下社会资本的高质量就业效应，结合开放型网络和封闭型网络的特点，提出了数字经济发展水平调节下异质性社会资本的高质量就业效应的研究假设，拓展了数字经济和社会资本交互对农业转移人口高质量就业的影响的研究。其次，既有文献大多研究国家或省级层面数字经济发展水平对全体劳动力或农村劳动力的高质量就业的影响，本书测算了城市层面的数字经济发展水平，并研究了其对农业转移人口高质量就业的影响，丰富了数字经济发展水平对农业转移人口高质量就业的影响的研究。最后，实证分析发现数字经济发展降低了农业转移人口的多维度高质量就业水平，数字经济发展增强了原始跨越型社会资本和新型跨越型社会资本的高质量就业效应，但是对原始整合型社会资本的高质量就业效应有负面影响，相关研究为系统探究数字经济对农业转移人口的高质量就业的影响提供了经验证据，也为推进数字经济发展下农业转移人口的高质量就业提供了经验借鉴。

第**2**章

概念界定与理论基础

要深入探究社会资本对农业转移人口高质量就业的影响，前提是掌握社会资本和高质量就业的概念，以及本书研究的理论基础，从而明确本书研究的学术定位。因此，本章首先界定了社会资本、高质量就业和数字经济的概念；其次，介绍了社会资本的理论脉络和社会资本产生影响的途径；最后，从二元劳动力市场理论和工作搜寻匹配理论两方面介绍高质量就业的相关理论基础。

2.1 概念界定

围绕着本书的核心研究问题，本节将介绍本书的三个核心概念：社会资本、高质量就业和数字经济，以及其分类的概念定义，以清晰地了解本书的核心概念和选取合适的度量指标，进而识别社会资本对农业转移人口高质量就业的影响。

2.1.1 社会资本

自从劳瑞（Loury，1977）将社会资本引入现代社会科学的研究中，并经科尔曼（Coleman，1988）把它置于社会科学研究的前沿，社会资本逐渐在社会科学中发展起来并且产生了大量的跨学科研究文献。然而，尽管大量学者就社会资本展开了丰富的研究，社会资本的定义依然相当模糊。正是由于多种学科都关注了社会资本及其产生的影响，各学科根据本学科关注的问题和研究范式对社会资本展开了定义和度量。

帕特南等（Putnam et al.，1993，1995，2001）将社会资本定义为"网络、规范和信任，有助于参与者能够有效地合作和共同行动并实现共同的目标"。林（Lin，2001）认为"社会资本指嵌入在社会网络中的资源并由行为者获取和使用"。杜劳夫等（Durlauf et al.，2005）在介绍学者们关于社会资本的定义后，总结了社会资本的三个的基本思想：（1）为一个社会网络群体中的成员带来正外部性；（2）这些外部性是通过共同的信任、规范和价值及其对期望和行为的影响实现的；（3）共同的信任、规范和价值源于基于社会网络的组织形式。因此关于社会资本的研究也就是关于社会网络的研究。边等（Bian et al.，2015）认为尽管社会资本有多种定义，但研究者的一个共识是社会资本是嵌入社会联系和社会关系网络中的资源。达斯古普特（Dasgupta，2018）认为"社会资本是人际网络的总和。属于某一个网络有助于个人与他人协调战略"。

本书延续林（Lin，2001，2005）和边等（Bian et al.，2015）的定义，认为社会资本是嵌入社会联系和社会关系网络中的可以获取的资源。本书中农业转移人口的社会资本主要指农业转移人口在城市中基于社会联系和社会交往的形成的社会网络中的资源。

本书根据农业转移人口社会联系和社交网络的主要对象类型，按照关系强度和网络开放度将农业转移人口的社会资本分为三类：原始整合型社会资本、原始跨越型社会资本和新型跨越型社会资本。

原始整合型社会资本主要依托于原始的资源建立的社会关系，主要包括与家人、亲戚、农村户口同乡等，这种社会网络范围比较窄，且表现为私人信任。

原始跨越型社会资本主要指该社会网络成员处于农村和城市的节点上，属于一个结构洞，主要包括城市户口同乡。这些同乡已经完全市民化。相比原始整合型社会资本，原始跨越型社会资本更具跨越性和连接性，社会网络范围也更加广泛，但相比新型跨越型，原始跨越型社会资本的关系更紧密但信息异质性较差。

新型跨越型社会资本是指农业转移人口在流入城市之后与城市本地人建立的社会网络，相比于原始整合型社会资本，新型跨越性社会资本更具流动性、跨越性，社会网络的范围也更加广泛，表现为一般信任。

2.1.2　高质量就业

随着经济进入新常态，加之国际环境带来的负面冲击，就业结构的矛盾和问题凸显。为了实现更充分和更高质量的就业，政府在各类的工作会议和报告中反复强调高质量就业（high-quality employment）的重要性。然而，高质量就业是一个比较新的词汇，关于高质量就业的研究仍处于起步阶段。

高质量就业的概念与"体面劳动""工作质量""就业质量"的概念相似，因此可以通过了解这些概念进而对高质量就业有一个清晰的认识。1999 年，国际劳工组织（ILO）认为"体面劳动"（decent work）指促进男性和女性劳动力在自由、公平、安全和保障劳动者人格尊严的条件下获得生产性的、体面的和可持续的就业机会（ILO，1990）。2002 年，欧盟委员会提出"工作质量（quality in work）"概念，它是一个与工作数量互为补充的多维度概念，主要涉及与就业有关的客观特征、就业岗位特点、与岗位相匹配的工作能力及其对工作岗位特征的主观评价等维度（European Commission，2002）。

就业质量（quality of employment）是与就业数量相对应并涉及就业数量、就业结构差异和就业福利保障的概念。就业质量保包含三个层次：微观层次上劳动者在工作特征、工作环境等方面的状况，中观层次上组织在劳资关系方面的表现，以及宏观层次上国家的就业政策表现。就业质量考察劳动者从求职到离职的整个就业过程（邱雅静，2015）。相对于体面工作，就业质量取得了更大的进展并更有代表性，因为更一致地努力用于产生劳动力市场的国际可比数据，从而可以进行详细的衡量和国际比较（Burchell et al.，2014）。

近年来，学者也从多个角度介绍了高质量就业的内涵和外延。赖德胜（2017）认为高质量就业包括工作的稳定性、工作待遇和工作环境、提升和发展机会、工作和生活的平衡度，以及意见表达和对话机制。丁守海等（2018）认为高质量就业能力指劳动者符合未来主导产业要求的劳动技能。惠建国等（2020）指出高质量就业应重点关注就业机会充分与否、收入与分配、工作条件与环境、劳动关系和谐程度等方面。沈嘉贤（2020）认为高质量就业体现了就业质量的动态变化过程，而且高质量就业也在不同阶段有不同的内涵。在生产力水平较低的发展阶段，劳动者看中就业的安全性、稳定性，对就业质量的诉求体现在正规就业、安全的工作环境、职业健康以及基本劳动权益保护等方面，而在生产力发展水平较高时劳动者对就业的发展性、价值感和获得感的关注度更高。王文（2020）认为高质量就业指劳动力者技能的提升和就业于不同部门的分布和比例关系的结构优化。王阳等（2020）认为更高质量就业既是反映就业质量水平指数值增长的静态结果，又是反映更高质量就业促进机制的持续作用的动态结果。

结合现有研究对高质量就业的界定，本书认为高质量就业指劳动者就业能力的提升和就业福利待遇的改善，它体现了就业质量的动态变化过程，包含静态维度的就业薪酬福利好、就业能力强、就业稳定性高和就业权益保障足，动态维度的收入持续增加。高质量就业是新时代农业转移人口的获得感、幸福感和安全感的重要保障，是推进新型城镇化升级与乡村振兴统筹协调发展和促进农业转移人口有序市民化的重要保障。

2.1.3　数字经济

数字经济（digital economy）泛指以信息通信技术和信息为生产要素所形成的各种新型经济形态（孟祺，2021；王文，2020）。此外，数字经济的概念并非一直保持不变，而是随着经济社会发展和信息通信技术发展的不断拓展。参考数字经济发展水平的定义和度量（张勋等，2019；赵涛等，2020），数字经济发展包括互联网发展和数字普惠金融发展两个方面。

互联网（Internet），又称因特网、英特网，是通过信息技术、电子设备链接的网络。以互联网的产生为标志，是第三次产业革命的重要产物。

互联网是我们这个时代最伟大的发明（Hjort et al.，2019）。

数字普惠金融是家庭和企业获得和使用正式金融服务的途径。数字普惠金融指使用数字手段为经济上受排斥和服务不足的人群提供一系列符合他们需求的正式金融服务，以客户可负担得起的价格提供可持续的服务（Sun，2018）。普惠金融水平的提高主要源于金融科技的发展。数字普惠金融被政策制定者视为通过数字化手段改善民生、减少贫困和促进经济发展的一种方式（Sahay et al.，2015）。

2.2　相关理论基础

社会资本与农业转移人口高质量就业的研究包括社会资本的理论基础和高质量就业的理论基础。在社会资本的理论基础方面，本书从社会资本理论的演进以及社会资本产生影响的途径两方面展开介绍，前者涉及中观的社会资本与微观的社会网络结构的关系，后者涉及社会资本的作用。在高质量就业的理论基础方面，本书从二元劳动力市场理论和工作搜寻匹配理论两个方面展开介绍，前者解释了农业转移人口所在的劳动力市场的特征，后者建立起社会资本与农业转移人口高质量就业的桥梁。

2.2.1　社会资本的理论基础

2.2.1.1　社会资本理论的演进

在经济学领域中，传统的古典经济学由于强调个体的理性人假设下并未将社会属性纳入经济学的研究范畴中。尽管亚当·斯密的《国富论》和《道德情操论》中出现了社会因素影响经济绩效和个人行为的论述，如《国富论》在谈到财产增加服从的原因是门第的重要性，认为门第使得一个人相对于另一人拥有更高的社会地位，并提出小教派中道德的重要性且道德有一定的规则和秩序。如《道德情操论》关于美德的品质时提到要使得一个人的品质对别人的幸福产生影响，那么该品质必将对别人产生有益的影响。然而，在自由主义的意识和个体主义思想情景下，传统经济学家坚信市场的理念，认为个体在市场的帮助下可以通过传递和捕获关于信息和偏好的价格信号，进而达成促进个体自愿交易和选择的激励。也正是在这种自由主义思潮下，经济学主流分析并未将社会因素纳入研究视野中。

实际上，随着经济学家对"资本"这一概念的认知从有形到无形的变迁，经济学界也逐渐重视社会资本因素。传统经济学界认为资本通常是指有形的、持久的和可转让的对象，如机械、厂房、设备等，这些资本的积累可以被估计，他们的价值也可以被估算（付明辉等，2016）。而社会资本则是无形的，从而导致无法直接观测到社会资本的积累和社会资本的价值。近年来，随着人力资本理论的发展（Becker，1964，1976；Grossman，1972a；Schultz，1961），以及物质资本的范畴扩展到数字经济、信息与通信技术（ICT）、人工智能等无形资本，社会资本也逐渐被经济学家视为一种"资本"。就异质性和无形性而言，社会资本与知识和技能更为相似（Dasgupta，2018）。

自从劳瑞（Loury，1997）将社会资本引入现代社会科学的研究中，并经科尔曼（Coleman，1988）把它置于社会科学研究的前沿，社会资本逐渐在社会科学中发展起来并且产生了大量的跨学科研究文献。然而，尽管大量学者就社会资本展开了丰富的研究，社会资本的定义依然相当模糊。正是由于多种学科都关注了社会资本及其产生的影响，各学科根据本学科关注的问题和研究范式对社会资本展开了定义和度量。表 2-1 展示了学者对社会资本定义的发展。

表 2-1　　　　　　　　　不同文献关于社会资本的定义

文献	社会资本的定义
布尔迪厄 （Bourdieu，1980）	社会资本是内附于社会网络上的实际或潜在资源的总和，这种社会网络大多属于基于熟人识别的被组织化的关系
科尔曼 （Coleman，1988）	社会资本由社会结构及其对组织结构内部个人或合作者行为的促进两部分组成
希夫 （Schiff，1992）	社会资本是一系列社会结构的结合，这种社会结构不仅能够影响人们的关系，也能够影响他们的生产函数和效用函数中的参数和投入

续表

文献	社会资本的定义
帕特南等（Putnam et al.，1993）	……社会资本……指的是社会组织的特征，如信任、规范、网络等，可以提高社会的效率……
福山（Fukuyama，1997）	社会资本可以简单地定义为一个群体的成员之间存在的一套允许他们之间合作的非正式规则或规范。价值观和规范的共享本身并不能产生社会资本，因为这些价值观可能是错误的……产生社会资本的规范……必须在实质上包括诚实、履行义务和互惠等美德
奥斯特罗姆（Ostrom，2000）	社会资本是个体群体对一项经常性活动所产生的相互作用模式的共同知识、理解、规范、规则和期望
鲍尔斯等（Bowles et al.，2002）	社会资本通常指的是信任、对同事的关心、愿意遵守社区规则并惩罚不遵守规则的人
林（Lin，2001）	社会资本可以被定义为嵌入在社会网络中的资源，并由行为者获取和使用。因此，这一概念有两个重要组成部分：一是它代表社会关系中的资源，而不是个人；二是这种资源的取得和使用属于行动者
帕特南（Putnam，2001）	社会资本指个人之间的联系——社会网络以及由此产生的互惠和值得信任的准则
德劳夫等（Durlauf et al.，2005）	社会资本为一个群体中的成员带来正外部性；这些外部性是通过共同的信任、规范和价值及其对期望和行为的影响实现的；共同的信任、规范和价值源于基于社会网络和协会的非正式组织形式
达斯古普塔（Dasgupta，2018）	社会资本是人际网络的总和。属于某一个网络有助于个人与他人协调战略

布尔迪厄（Bourdieu，1980）首次正式提出社会资本的概念并探讨了经济资本、社会资本、文化资本和符号资本之间的关系。然而，布尔迪厄（Bourdieu，1980）最终没有考虑四种资本之间的差异，取而代之的是将社会资本简化为经济资本。

科尔曼（Coleman，1988）在布尔迪厄（Bourdieu，1980）的社会资本概念基础上进一步发展了社会资本的理论基础并认为社会资本主要包括社会资本形式与特征和社会资本的形成及其作用。然而，概念的模糊性可能导致将许多不同甚至矛盾的标签定义为社会资本（Ports，1998）。此外，科尔曼（Coleman，1988）主要强调社会资本带来好的影响而忽略了社会资本在某些情况下带来坏的影响的可能性。

帕特南等（Putnam et al.，1993，1995，2001）将社会资本定义为网络、规范和信任，社会资本促进参与者能够有效地合作和共同行动并实现共同的目标。

近年来的经济学者从个体主义和经济学理论出发而将更多的注意力投向了社会资本的社会网络属性。林（Lin，2001）认为"社会资本可以被定义为嵌入在社会网络中的资源，并由行为者获取和使用"。德劳夫等（Durlauf et al.，2005）在介绍学者们关于社会资本的定义后，总结了社会资本的三个的基本思想：（1）社会资本为一个社会网络群体中的成员带来正外部性；（2）这些外部性是通过共同的信任、规范和价值及其对期望和行为的影响实现的；（3）共同的信任、规范和价值源于基于社会网络和组织形式。因此关于社会资本的研究也就是关于社会网络的研究。达斯古普塔（Dasgupta，2018）认为"社会资本是人际网络的总和，属于某一个网络有助于个人与他人协调战略"。

近年来学者关注社会资本的类型并对社会资本进行了多种维度划分。现有关于社会资本的划分有三类：（1）个人维度社会资本和集体维度社会资本，前者研究基于个人中心网的社会资本，后者研究个体所在的集体或区域的社会资本。其中，集体层面的社会资本可以进一步细分为社群、社区、地区。（2）网络维度社会资本和文化维度社会资本，将社会资本分为结构型社会资本和认知型社会资本（崔巍，2017），前者研究个人网络的社会资本，后者研究文化层面的社会资本如信任、信念和社会规范等。（3）根据个人在社会网络组织中扮演的社会角色和作用，将社会资本分为纽带型社会资本（bonding social capital）、桥接型社会资本（bridging social capital）和连接型社会资本（linking social capital）（putnam，2000），纽带型社会资本和桥接型社会资本也被称为整合型社会资本和跨越型社会资本（王春超等，2013）。

2.2.1.2 社会资本产生影响的途径

社会资本通过改善分散均衡来提高帕累托效率。福利经济学第一定理（first welfare theorem）认为当人们追求个人利益时，如果每个经济人对商品的需求的欲望是无止境和局部非饱和的，则在一般的经济环境下（私人商品、完全信息、非外部效应、商品可分），竞争的市场制度导致资源的帕累托有效配置（田国强，2016）。事实上，在真实世界中，特别是在发展中国家，由于存在外部性和"搭便车"、不完全信息和交易摩擦、不完全竞争等而很难达到帕累托效率，导致常常出现偏离最优的结果。

当市场运作不完善时，社会资本可以提高经济效率。无论低效率的原因是什么，社会资本可以通过以下三种方式改善分散均衡：影响社会交换的技术，如为信息流动开辟新途径；改变个人的激励机制，从而用一种优越的激励机制取代分散均衡；解决一个有多个帕累托排序均衡的经济中的协调失败（Durlauf et al.，2005）。根据社会资本改善分散均衡的途径，现有研究大多从以下四个方面提出社会资本提高效率的机理：信息共享、改变偏好、社会学习和群体认同。

1. 信息共享

无论社交活动的目的是否为传递信息，社交活动通常都涉及信息传递。也就是说，信息常常是社交活动中的副产品。同时，也存在为了获得某种特定信息（如就业信息）而发起的社交活动，由于与他人的社交活动是一种消费品，此时通过社会资本的非正式搜寻相对于正式搜寻而言是一种"补贴"。关于社会资本的信息共享渠道的文献有很多：（1）关于社会网络传递就业和市场机会的信息（Beaman，2012；Calvó-Armengol et al.，2004；Chen et al.，2018；Zhao，2003；王春超等，2013）。格兰诺维特（Granovetter，1973）在对马萨诸塞州一个小镇居民的调查发现，50%以上的工作是通过社交网络获得的。安尼兹等（Ioannides et al.，2004）提出工作信息网络的第一个特征事实是人们广泛通过朋友、亲戚和熟人来寻找工作，而且这种情况随着时间的推移在不断增加。普特南（Beaman，2012）构建了在美国定居的难民劳动力市场工作信息传递模型，发现在职网络成员数量增加，会提高就业概率、提高时薪。（2）关于社会网络传播有关违约的信息（Acemoglu et al.，2020；Ali et al.，2016；Kandori，1992；Wolitzky，2013）。阿利等（Ali et al.，2016）发现许多社区依靠排斥来加强合作，也即如果社区中某个人逃避了一段关系，那么他的邻居会传播他的罪责并避开他而与社区中其他人合作。（3）发布有关努力的信息来减少团队中的激励问题（Jackson，2014；Murphy，2019），等等。（4）连接网络和经济绩效的不同机制可能同时存在，如劳赫等（Rauch et al.，2002）发现华人网络在国际贸易中的作用包括两个方面，一方面是网络在产品特征空间匹配买家和卖家的能力，另一方面是网络促进社会制裁的能力。

尽管现有研究就社会资本的信息共享渠道提供了丰富的证据，但关于社会资本能够以很低成本传递准确信息的假设仍值得商榷。如法尚（Faf-champs，2004）在分析撒哈拉以南非洲的市场制度时指出，企业间往往存在着扭曲信息传递的动机，其目的是伤害竞争对手或者掩盖自己的缺点。实际上，要使社会资本能够通过信息共享提高帕累托效率，则低效率必须源于不完全信息，以及如果传递错误信息将面临惩罚措施，如名誉损失。

2. 改变偏好

社会网络会影响个人的偏好和选择。行为心理学家认为个人的偏好也会随着时间变化而以系统的、可预见的方式波动，这会产生偏好的时间不一致性。例如，由于个体预测他们可能会受冲动影响，因此他们经常诉诸各种技巧来限制自己的选择，如强制储蓄，或者购物时带少量现金。

社会资本改变个人偏好的原因是社会资本有利他主义，并引起个体对公共利益的关注。采用标准的囚徒困境（prisoners' dilemma）博弈模型来了解边际的利他主义如何通过促进博弈双方的合作来提高帕累托效率（见表 2 - 2）。

表 2 - 2	标准的囚徒困境博弈模型	
项目	合作	不合作
合作	（1，1）	（ - A，B）
不合作	（B， - A）	（0，0）

其中，$A > 0$，$B > 1$。在一轮囚徒困境模型中的唯一的纳什均衡为（不合作，不合作）。也就是说，理性的参与人基于自身利益最大化考量而选择不合作，最后导致最差的结果——任何一方都没有获得收益。现在将一轮囚徒困境模型扩展到两轮囚徒困境模型中，阿克塞尔罗德（Axelrod，1984）就市场条件下合作的产生和进化进行了系统研究，他提出在两轮囚徒困境博弈中，占优策略则是"一报还一报"。尽管在重复囚徒困境模型中的均衡行为是博弈双方均采取合作的策略，但是，观察到合作的历史并

不能使得参与者对未来会有合作（或更大的合作）更有信心（Sobel，2002）。

现在假设参与人变得利他主义，则他们的效用是自己 i 的收益 Π_i 和对手 j 的收益 Π_j 的加权和，因此个体效用函数变为 $U_i = (1-\alpha)\Pi_i + \alpha\Pi_j$，其中对手收益内化为自身收益的份额 $\alpha > 0$。此时，"不合作"不再是最好的应对策略。当满足以下条件时，（合作，合作）成为新的纳什均衡，见式（2.1）：

$$1 > B(1-\alpha) - A\alpha，或 \alpha > (B-1)/(B+A) \qquad (2.1)$$

当对手的收益内化为自身收益的 α 值小于一半（$\alpha < 1/2$）时，仍然可以达到该新纳什均衡条件。该推论意味着，根据 A 和 B 的值，适度的利他主义将能够消除因徒困境。该推论隐含的意义是，当参与者将他人的收益内化为自身收益的部分越多，他们对他人的收益的重视程度越大，他们对帕累托效率的关注就越多。

对于 α 值远小于一半的情况，可以满足这种条件，这意味着根据 A 和 B 的值，即使适度的利他主义也可以消除因犯的困境。该结果背后的原因是，参与者将他人的收益内部化的越多，他们对帕累托效率的关注就越多。当参与者将自己的回报和他人的回报给予同等的重视程度时，他们就会在乎总福利，也即共同利益。

3. 社会学习

社会资本可能通过模仿来影响个体的偏好。最常见的是社会学习效应（social learning effect）、社会传染效应（social contagion effect）和同群效应（peer effect）。它指处于相似组织或者具有其他相似特征的群体，群体类个体之间的社会互动行为所产生的影响。个体的效用不仅受到个体自身特征的影响，也受到处于同一群组中其他个体相关行为的影响（崔静等，2017）。社会网络的知识扩散模型提出社会网络通过蔓延效应、社会影响效应和社会学习效应促进模仿行为并产生有益的结果（Young，2009）。具体来说：（1）蔓延效应（contagion effect）。当农业转移人口与新技能使用者接触时他们也会倾向于学习和采用新技能。（2）社会影响效应（social influence effect）。当社会网络中足够的人使用新技能时，人们才会倾向于学习新技能。（3）社会学习效应（social learning effect）。当人们看到足够的经验证据使其相信新技能值得采用时，人们便会采用新技术。

同群效应在教育中的重要性受到学者的广泛关注。同群效应可能会影响儿童的偏好，如差生会关注班级中成绩优秀的同学，放弃自己贪玩的行为并模仿其勤奋学习的行为，进而改善自己的成绩。这种成绩的提高并不完全是出于不学习而产生的内疚感的结果，而是与示范效应或榜样效应有关：差生改变了自己的偏好以模仿优等生的偏好。王春超等（2018）通过开展小学生班级内随机排座实验，考察小组内学生干部的同群效应对周边学生非认知能力的影响，发现组内学生干部数量的增加提高了学生的神经质和开放度，该结果可以用角色模型解释。此外，在劳动力市场中的同伴效应研究发现，与来自家庭暴力相关的儿童的接触差异可以解释5%的贫富收入差距（Carrell et al.，2018）。

4. 群体认同

社会资本也可能通过影响个体的偏好而影响个体的群体认同。泰弗尔等（Tajfel et al.，1979）发展了社会认同理论，认为社会认同由分类、认同和比较三个部分组成：（1）分类，也即个体或群体分类的过程，如给某人贴上农业转移人口、女性的标签。同时，个体的自我形象也与其所属的类别相联系，社会心理学实验表明，人们很容易快速地将自己和他人归入基本类别（Charness et al.，2020）。（2）认同，把自己与某些群体联系起来的过程。社会认同将个体接触的人群分为个体认同的群体也即内群体、个体不认同的群体也即外群体。（3）比较，将自己的群体与其他群体进行比较的从而对自己所属的内群体产生一种有利的偏见。

社会资本可能通过影响个体的群体认同进而影响个体的利他主义。群体认同可能会触发代理人采取更利他的偏好，从而产生更有效的群体效果。如阿克劳夫等（Akerlof et al.，2000）将社会认同引入经济学，提出在一个基于社会差异身份的世界里，效用不仅取决于消费的商品和服务的数量，也取决于个体自我形象的社会心理组成部分（社会认同）。当一个人符合社会群体所规定的行为规范时，自尊就会增强。费尔斯特曼等（Fershtman et al.，2001）通过独裁者博弈和信任博弈的经济实验发现，即使群体成员是未知的，如果代理人被诱使群体认同，那么他们就会表现出更大的利他主义和合作。近年来，身份认同的负面效应也受到学者的广泛关注，身份认同可能被用作团体分裂的楔子（Charness et al.，2020）。可以通过团队建设来促进个体对自己的社会身份的积极认同并增强自豪感。因此，社区意识建设和团队意识建设通常被认为是培养社会资本的一种方式。

此外，群体认同与经济学中的"集体行动"有关，即模仿他人行为的动力。集体行动能够动员群体力量完成复杂的任务，如中华人民共和国成立后的人民公社发展农业（Bloom et al.，2020；Chen et al.，2020），知识青年上山下乡促进农村和边疆地区发展（Chen et al.，2020）等。然而，布卢姆（Blume，2002）认为模仿并不一定会导致优越的均衡性，因为模仿本身并不能阻止行为人复制不良行为，如纳粹主义的兴起（Satyanath et al.，2017）等。

2.2.2　高质量就业的理论基础

高质量就业是一个比较新的词汇，农业转移人口高质量就业的理论基础可以追溯到二元劳动力市场理论和工作搜寻匹配理论。

2.2.2.1　二元劳动力市场理论

由于传统的劳动力市场均衡理论不能较好地解释各国劳动者收入差距持续扩大和劳动力市场存在的各种歧视现象，学者们从劳动力市场分割的角度进行解释。二元劳动力市场理论（dual labor market theory）最早源于多林格和皮奥里（Doeringer and Piore，1971）等提出的内部劳动力市场理论（internal labor market theory）。多林格等（Doeringer et al.，1971）提出二元劳动力市场理论的经典模式，他们认为"劳动力市场分为首属市场（primary market）和次属市场（secondary market），首属市场具有更高的工资、更好的工作条件、更稳定的劳动关系、更多的晋升机会和更公平的程序。而次属劳动力市场往往只有较低的薪酬和福利，较差的工作条件，更高的劳动力流动率，较少的晋升机会，以及常常面临轻率和频繁变化的工作监督"。随后，多林格等（Doeringer et al.，1985）提出内部劳动力市场（首属劳动力市场）和外部劳动力市场（次属劳动力市场）之间的主要区别是劳动力市场的制度结构。行政法规和习俗将内部劳动力市场成员和外部劳动力市场成员区别开来，并给予内部劳动力市场成员以其他方式无法获得的权利和特权，如劳动保护、职业流动的机会以及公平和正当的工作场所待遇。

内部劳动力市场理论有两个重要观点：一是员工在公司的职业生涯遵循着组织中的既定路径，并形成长期的员工—公司依恋，而非通过现货市场上的竞争而从一份工作跳槽到另一份工作。二是劳动力的定价与现货劳动力市场定价不同，工资与工作的特点而非劳动者个人相关，劳动力在职业生涯中不断变换工作，他们的工资很大程度上取决于他们所从事的工作。因此，内部劳动力市场的工资变化主要受到与工资挂钩的规则和行政程序的影响，而外部劳动力市场的变化对这些规则的影响很小且具有滞后性（Baker et al.，1994）。然而，多林格与皮奥里（Doeringer and Piore，1971）没有对内部劳动力市场特征进行解释。信息经济学和合同理论将内部劳动力市场结果解释为在不完全信息情况下解决契约问题的次优方案。

与内部劳动力市场理论旨在强调公司和工会是分割劳动力市场的主要机构的观点不同，二元劳动力市场理论则强调贫穷和歧视问题（Hudson，2007）。二元劳动力市场理论认为，劳动力市场在"好工作（good jobs）"和"坏工作（bad jobs）"之间存在明显的分化，这两个市场之间的流动性受到严重的限制。由于很大一部分工人被困在"坏工作"中，他们没有在未来获得或拥有一份更好的工作的现实机会，导致他们陷入贫困之中（Bayer et al.，1995）。

二元劳动力市场理论影响着移民劳动力市场和不平等的研究，如自20世纪80年代以来，大量国际移民涌入美国，导致美国劳动力市场日益按照国籍分层（Blundell et al.，2018）。移民和劳工研究者将移民就业分层描述为"二元"或"分割"劳动力市场的证据，它源于移民只能获得有限的法律保护（Piore，2001）。移民获得的权益保障越少，他们就越适合于不稳定经济条件的雇主，导致他们的工资很难提高，向上流动有限，并更可能在不同的工作和不同的社区之间频繁流动（Green，2013）。

基于二元劳动力市场理论，学者们对我国的劳动力市场分割现象进行了理论研究。赖德胜（1996）认为劳动力市场的制度分割是我国转型时期的一个独特现象，改革开放以后，我国劳动力市场从农村劳动力市场和城市劳动力市场的二元结构转变为体制内劳动力市场和体制外劳动力市场的二元结构。朱镜德（1999）认为我国存在三元劳动力市场：完全竞争的农村劳动力市场、完全竞争的城市劳动力市场和不完全竞争的城市劳动力市场。李芝倩（2007）将我国劳动力市场分为人力资本分割型劳动力市场和户籍分割型劳动力市场。李强（2001）对农业转移人口的劳动力市场进行了概括，认为农业转移人口所在的劳动力市场是一个典型的次属劳动力市场。范（Fan, 2002）基于 1995 年四川和安徽两省的村级调查资料，以及1998 年在广州开展的问卷调查数据，考察了具有不同居住身份的三类群体（本地城市居民、定居型流动人口、暂住型流动人口）间的显著差异。研究发现，就人力资本特征、流动资源获取以及劳动力市场进入与职业流动而言，定居型流动人口处于最优势地位，属于最成功的精英阶层；其次是本地城市居民；暂住型流动人口则处于层级底端。

我国农业转移人口的迁移和就业受到制度因素的影响，农业转移人口所在的劳动力市场存在制度分割。受户籍制度、人力资本水平等的限制，农业转移人口被视为城市的"外来者"，他们只能在次属劳动力市场从事非正规工作，他们的薪酬福利待遇差、就业能力低、就业稳定性差、社会保障水平低，就业质量相对较差（肖红梅，2015；韩东，2019），高质量就业水平偏低。

2.2.2.2 工作搜寻匹配理论

工作搜寻是指劳动者为了追求个人或家庭的效用最大化而在劳动力市场寻找就业机会的行为。然而，由于劳动力市场存在信息不对称和存在信息摩擦，求职者与雇主之间匹配需要一定的时间，而且同一个求职者可能在不同的企业获得不同的工资，因此，求职者将在追求个人或家庭效用最大化时在劳动力市场进行工作搜寻。关于搜寻摩擦在劳动力市场均衡中的作用的研究可以追溯到希克斯（Hicks, 1932），但是直到 20 世纪 60 年代末，斯蒂格勒（Stigler, 1962）和麦考尔（McCall, 1970）开始对存在搜寻摩擦的劳动力市场进行研究，并将工作搜寻理论加以模型化。他们认为在一个存在普遍不确定性和信息成本高昂的劳动力市场中，失业的劳动力可以视为一种生产力，而失业只是为了搜寻到更好的工资而付出的成本。

早期的工作搜寻理论认为工人从固定的工资分配中搜寻工资，一个工人失业的原因是他没有找到足够高的工资的工作。然而，该观点与长期失业的直觉原因不一致。实际上，求职者进行工作搜寻的目的不是找到一份好工资，而是为了找到一份合适的工作。此外，企业也并非被动地雇用接受其工资安排的人，而是希望找到合适的人选。

因此，存在双边搜寻摩擦的市场均衡工资分配引起学者的广泛关注。皮萨里德斯（Pissarides，1979）采用"匹配"描述如何获得存在搜寻摩擦的劳动力市场均衡条件。该理论认为，每个工人都具有许多不同的特点，因而适合不同的工作类型。同时，不同公司对工作的要求也各不相同。在此模型下，无论一份工作的工资是多少，工人和企业都会进行搜寻，因而工人和工作匹配都需要时间。正由于该模型包含工人与工作之间的差异以及劳动力市场的差异等真实世界特征，相较于基于工资接受的搜寻理论，它能够更好地捕捉劳动力市场中许多未明确描述的搜寻摩擦（Pissarides，2011）。此外，工人和工作匹配的基础是求职者的保留工资，如果企业提供的工资高于求职者的保留工资，则该求职者将接受该工作，否则将拒绝该工作。

工作搜寻匹配理论有助于理解农业转移人口在劳动力市场上的就业问题。首先，农业转移人口自身的特点和就业环境影响其工作搜寻行为。在城乡二元劳动力市场中，社会资本有助于解决农业转移人口在劳动力市场中面临的信息问题。农业转移人口大多在非正规部门就业（Fleisher et al.，2003；Meng，2012；陈斌开等，2018），这些部门大多依靠口头传递劳动力需求信息，依靠推荐和介绍的方式招聘劳动力（Zhang et al.，2003）；此外，农业转移人口主要从事体力活动和低端服务业活动，这些工作类型与需求频繁变动有关，工作的替换率相当高，因而劳动力市场的信息问题显得尤为重要（Munshi，2015）。特别是因为受教育水平普遍较低、普通话熟练程度低，农业转移人口获取信息有限。因而，网络渠道（也称为"非正式搜寻"）是农业转移人口进行工作搜寻的主要渠道。如张等（Zhang et al.，2003）的一项关于中国农村劳动力非农就业的调查发现，有关系的农民获得非农工作的概率为45%，而没有关系的农业转移人口获得非农工作的概率只有39%。其次，工作搜寻影响农业转移人口的就业质量。现有研究发现通过网络渠道搜寻工作的工人的任期更长（Chen et al.，2018；Jovanovic，1979；Loury，2006；Simon et al.，1992a）。学术界对此有两种解释：（1）"良好匹配"假说（good match hypothesis）。由于工人和雇主之间存在信息不对称，农业转移人口面临的主要困难是向雇主传达他们的技能信号的准确信息，此时，该新到农业转移人口的社会网络中的城市成员或已就业成员将通过推荐方式证明其就业能力，降低企业和农业转移人口之间的信息摩擦（Abebe et al.，2021），进而降低了工人与企业之间不匹配的概率（Jovanovic，1979；Viscusi，1980）。西蒙等（Simon et al.，1992）发现通过网络渠道获得的工作比通过市场渠道获得的工作的就业持续时间更长。（2）"有限选择"假说（limited choices hypothesis）。在信息不对称的情况下，采用网络渠道可能意味着有限的工作选择范围，因此，求职者把非正式信息来源作为求职的最后的工作搜寻手段，由于几乎没有其他就业选择，这些人一直留在目前的工作岗位上，因而拥有更长的工作任期（Chen et al.，2018；Loury，2006）。这两种假说适用于不同的社会资本类型，并可以解释网络搜寻渠道的就业效应的差异。

第3章

社会资本影响农业转移人口
高质量就业的理论分析

本章的目标是构建社会资本影响农业转移人口高质量就业的理论分析框架。首先，基于社会资本投资理论和罗伊职业选择模型，搭建异质性社会资本与农业转移人口高质量就业之间的桥梁；其次，从人力资本促进机制、工作搜寻和就业匹配机制、市民身份认同机制三个方面提出社会资本影响农业转移人口高质量就业的机制；最后，挖掘数字经济发展调节下社会资本影响农业转移人口高质量就业的理论框架。社会资本影响农业转移人口高质量就业的理论分析为量化分析社会资本对农业转移人口高质量就业的影响提供理论指导，也为促进农业转移人口社会资本积累和高质量就业提供政策启示。

3.1 社会资本影响农业转移人口
高质量就业的理论分析框架

围绕着"社会资本对农业转移人口的高质量就业有什么影响""社会

资本影响农业转移人口高质量就业的机理是什么""数字经济发展下社会资本对农业转移人口高质量就业产生了什么影响"这三个研究问题，本章相应地展开以下三个方面的理论分析。

（1）构建社会资本影响农业转移人口高质量就业的理论模型。首先，基于社会资本投资理论，提出基于关系强度和网络开放度差异的三种社会资本类型：原始整合型社会资本、原始跨越型社会资本和新型跨越型社会资本。其次，基于罗伊职业选择理论，分析社会资本影响下农业转移人口在传统部门和现代部门之间的就业选择和就业绩效。最后，根据不同类型社会资本的高质量就业效应，提出生产率增强型社会资本的高质量就业效应预测和成本降低型社会资本的高质量就业效应预测。

（2）厘清社会资本影响农业转移人口高质量就业的机制。首先，提出社会资本提高农业转移人口高质量就业的人力资本促进机制：基于社会网络的创新扩散理论，从蔓延效应、社会影响效应和社会学习效应三个方面分析社会资本的高质量就业效应；其次，提出社会资本促进农业转移人口高质量就业的工作搜寻和就业匹配机制：基于工作搜寻匹配理论，从网络搜寻渠道效应和良好匹配效应两个方面梳理社会资本的高质量就业效应；最后，提出社会资本促进农业转移人口高质量就业的市民身份认同机制：基于社会认同理论，从市民身份认同度和本地市民接受度两方面梳理社会资本的高质量就业效应。

（3）挖掘数字经济发展条件下社会资本对农业转移人口高质量就业的影响。首先，结合基于任务需求的理论模型和信息扩散理论，挖掘数字经济影响农业转移人口高质量就业的三种直接效应：劳动力替代效应、就业创造效应和生产率提高效应，并提出相应的研究假说。其次，结合社会资本理论，挖掘数字经济发展下社会资本的高质量就业效应，结合开放式网络和封闭式网络的特点，提出数字经济发展下社会资本的高质量就业效应的研究假说。最后，本书也研究了社会资本对不同受教育水平、性别和代际的农业转移人口群体的高质量就业水平的影响。

本书构建了社会资本影响农业转移人口高质量就业的理论分析框架。图3-1展示了本书的理论分析框架。

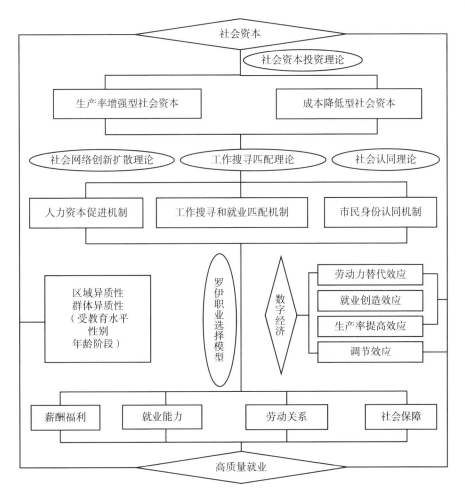

图 3 - 1　理论分析框架

3.2　社会资本影响农业转移人口高质量就业的理论模型

本节基于社会资本投资理论和罗伊职业选择模型搭建起异质性社会资本与农业转移人口高质量就业之间的桥梁，并预测生产率增强型社会资本和成本降低型社会资本的高质量就业效应的差异。

3.2.1　相关研究假定

本部分从农业转移人口的社会资本函数的假定、现代部门和传统部门就业的假定和工作搜寻成本的假定三个方面提出相关研究假定。

3.2.1.1　社会资本函数相关假定

假设目的地城市农业转移人口的社会资本符合一般资本积累机制，即当期社会资本受到前期社会资本和社会资本投资的影响。格莱泽等（Glaeser et al.，2002）将社会资本积累函数进行模型化，本章将格莱泽等（Glaeser et al.，2002）的社会资本积累模型扩展到农业转移人口的社会资本积累模型中，构建农业转移人口的社会资本积累函数如下：

$$sc_{t+1} = (1-\delta)\varphi sc_t + Isc_{t+1} \tag{3.1}$$

其中，sc_{t+1} 指 $t+1$ 期农业转移人口的社会资本，sc_t 为 t 期农业转移人口的社会资本；Isc_{t+1} 为 $t+1$ 期农业转移人口的社会资本投资额，即农业转移人口为提高社会资本水平而进行的投资活动；$\delta(0<\delta<1)$ 为社会资本折旧率，即社会资本存量下降到其原有价值的比例，包括自身身体和心理能力的变化以及社会网络中其他成员死亡率变化所产生的影响。$\varphi(0<\varphi<1)$ 为农业转移人口的流动概率，表征因为农业转移人口流动而产生的社会资本折旧系数；$\partial sc_{t+1}/\partial Isc_{t+1} \geq 0$，$\partial sc_{t+1}/\partial\varphi \leq 0$。因此，农业转移人口的社会资本随着社会资本投资额的增加而增加，随着社会资本折旧率的提高而下降，随着农业转移人口流动概率的增加而下降。

社会资本投资水平直接影响到农业转移人口的社会资本积累水平（Glaeser et al.，2002）。对于单个农业转移人口，其社会资本的折旧率和流动概率是一定的，现在进一步了解社会资本的投资机制。假设农业转移人口的社会网络结构是同质的（本书将在后面放宽该假设）。农业转移人口与他人建立社会网络并形成社会资本的过程是与他人进行社会交互和合作的过程。合作理论提到，当两个代理人之间有且只有一轮合作时，合作博弈的纳什均衡为（不合作，不合作）（Durlauf et al.，2005；Ellison，1994），而两轮合作博弈的均衡策略为"一报还一报"（Axelrod，1984）。考虑两个代理人决定进行合作的条件——合作将产生的持续收益，即合作不仅对代理人的当前行为产生影响，也将影响代理人以后的选择。假设农业转移人口与他人在下一步合作中的收益与当前合作的收益的比例为 $w(0 \leq w \leq 1)$，w 为折扣系数。

根据合作理论，假设两个代理人之间社会交互合作的长期净收益函数如下：

$$Profit = R + wR + w^2 R + w^3 R + \cdots - C = \frac{R}{1-w} - C \qquad (3.2)$$

其中，$Profit$ 为长期合作的总体净收益；R 为单次合作的收益；w 为折扣系数，表示下一步收益相对于前一步收益的折扣程度；C 为合作所产生的成本。

该合作净收益函数的潜在含义是，当农业转移人口与他人进行合作的折扣系数越大，双方的未来比当前更重要，此时双方合作所产生的净收益越大，他们的关系越稳固。因此，促进合作的第一原则是增大未来的影响。阿克塞尔罗德（Axelrod，1984）提出增大未来影响的两个方法：使相互作用更持久和使相互作用更频繁，前者强调社会网络中关系强度的重要性，后者强调社会网络中交往频率的重要性。

进一步放宽农业转移人口的社会网络结构同质的假设，假设农业转移人口的社会网络分裂成不同类型的社会网络，如封闭式网络或开放式网络等，不同类型的社会网络带来的净收益可能不同。假设农业转移人口的社会资本投资函数受到合作净收益和社会网络结构的影响：

$$Isc = Isc(g(\sum Profit, \xi)) \qquad (3.3)$$

其中，$\xi_j (j = 1, 2, \cdots)$ 表示异质性社会网络的人口权重（$\xi_j > 0$）；$\xi \equiv \{\xi_j\}_j$ 表示农业转移人口的社会网络组成。

根据同质性社会资本投资净收益函数式（3.2）和异质性社会资本投资函数式（3.3）可知，从社会资本的形成机制看，社会网络的交互频率、关系强度和开放性均对农业转移人口的社会资本产生影响。而不同的社会网络交往频率、关系强度和开放性也形成了不同的社会资本类型。

本书中假设农业转移人口在城市中主要类型的社会资本为 $sc_k (k = 1, 2, \cdots)$，且各类社会资本相互独立。

3.2.1.2　农业转移人口效用函数相关假定

将罗伊（Roy）职业选择模型应用到社会资本对农业转移人口高质量就业的影响的研究中（Bütikofer et al.，2017；Panczak et al.，2017；Roy，1951）。假设农业转移人口在传统部门和现代部门进行就业选择，并且在现代部门中从事高质量就业。假设农业转移人口通过比较不同部门的效用水平来决定是否在现代部门就业。每个部门的效用取决于对当前财富（包括收入和资产，如金融资产）的总体满意度。个体的财富可能受到其社会资本的影响。假设个体从传统部门转到现代部门的成本很高。此外，就业的工作搜寻成本和心理成本可能受到个体社会资本的影响。

采用上标 T 和 M 来表示传统部门和现代部门的相关变量。假设农业转移人口在传统部门和现代部门的初始人力资本 hc 和社会资本 sc_k 相同，并且假设人力资本和社会资本相互独立（在后面将讨论社会资本对人力资本的影响）。个体在传统部门就业的效用 U_i^T 取决于他在传统部门的财富 w_i^T，而 w_i^T 取决于个体的人力资本 hc_i 和社会资本 sc_{ki}，采用随机变量 ε_i 表征影响农业转移人口在传统部门就业的不可观测因素，β_ε^T 为传统部门就业时的不可观测因素的回报（$\beta_\varepsilon^M \geq 0$）。因此，农业转移人口 i 在传统部门就业的效用函数由以下公式表示：

$$U_i^T = w_i^T + \beta_\varepsilon^T \varepsilon_i = f^T(hc_i, sc_{ki}) + \beta_\varepsilon^T \varepsilon_i \tag{3.4}$$

其中，$\partial f^T(hc_i, sc_{ki})/\partial hc_i \geq 0$，$\partial f^T(hc_i, sc_{ki})/\partial sc_{ki} \geq 0$。

农业转移人口在现代部门就业的预期效用 U_i^M 取决于他在现代部门的预期财富 w_i^M，而 w_i^M 取决于个体的人力资本 hc_i 和社会资本 sc_{ki}，采用随机变量 ε_i 表征影响农业转移人口在现代部门就业的不可观测因素，β_ε^M 为现代部门就业的不可观测因素的回报（$\beta_\varepsilon^M \geq 0$）。因此，农业转移人口在现代部门就业的效用函数由以下公式表示：

$$U_i^M = w_i^M + \beta_\varepsilon^M \varepsilon_i = f^M(hc_i, sc_{ki}) + \beta_\varepsilon^M \varepsilon_i \tag{3.5}$$

其中，$\partial f^M(hc_i, sc_{ki})/\partial hc_i \geq 0$，$\partial f^M(hc_i, sc_{ki})/\partial sc_{ki} \geq 0$。

3.2.1.3　农业转移人口工作搜寻成本函数的相关假定

假设农业转移人口选择到现代部门就业的成本为 C_i，主要使用现有财富或借贷预先支付。就业成本包含货币成本和心理成本，如工作搜寻、等待工作、胜任压力和对未来不确定产生的心理成本等。假设工作搜寻成本受到人力资本（hc_i）和社会资本（sc_{ki}）的影响：

$$C_i = c(hc_i, sc_{ki}) \tag{3.6}$$

其中，$\partial c(hc_i, sc_{ki}) / \partial hc_i \leqslant 0$，$\partial c(hc_i, sc_{ki}) / \partial sc_{ki} \leqslant 0$。

3.2.2　社会资本与农业转移人口在现代部门就业的均衡选择

当农业转移人口在现代部门与传统部门的效用差额高于工作搜寻时，农业转移人口将有意愿在现代部门从事高质量就业。并且，由于就业成本较高，农业转移人口需要有充足的财富来承担到现代部门就业的成本。因此，可以得到农业转移人口选择到现代部门就业的效用最大化的目标约束函数：

$$U_i^M - (U_i^T + C_i) \geqslant 0$$
$$\text{s. t. } w_i^M \geqslant C_i \tag{3.7}$$

将式（3.4）、式（3.5）和式（3.6）代入式（3.7）中，并采用拉格朗日函数求解该农业转移人口选择到现代部门就业的效用最大化的目标约束函数，得到：

$$L = f^M(hc_i, sc_{ki}) - f^T(hc_i, sc_{ki}) + (\beta_\varepsilon^M - \beta_\varepsilon^T)\varepsilon_i - c(hc_i, sc_{ki})$$
$$+ \lambda[f^M(hc_i, sc_{ki}) - c(hc_i, sc_{ki})] \tag{3.8}$$

进一步得到农业转移人口在现代部门就业的均衡条件为：

$$\frac{\partial f^M(hc_i, sc_{ki})}{\partial sc_{ki}} = \frac{\partial f^T(hc_i, sc_{ki})}{\partial sc_{ki}} + \frac{\partial c(hc_i, sc_{ki})}{\partial sc_{ki}} \tag{3.9}$$

式（3.9）表明，当农业转移人口在现代部门就业的社会资本回报率等于在传统部门就业的社会资本回报率和社会资本与工作搜寻的边际成本时，农业转移人口选择在现代部门从事高质量就业。

3.2.3　社会资本与农业转移人口高质量就业

在给定农业转移人口的效用函数和预算约束函数时，收入最大化的代理人在现代部门就业决策主要受现代部门就业的工资收入、传统部门就业的工资收入及找工作成本差异影响。将式（3.4）、式（3.5）和式（3.6）代入式（3.7）中并求解变量 ε_i，我们发现如果农业转移人口的不可观测投入因素 ε_i 满足下面的条件，他将决定在现代部门工作：

$$\varepsilon_i > \varepsilon_i^T(sc_{ki}) = \frac{c(hc_i, sc_{ki}) - [f^M(hc_i, sc_{ki}) - f^T(hc_i, sc_{ki})]}{(\beta_\varepsilon^M - \beta_\varepsilon^T)} \quad (3.10)$$

该表达式暗含着，给定参数和函数 $c(.)$ 的假设，促使农业转移人口选择就业的不可观测因素的阈值 ε^T 在向量 sc_{ki} 的每个维度中下降，因此 $\partial \varepsilon_i^T / \partial sc_{ki} \leq 0$。有更高社会资本的农业转移人口可能从就业中获益更多，并且（可能）有更低的工作搜寻成本。因此，不可观测的生产率部分将有一个更低的阈值，超过该阈值则个体将选择在现代部门就业。该结构也说明正如依可观测社交网络 sc_i 的选择一样，依不可观测因素 ε^i 的选择效应是正的。

现在考虑农业转移人口个体属于一个有社会资本的特征向量 $\underline{sc_{kG}} = (sc_{1G}, sc_{2G}, \cdots)$ 的群体中。在每个群体中，个体有不同的不可观测特征 ε_i，符合标准正态分布，并且与其他特征相互独立。因此，个体在 G 组（例如，有可观测特征 sc_{kG}）的高质量就业概率为：

$$prob_i^{HQE}(sc_{kG}) = \Pr(\varepsilon_i > \varepsilon_i^T(sc_{kG})) = 1 - \Phi(\varepsilon_i^T(sc_{kG})) \quad (3.11)$$

其中，$\Phi(.)$ 为与农业转移人口的社会资本有关的标准正态分布累积密度函数，且一阶导数严格为正。式（3.11）意味着农业转移人口 i 在 G 组高质量就业的概率 $prob_i^{HQE}$ 将随着 sc_{kG} 的提高而增大。此简化模型也意味着若将个体高质量就业的概率作为他们的社会资本禀赋的函数，则其有生产率增强效应或成本下降效应，可以获得一个与高质量就业概率的正向关系。

在模型假设下，社会资本可能通过两个渠道影响农业转移人口到现在部门就业的选择，并且都暗含着该影响是非负的。一个渠道是通过式（3.10）中的 $-[f^M(hc_i, sc_{ki}) - f^T(hc_i, sc_{ki})]$ 项产生影响，它暗含着对于拥有任何更高价值的社会资本 sc_i 来说，更高的就业回报将有积极的生产率效应。该项也降低了不可观测社会资本的阈值进而增加了农业转移人口的高质量就业概率。另外一个渠道是通过式（3.10）中的 $c(hc_i, sc_{ki})$ 产生作用，它暗含着拥有更高社会资本的个体有更低的工作搜寻成本，进而使得就业的阈值下降，并增加到现代部门就业的概率。

　　进一步考察不同类型社会资本在农业转移人口高质量就业绩效方面的差异。尽管社会资本对高质量就业绩效的成本降低效应和生产率增强效应的定性含义可能相似，但它们之间有显著差别。社会资本对高质量就业绩效的影响的强度随着生产率增强型社会资本回报的增加而提高，而不是成本降低型。从这个意义来说生产率增强型社会资本会提高农业转移人口到现代部门就业的概率进而增加了农业转移人口的高质量就业绩效，而成本降低型社会资本会提高农业转移人口到现代部门就业的概率，但不会增加农业转移人口高质量就业绩效。

　　假设现代部门就业的农业转移人口的社会资本的回报提高（$\partial f^M(hc_i, sc_{ki})/\partial sc_{ki}$ 增加），则到现代部门就业的概率增加（阈值 $\varepsilon_i^T(sc_{kG})$ 下降），该组中 sc_{ki} 值更高的个体的比例更大。因此，在不同的社会资本回报的行业或职业中，农业转移人口将根据他们生产率增强型社会资本来获得不同的高质量就业绩效。成本降低型社会资本则相反，它没有生产率效应（暗含着 $\partial f^M(hc_i, sc_{ki})/\partial sc_{ki} = \partial f^T(hc_i, sc_{ki})/\partial sc_{ki} = 0$），它将不会对农业转移人口的高质量就业绩效产生积极的影响。

　　总之，预期现代部门就业的社会资本投入回报将取决于生产率增强效应和成本降低效应。因此，我们可以将上面模型的意义总结为下面的特征型预测：

　　（1）生产率增强型社会资本。考虑拥有不同社会资本水平 k 的两个农业转移人口群体 G 和 G' 并且假设 $sc_k^G < sc_k^{G'}$。如果该社会资本主要影响劳动生产率（正向地）：

　　① 考虑传统部门 T 和现代部门 M，假设 $\partial f^M(hc_i, sc_{ki})/\partial sc_{ki} > \partial f^T(hc_i, sc_{ki})/\partial sc_{ki}$，我们应该观测到群体 G' 相对于群体 G，有更高的高质量就业选择。

　　② 考虑传统部门 T 和现代部门 M，假设 $\partial f^M(hc_i, sc_{ki})/\partial sc_{ki} > \partial f^T(hc_i, sc_{ki})/\partial sc_{ki}$，我们应该观测到群体 G' 相对于群体 G，有更高的高质量就业绩效。

　　③ 放松人力资本与社会资本相互独立的假设，即假设社会资本将影响

人力资本投资（Coleman，1988），$\partial hc_i / \partial sc_{ki} > 0$，那么社会资本将会产生高质量就业的放大效应，进一步提高农业转移人口的高质量就业绩效。

（2）成本降低型社会资本。考虑不同社会资本水平 l 的两个农业转移人口群体，G 和 G'，假设 $sc_l^G < sc_l^{G'}$。如果该社会资本主要影响工作搜寻成本（负向地）：

① 考虑传统部门 T 和现代部门 M，假设 $\partial f^M(hc_i, sc_{ki}) / \partial sc_{ki} \approx \partial f^T(hc_i, sc_{ki}) / \partial sc_{ki}$，我们应该观测到群体 G' 相对于群体 G，有更高的高质量就业选择。

② 考虑传统部门 T 和现代部门 M，观测到群体 G' 相对于群体 G，有一个更低的高质量就业绩效。

③ 放松人力资本与社会资本相互独立的假设，即假设社会资本将影响人力资本投资（Coleman，1988），则 $\partial hc_i / \partial sc_{li} < 0$，那么该类社会资本没有提高农业转移人口的高质量就业绩效。

图 3-2 展示了社会资本影响农业转移人口高质量就业的理论框架。本书将在实证分析中检验这三种预测。前两个预测将不同类型的社会资本与农业转移人口的高质量就业水平联系起来，第三个预测将社会资本与农业转移人口的人力资本促进机制联系起来。它有助于对不同类型社会资本在增加就业回报或降低工作搜寻成本方面所发挥的作用作出一致的解释。

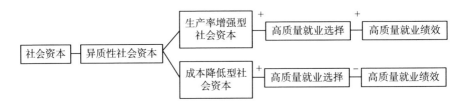

图 3-2　社会资本影响农业转移人口高质量就业的理论框架

3.3　社会资本影响农业转移人口高质量就业的机制理论分析

结合相关理论和文献，本书梳理出社会资本影响农业转移人口高质量就业的机制有：人力资本促进机制、工作搜寻和就业匹配机制和市民身份认同机制。

3.3.1　人力资本促进机制

社会资本可能通过人力资本促进机制影响农业转移人口的高质量就业。科尔曼（Coleman，1988）将社会资本视为人力资本形成过程中的一种投入，认为社会资本可以促进人力资本投资，进而提高收入水平。在一定的程度上，社会资本的价值反映在工资和薪酬中。考虑到社会网络会引起外部性问题，那么，社会网络如何与经济绩效产生联系呢？结合达斯古普塔（Dasgupta，2018）提出的社会资本与宏观经济绩效的分析框架，本书讨论社会资本影响经济绩效的人力资本促进机制。

假设劳动者为 $j(j=1,2,\cdots)$，令 K 表示经济体的实物资本存量，L 表示劳动者 j 投入的劳动时间 L_j。为了重点考察社会资本与人力资本的关系，没有将常用的财产体系指定为物质资本，也没有描述劳资关系。令 h_j 表示 j 的人力资本（如受教育年限或技能水平等）则其有效劳动投入为 $h_j L_j$。H_j 指"传统人力资本"（不考虑 j 所属的网络）。假设总产出为 Y。为了避免外部性可能对价格产生影响，假设只生产单一产品。

令 $H=j(h_j L_j)$，其中 H 为个体或区域的总人力资本水平，并且假设生产可能性函数表示如下：

$$Y = AF(K,H),(A>0) \tag{3.12}$$

其中，$F(F\geq 0)$ 为总生产函数，且 $\partial F/\partial K \geq 0,\partial F/\partial L \geq 0$。$A$ 指全要素生产率，它是制度能力和公共知识的综合指数，且 $\partial F/\partial A \geq 0$。

假设地区中公民的合作增加，即经济从一个基于私人信任的糟糕均衡体系转变为一个良好的均衡体系。合作的增加使得生产中的资源达到更有效的配置。该合作促进 A 的增加还是 H 的增加将取决于网络外部性在多大程度上像公共品：

（1）如果社会网络的外部性仅局限于个体或小团体，即个体的行动几乎不会对他人的均衡条件产生影响，那么网络的外部性效应主要通过参与更多合作 h_j 体现。

（2）如果社会网络的外部性扩展到整个经济体中（如由于信念的改变使得整个经济体中自愿遵守的情况增加，甚至个体不知道该情况），那么网络外部性效应主要通过 A 体现。

无论哪种方式，宏观绩效的变化方向都是相同的。在其他条件相同的情况下，A 或 h_i 的增加将意味着 Y 的增加，即工资、薪酬和利润的增加。

本书主要研究以个体为中心的社会网络及其社会资本，那么社会网络外部性主要局限于个体或小团体，社会资本主要通过影响个体的人力资本进而影响绩效，如促进知识溢出、技术扩散、健康投资等。

个人往往对新技术的回报不确定，如农业转移人口可能不知道新技能能够获得更高的生产率和收入。此时，社会网络中其他成员决定使用一种新技能，表明他一定收到了关于该技能质量良好的信号，他使用该技能的经验将作为额外的信息来源。由于信息必须按照顺序从一个人传递到另一个人，社会网络的外部性为新知识和新技术的扩散提供了解释（Munshi，2007）。

由于潜在采用者之间存在异质性，新知识和技能传播和扩散需要时间（Munshi，2004）。传统的创新扩散模型强调外部因素驱动技术扩散（如价格和质量变化），而基于社会网络的扩散模型则强调内部驱动，即来自潜在使用者的内部反馈效应。社会网络的知识扩散模型包括蔓延效应、社会影响效应和社会学习效应（Young，2009）三个方面。具体来说：①蔓延效应（contagion effect）。当农业转移人口与新技能采用者接触时，他们也会倾向于学习新技能，也就是说，新知识或技能像传染病一样在社会网络成员中传播。②社会影响效应（social influence effect）。当社会网络中足够的人采用新技能时，人们才会倾向于学习新技能，也就是说，新知识是根据从众动机传播的。③社会学习效应（social learning effect）。当人们看到足够的经验证据并相信新技术值得采用时，人们便会采用新技术。也就是说，人们会根据不同的信念、获得信息的数量和成本而在不同的时间学习新技术。

基于社会网络的创新扩散理论，社会网络可能通过蔓延效应、社会影响效应或社会学习效应促进人们通过社会网络学习新知识和新技能，进而促进自身人力资本提高。图3-3展示了社会资本影响农业转移人口高质量就业的人力资本促进机制的理论框架。基于社会资本的创新扩散理论分析，提出社会资本影响农业转移人口高质量就业的人力资本促进机制假设如下：

假设3-1：社会资本可能通过促进农业转移人口的人力资本提高进而促进农业转移人口高质量就业。

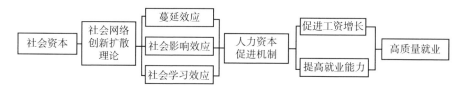

图3-3 人力资本促进机制的理论框架

3.3.2 工作搜寻和就业匹配机制

农业转移人口是城市的新成员，因此特别容易受到信息问题的影响（Munshi，2015；Wilson，2021）。因为农业转移人口主要从事体力活动，这些工作类型与需求的频繁变化有关导致农业转移人口的工作替换率较高。因此，特别是对于劳动力市场尚不完善和存在信息摩擦的发展中国家来说，劳动力市场的信息显得尤为重要（Hjort et al.，2019）。事实上，社会网络在劳动力市场上的重要性是显而易见的（Calvó-Armengol et al.，2004）。

社会资本有助于解决城市二元劳动力市场中的农业转移人口面临的信息问题。一般来说农业转移人口主要从事非正规就业和低技能就业（Fleisher et al.，2003；Meng，2012；陈斌开等，2018），这些部门大多依靠口头传递劳动力需求信息，依靠推荐和介绍的方式招聘劳动力（Zhang et al.，2003）。由于受教育水平普遍较低、普通话熟练程度低，农业转移人口获取信息有限，社会资本通过网络搜寻效应改善农业转移人口的就业。此外，新到农业转移人口面临的主要困难是向雇主传达他们技能的准确信息，此时，其社会网络中的城市成员或已就业成员将通过推荐方式证明其就业能力，降低企业和农业转移人口之间信息摩擦，促进农业转移人口高质量就业（Abebe et al.，2021）。

社会资本可能通过网络搜寻效应和良好匹配效应两种方式促进农业转

移人口高质量就业。

（1）网络搜寻效应。在不断扩张的大城市中，求职成本成为工作搜寻的重要限制因素（Abebe et al.，2021）。网络搜寻渠道指求职过程中使用社会关系网络获取信息和实质性帮助的工作搜寻方式。卡林顿等（Carrington et al.，1996）在包含内生迁移成本和工作搜寻外部性的动态模型中提出，失业工人得益于其移民网络中已就业成员提供的新工作信息。托帕（Topa，2001）指出，如果代理人的社会网络得到了雇用，那么他们就可能被雇用。因此，在业社会网络比失业社会网络更有可能向他人提供就业信息，部分动机出于规避风险的自我保险——他们希望在自己未来失业时得到类似的信息，即期望在自己不景气时得到相应的回报。卡尔沃—阿门戈德等（Calvó-Armengol et al.，2004）将社会网络作为获取就业信息的一种方式，探讨其对就业动态的影响。只有当受雇工人不能利用信息来提高自己的工资时，他们才会将信息传递给网络中的一个或多个直接连接者。此外，一个社会关系（如朋友、熟人、同乡等）的就业状况越好，越有可能将有关职位空缺的信息传递给社会网络成员。

（2）良好匹配效应。工作采购方式（job-shopping approach）（Viscusi，1980）认为准工人在偏好和能力上是异质的，而且工作在所需的技能和非金钱特征上也是异质的，由于准工人没有实际工作而无法了解更多的工作特征，导致一些受雇工人可能与其从事的工作不匹配。考虑到劳动力市场中工人和工作单位（雇主）面临的信息问题，社会资本有助于减少工人和雇主之间匹配质量的不确定性，从而促进稳定就业（Loury，2006）。蒙哥马利（Montgomery，1991）将社会结构嵌入劳动力市场经济模型。假设工人和企业在正式和非正式雇用渠道之间进行选择，假设企业无法识别一个新雇用工人的能力且无法指定一个绩效工资合同，那么当出现一个新职位时，企业总是倾向于雇用一个能力强的工人。此时，企业可以选择非正式雇用渠道——寻求一个在职工人的帮助，从他的社会网络中招募能力强的工人。而且，当个人社会网络中工人之间的社会联系越多并且公司对推荐工人的竞争越激烈时，潜在就业者的工资也越高。他还表明，如果熟人之间的生产性特质存在相关性，那么公司只会接受现有能力强的员工的推荐。因此，这些高能力员工比低能力的员工给求职者传递的信息质量更高。

基于工作搜寻匹配理论，社会网络可能通过网络搜寻效应和良好匹配效应促进工作搜寻进而获得更高薪酬、更长的工作任期；同时，社会网络也可能通过良好匹配效应促进农业转移人口获得更高就业能力，进而促进农业转移人口高质量就业。图 3-4 展示了社会资本影响农业转移人口高质量就业的工作搜寻与就业匹配机制的理论框架。基于社会资本的工作搜寻匹配理论分析，提出社会资本影响农业转移人口高质量就业的工作搜寻与就业匹配机制假设：

假设 3-2：社会资本可能通过网络搜寻效应和良好匹配效应促进农业转移人口高质量就业。

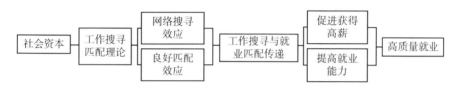

图 3-4　工作搜寻与就业匹配机制的理论框架

3.3.3　市民身份认同机制

社会认同指一个人的自我意识，源于对社会群体成员身份的感知。对于本书研究的农业转移人口群体而言，社会认同主要指农业转移人口在城镇和农村分类的基础上对自我身份的认知（即身份意识）和因为这一自我身份感知而产生的情感归属（杨菊华等，2014）。

泰弗尔等（Tajfel et al.，1979）发展了社会认同理论，认为社会认同由分类、认同和比较三个部分组成。（1）分类，个体或群体分类的过程，如给某人贴上农业转移人口、女性的标签。同时，个体的自我形象也与其所属的类别相联系。社会心理学实验表明，人们很容易快速地将自己和他人归入基本类别（Charness et al.，2020）。（2）认同，把自己与某些群体联系起来的过程。社会认同将个体接触的人群分为个体认同的群体（"内群体"）和个体不认同的群体（"外群体"）。（3）比较，将自己的群体与其他群体进行比较的从而对自己所属的内群体产生一种有利的偏见。阿克劳夫等（Akerlof et al.，2000）将身份认同引入经济学，提出在一个基于社会差异的身份环境中，效用不仅取决于商品和服务的消费，也取决于个体自我形象的社会心理组成部分（社会认同）。当一个人符合社会群体所规定的行为规范时，自尊就会增强。格罗斯曼等（Grossman et al.，2020）指出当一个人认同一个享有更高地位的群体时，会有一个感知到的效用收益。

农业转移人口的身份认同会影响他们在劳动力市场的职业选择进而影响经济的结构和繁荣（邓睿，2019）。阿克劳夫等（Akerlof et al.，2000）提出职业性别认同理论，认为职业与社会类别相联系，如女性的劳动力市场参与意愿较低的原因是其家庭主妇身份。社会认同对职业选择的消极影响常被视为人力资本配置扭曲和经济效率低下的根源。如低社会认同的群体可能有较低的自信和较高的"被剥夺感"，进而可能导致较低的教育—职业配置。卡桑等（Cassan et al.，2021）通过量化印度种姓制度形成的社群网络对工人的职业选择和分配选择的影响，发现基于种姓身份的社会认同会影响工人的职业选择。此外，社会认同理论认为对自身身份认同相同的个体会形成"内群体"，而身份认同不同的其他个体则被归类为"外群体"，个体倾向于将有利的资源优先分配给内群体成员即"内群体偏好"（戴亦一等，2016）。

基于社会认同理论，社会网络可能通过市民身份认同机制强化农业转移人口的社会认同，促进农业转移人口社会融合和提高农业转移人口的福利和保障，进而促进农业转移人口高质量就业。图 3-5 展示了社会资本影响农业转移人口高质量就业的市民身份认同机制的理论框架。基于社会资本的社会认同理论分析，提出社会资本影响农业转移人口高质量就业的市民身份认同机制假设：

假设 3-3：社会资本可能通过市民身份认同机制促进农业转移人口高质量就业。

图 3-5　市民身份认同机制的理论框架

3.4 社会资本、数字经济与农业转移
人口高质量就业的理论分析

互联网是 20 世纪最伟大的发明。近年来，数字经济蓬勃发展对各行各业就业也带来了巨大的影响。那么，在不同的数字经济发展水平下，社会资本对农业转移人口的高质量就业又产生了什么样的影响呢？本节将构建数字经济发展下社会资本影响农业转移人口高质量就业的理论分析框架，从数字经济的直接就业效应和数字经济对社会资本的高质量就业效应的调节效应两方面展开理论分析，并提出相应的研究假设。

3.4.1 数字经济对农业转移人口高质量就业的影响

结合相关文献，数字经济对农业转移人口就业的影响包括三种直接效应：劳动力替代效应、就业创造效应和生产率提升效应。数字经济对农业转移人口高质量就业的直接效应，以及数字经济对社会资本影响农业转移人口高质量就业的调节效应的框架见图 3 - 6。

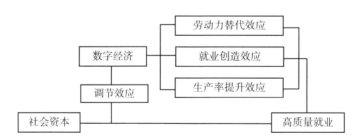

图 3 - 6　数字经济调节下社会资本对农业转移人口高质量就业的影响机理

3.4.1.1 劳动力替代效应

数字经济是基于数字技术产生的新型经济形态，在技术进步的过程中将伴随新兴行业的兴起，这会对传统行业的就业和增长产生较大的冲击（王永钦等，2020）。奥托等（Autor et al.，2003）基于技术和劳动力在不

同工作任务中的比较优势，提出了基于任务需求的理论模型（task-based demand model），发现数字化对不同工作任务类型就业中产生了替代效应和互补效应。在从事认知任务和手工任务等程式化任务（routine tasks）的劳动力中，数字化相对于劳动力具有比较优势，因此数字化会抑制这些劳动力的就业，即替代效应。古斯等（Goos et al.，2014）就 1993～2010 年 16 个西欧国家出现的工作极化（job polarization）现象提出解释，认为新的技术进步提高了高技能和低技能劳动力的工作岗位，而减少了中等技能水平劳动力的工作岗位。数字化技术使用有助于提高企业的数字化水平，在一些数字化技术相对于劳动力更具比较优势的岗位，企业更愿意基于节约劳动力成本的角度采用数字化技术替代劳动力。沃尔科特（Wolcott，2021）关注了男性劳动力的技能就业差异持续扩大的问题，构建一个包含三种解释的工作搜寻模型：（1）自动化和贸易降低了对低技能工人的需求；（2）娱乐游戏和信息技术降低了低技能工人的劳动力供给；（3）在线求职网络等网络媒体减少了高技能工人的工作搜寻摩擦。他发现数字经济主要降低了对低技能工人的需求，而对劳动力供给没有影响。使用数字化技术使用有助于提高企业的数字化水平，在一些数字化技术相对于劳动力更具比较优势的岗位，企业为了节约成本，倾向于采用相对价格更低的数字化技术替代相对价格更高的劳动力（蔡跃洲等，2019）。随着数字化和智能化的发展，被替代工作岗位的范围将不断扩大（王文，2020）。大多数农业转移人口从事中低技能工作和程式化任务，数字经济可能对农业转移人口的就业产生替代效应。

3.4.1.2　就业创造效应

数字经济在发展过程中也可能产生就业创造效应。奥托尔等（Autor et al.，2003）发现尽管数字化对从事认知任务和手工任务等程式化任务（routine tasks）的劳动力产生了替代效应，但同时增加了对从事非程式化任务（如非常规任务和灵活性任务）的劳动力需求。数字经济可能通过两方面促进农业转移人口高质量就业：（1）职位创造效应。数字经济降低了企业生产成本并促进企业扩大生产规模，而市场规模扩大则进一步增加了对技能和非技能劳动力的需求。数字化发展降低了数字产品的生产成本，并增加了数字产品的产量，从而带来劳动力需求增加（孟祺，2021）。此外，数字经济蓬勃发展也激发了消费者的产品多样化需求，进一步通过国内国际双循环促进数字经济产业链延伸，并通过新业态、新模式创造大量的新劳动力需求，创造更多新职位和职业。（2）自动深化效应。在数字化产品更新和维护过程中对劳动力技能产生新需求，可能创造新的就业机会（王文，2020）。数字经济发展可能通过职位创造效应和自动深化效应促进农业转移人口高质量就业。

3.4.1.3　生产率提升效应

数字经济可能通过促进技术扩散和信息传播从而提高农业转移人口的生产率。随着数字经济不断更新换代，数字产品价格下降，使农业转移人口能够以更低的成本获取新知识和信息，进而增加农业转移人口的知识积累（Dekker et al.，2014；Guldi et al.，2017；何大安，2018）和提高农业转移人口的技能水平进而提高农业转移人口的生产率。此外，数字化行业的蓬勃发展也通过规模效应增加农业转移人口接触到的信息（Bhuller et al.，2020；DiNardi et al.，2018；Guldi et al.，2017；赵涛等，2020），改善农业转移人口的偏好和认知，如通过促进投资提高自身人力资本而非促进消费。

基于上述关于数字经济对农业转移人口高质量就业的直接影响的相关研究和论述，提出数字经济对多维度高质量就业的直接效应的两个研究假设：

假设 3 - 4：当替代效应占主导时，数字经济发展会降低对农业转移人口的需求，抑制农业转移人口多维度高质量就业。

假设 3 - 5：当就业创造效应和生产率提高效应占主导时，数字经济发展会增加对农业转移人口的需求，促进农业转移人口多维度高质量就业。

3.4.2　数字经济调节下社会资本对农业转移人口高质量就业的影响

数字经济发展水平不断提高有助于放大社会资本的高质量就业效应。随着"数字中国"和"数字乡村"建设的不断推进，网络基础设施建设不

断完善，伴随而来的电信业务费用下降带动移动互联网的广泛渗透，农业转移人口能够以低门槛接入互联网。数字经济发展对农业转移人口的生活和就业产生了多方面的影响。首先，互联网发展特别是网络社交媒体的快速推广应用降低了农业转移人口与他人的交流成本进而促进了农业转移人口的社会资本积累。互联网打破了交流的时间和空间界限，拉近了人与人之间的距离，加强了农业转移人口与农村居民的联系，促进了信息交流（刘传江等，2018）。其次，互联网发展改善了信息不对称和搜寻摩擦问题，降低农业转移人口的搜索成本。由于农业转移人口文化水平普遍不高、跨越性社会资本较弱、社会网络同质性强（杨菊华等，2014；王春超等，2013），导致其处于不完全信息市场中，获取信息有限。互联网的搜索引擎和即时通信等应用则有助于降低农业转移人口的工作搜寻成本，提高工作搜寻的匹配效率进而实现高质量就业。最后，互联网发展有助于促进强关系和弱关系的有机结合，促进不同关系强度的个体相结合而形成新型社会网络（刘传江等，2018）。

数字经济对不同类型社会资本的调节效应可能不同。基于血缘和地缘的封闭式社会网络的异质性差，难以应对数字经济发展带来的经济冲击。此外，这种封闭式网络中的成员更可能是风险规避型，学习能力相对较差，无法利用数字经济提升自身人力资本积累。基于城市地缘和业缘的开放式网络则有更高的社会资本水平，数字经济进一步放大了开放式网络的农业转移人口的高质量就业水平。具体来说，在面对数字经济冲击时，开放式网络增强农业转移人口的抗风险能力，为农业转移人口起到了就业屏障的保护作用。此外，处于开放式网络中的农业转移人口更可能通过社会学习效应学习新知识、新技能，借助数字经济发展带来的数字红利和信息红利提高自身的劳动生产率，进而提高自身的高质量就业水平。

基于上述理论分析，提出数字经济发展调节下社会资本对农业转移人口高质量就业的影响的研究假设：

假设 3－6：数字经济发展对不同类型社会资本的高质量就业效应产生不同的影响，数字经济发展可能会抑制封闭式网络的高质量就业效应。

假设 3－7：数字经济发展对不同类型社会资本的高质量就业效应产生不同的影响，数字经济发展可能会放大开放式网络的高质量就业效应。

第**4**章

农业转移人口社会资本
和高质量就业的测度与评价

　　社会资本对农业转移人口高质量就业的影响离不开准确测度社会资本和高质量就业水平。本章首先基于社会资本理论，从个体中心网的网络位置法度量农业转移人口的社会资本和异质性社会资本，并对农业转移人口的总体社会资本和异质性社会资本进行测度。接下来，本章从薪酬福利、就业能力、劳动关系和社会保障四个维度构建农业转移人口的高质量就业指标体系，结合 CMDS 2011 年和 2017 年调查数据，分析农业转移人口的高质量就业指数的动态演进、农业转移人口高质量就业指数分布的空间异质性和群体异质性，并评价分区域差异的高质量就业指数，以全面而系统地了解农业转移人口的高质量就业水平。

4.1　农业转移人口社会资本的指标选取与测度

4.1.1　农业转移人口社会资本指标的选取依据

　　一般来说，可以从社会资本的潜在能力（获取）和实际使用（动员）

两个方面来度量个体的社会资本（Lin，2005）。"获取的社会资本"（accessed social capital）指个体对社会网络中的资源的接触程度（Lin，2001）。农业转移人口的社会网络资源反映了社会资本的接触能力，如原始社会资本和新型社会资本。"动员的社会资本"（mobilized social capital）反映了特定的社会网络及其资源在市场生产或消费过程中的实际使用情况，它常用于度量从一个特定的目的中选择一个特定的关系及资源，如在工作搜寻中将使用某些资源（如社会网络成员的财富、地位或权力等）的特定接触来表征动员的社会资本（Bian et al.，2015；Chen et al.，2018）。

本章从社会资本的潜在能力——获取的社会资本角度来度量社会资本。因为获取的社会资本能够较为全面和充分地反映农业转移人口嵌入社会网络的资源。相反，动员的社会资本常常不能全面和充分地反映农业转移人口的社会资本水平，例如，工作搜寻过程中使用的特定关系不一定是农业转移人口当前行动的最佳选择。此外，动员的社会关系及资源的研究取决于特定的测量方法，当前并没有一种方法能够捕捉到农业转移人口找工作的整个过程（Lin，2005）。而获取的社会资本则能够比较不同类型社会资本的作用的差异。

本章主要基于个体中心网的网络位置法度量农业转移人口的社会资本。网络位置法指根据个体在社会网络中所表现的某些具体特征或某种角色位置来度量社会资本的类型（刘传江等，2004）。在农业转移人口社会资本和社会网络的研究中，位置生成法常用于考察农业转移人口社会网络的异质性。具体做法是将农业转移人口的社会交往群体进行划分，然后将各个群体呈现给被调查者（农业转移人口），被调查者被要求说明他是否认识该社会群体，以及与他们来往的密切程度和关系强度等。这种方法能够较为全面地反映农业转移人口获取的社会资本。

根据社会网络结构的不同，学者对农业转移人口的社会网络类型进行了多种划分。赵（Zhao，1999）将移民网络分为已迁移农业转移人口网络和返乡农业转移人口网络。帕特南（Putnam，2000）将社会资本分为纽带型社会资本（bonding social capital）、桥接型社会资本（bridging social capital）和连接型社会资本（linking social capital）。叶静怡等（2010）根据社会资本的关系强度将农业转移人口的社会资本分为"原始社会资本"和"新型社会资本"。王春超等（2013）根据社会网络的开放度将农业转移人口的社会资本分为"跨越型社会资本"和"整合型社会资本"。菲斯曼等（Fisman et al.，2020）将社会联系分为老乡、校友和同事。这些社会网络的划分方法为本研究提供了丰富的借鉴和启示。

4.1.2　总体社会资本的测度

本章主要从个体中心网的网络位置法度量农业转移人口的社会资本。作为基础的社会资本覆盖的指标，现有文献常用是否与他人来往进行度量（Zhang et al.，2003）。结合现有研究和 CMDS 调查问卷，本章根据农业转移人口业余时间在迁入地城市是否与他人来往度量农业转移人口的社会资本。个体问卷中，被调查者对"您业余时间在本地和谁来往最多（不包括顾客）"进行回答，本章将回答"很少与人来往"的社会资本观测值赋值为 0，选择其他选项的社会资本观测值赋值为 1。

该指标的优势如下：（1）以农业转移人口业余时间与非顾客的社交情况度量社会资本，能够减轻社会资本与就业之间的内生性问题。（2）该指标考察农业转移人口在本地来往最多的群体。根据合作模型（Durlauf et al.，2005），决定是否进行合作的关键是代理人之间的交易频率，来往越多的个体之间交易的频率越高，合作的可能性越高。因此，该指标能够反映农业转移人口中最常见的社会资本类型的作用。

4.1.3　原始整合型社会资本、原始跨越型社会资本和新型跨越型社会资本的测度

根据同质性社会资本投资净收益函数式（3.2）和异质性社会资本投资函数式（3.3），可知，从社会资本的来源来看，社会网络的交互频率、关系强度和社会网络的开放度均对农业转移人口的社会资本产生影响。而不同的社会网络交往频率、关系强度和开放度也形成了不同的社会资本类型。

鉴于本章使用的调查数据将研究样本限定在农业转移人口来往最多的群体中，本章主要研究农业转移人口与其社会交往频率最高的群体之间形

成的社会资本，此时社会资本来源的差异主要体现在关系强度和社会网络的开放度两个维度的差异上。本章基于位置生成法，延伸了帕特南（Putnam，2000）、叶静怡等（2010）、王春超等（2013）和刘传江等（2018）的社会资本分类方法，根据社会网络的关系强度和开放度，将农业转移人口的社会资本进一步分为原始整合型社会资本、原始跨越型社会资本和新型跨越型社会资本。

4.1.3.1 原始整合型社会资本

原始整合型社会资本主要依托原始的资源建立社会联系，积累社会资本，主要包括家人、亲戚、农村户口同乡等，这种社会网络范围比较窄。图4-1展示了农业转移人口的原始整合型社会资本的网络结构。在这种网络结构中，农业转移人口的交往圈子主要限制在农村户口同乡内部，他们的社会资源范围较小，社会网络结构呈现"内卷化"特征，农业转移人口突破这一圈子的可能性比较低。农业转移人口与其他群体的交流互动比较匮乏，缺乏与更多人建立联系、积累社会资本的契机，因而难以向外扩展（刘传江等，2018）。

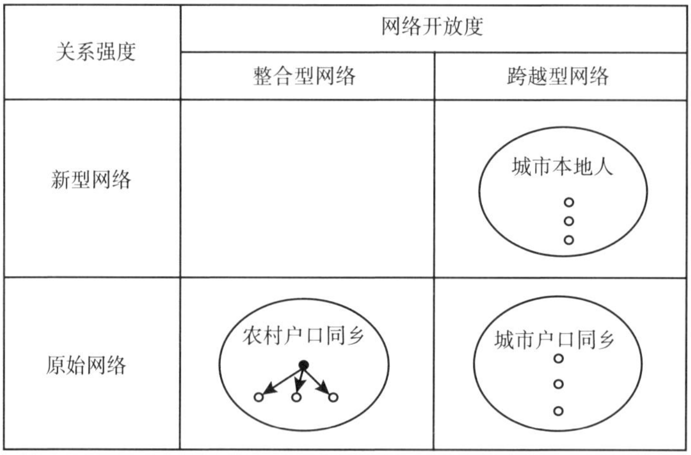

关系强度	网络开放度	
	整合型网络	跨越型网络
新型网络		城市本地人
原始网络	农村户口同乡	城市户口同乡

图4-1 原始整合型社会资本的网络结构

4.1.3.2 原始跨越型社会资本

原始跨越型社会资本指农业转移人口通过与城市户口同乡建立社会联

系，积累社会资本。图 4 - 2 展示了农业转移人口的原始跨越型社会资本的网络结构。原始跨越型社会资本主要指该社会网络成员处于农村网络和城市网络的节点上，属于一个结构洞，主要包括城市户口同乡。这些同乡已经完全市民化，属于农村草根精英。原始跨越型社会资本与农业转移人口具有相同的农村经济社会背景，又与城市本地人具有相似的城市经济社会背景。它有助于农业转移人口超越封闭式网络带来的资源和层次的限制，通过与城市本地人和农村户口同乡进行连接来获取更多的信息和资源。

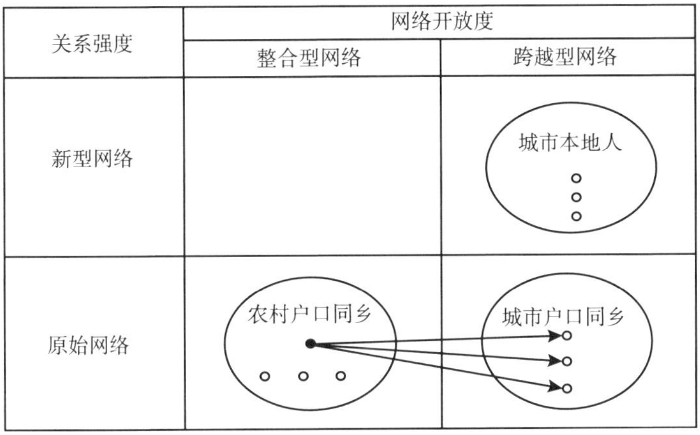

关系强度	网络开放度	
	整合型网络	跨越型网络
新型网络		城市本地人
原始网络	农村户口同乡	城市户口同乡

图 4 - 2　原始跨越型社会资本的网络结构

4.1.3.3　新型跨越型社会资本

新型跨越型社会资本是指农业转移人口迁入城市之后，与城市本地人建立的社会网络。图 4 - 3 展示了农业转移人口的新型跨越型社会资本的网络结构。在新型跨越型社会资本中，农业转移人口的社会网络突破了整合型社会网络和原始社会网络的弊端，积累了更多、更广泛的社会关系和资源，网络规模扩大，工作、生活也能更好地融入城市中。

结合本章调查数据，将农业转移人口的社会网络中户口仍在老家的同乡所代表的社会资本定义为原始整合型社会资本，将户口迁至本地的同乡所代表的社会资本定义为原始跨越型社会资本，将城市本地人所代表的社会资本定义为新型跨越型社会资本。本章主要考察这三种社会资本对农业转移人口高质量就业的影响，这三种社会交往群体占农业转移人口社会交往群体的 70% 以上，它能够刻画农业转移人口基于社会交往的社会资本的作用。

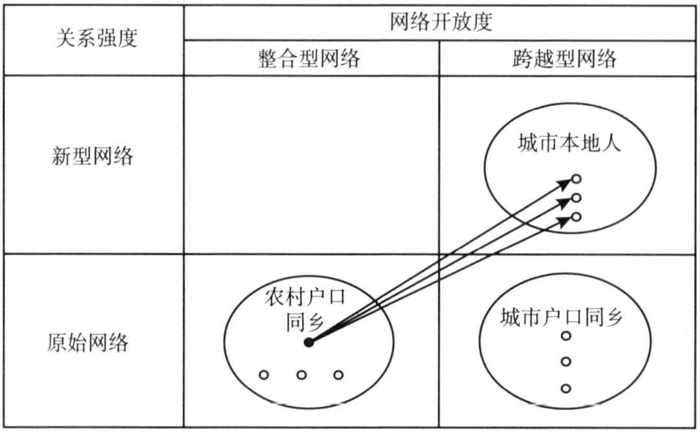

关系强度	网络开放度	
	整合型网络	跨越型网络
新型网络		城市本地人
原始网络	农村户口同乡	城市户口同乡

图 4 - 3　新型跨越型社会资本的网络结构

4.2　农业转移人口的社会资本现状

本部分将根据前面测算的总体社会资本和原始整合型社会资本、原始跨越型社会资本和新型跨越型社会资本，结合 CMDS 2011 年和 2017 年调查数据对农业转移人口的社会资本现状进行描述。

4.2.1　总体社会资本的现状

图 4 - 4 展示了农业转移人口总体社会资本分布情况。农业转移人口的总体社会资本较低。在本书使用的样本中，有 85.3% 的农业转移人口在业余时间与客户或亲属以外的人来往。可见，农业转移人口的社会资本水平仍比较低。

从迁入地的地区差异看，各地区农业转移人口的社会资本水平差异较小，西部地区农业转移人口的社会资本水平最高，东北地区农业转移人口的社会资本水平最低。86.17% 的西部地区农业转移人口在业余时间与客户或亲属以外的人有来往，82.07% 的东北地区农业转移人口在业余时间与客户或亲属以外的人有来往。85.02% 的东部地区农业转移人口在业余时间与客户或亲属以外的人有来往。85.46% 的中部地区农业转移人口在业余时间与客户或亲属以外的人有来往。

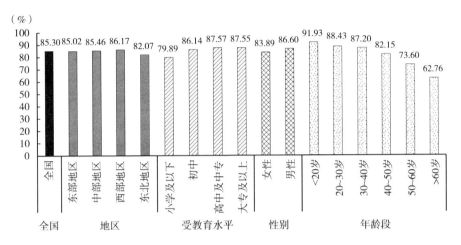

图 4-4　农业转移人口社会资本分布

资料来源：CMDS 2011 年和 2017 年调查数据，经笔者整理得到。

从农业转移人口受教育水平异质性看，农业转移人口社会资本随受教育水平的提高而不断增加。小学及以下学历农业转移人口中，79.89% 的农业转移人口在业余时间与客户或亲属以外的人有来往；86.14% 的初中学历农业转移人口在业余时间与客户或亲属以外的人有来往；87.57% 的中专及高中学历农业转移人口在业余时间与客户或亲属以外的人有来往；87.55% 的大专及以上学历农业转移人口在业余时间与客户或亲属以外的人有来往。

从农业转移人口的年龄段看，20 岁以及下的农业转移人口的社会资本最高，随着年龄阶段的增加，农业转移人口的社会资本呈下降趋势。在 20 岁以及下的农业转移人口中 91.93% 与除客户或亲属以外的人有来往；年龄在 20~30 岁的农业转移人口中有 88.43% 在业余时间与除客户或亲属以外的人有来往；年龄在 30~40 岁的农业转移人口中有 87.20% 在业余时间与除客户或亲属以外的人有来往；年龄在 40~50 岁的农业转移人口中有 82.15% 在业余时间与除客户或亲属以外的人有来往；年龄在 50~60 岁的农业转移人口中有 73.60% 在业余时间与除客户或亲属以外的人有来往；年龄超过 60 岁的农业转移人口中有 62.76% 在业余时间与除客户或亲属以外的人有来往。

4.2.2 原始整合型社会资本、原始跨越型社会资本和新型跨越型社会资本的状况

4.2.2.1 原始整合型社会资本、原始跨越型社会资本和新型跨越型社会资本的区域异质性分布

图 4-5 展示了按区域分类的农业转移人口的社会资本分布情况。以原始整合型社会资本为主的农业转移人口份额最多，以原始跨越型社会资本为主的农业转移人口份额最少。从全国层面看，30.7% 的农业转移人口的社会资本表现为原始整合型社会资本，11.7% 的农业转移人口的社会资本表现为原始跨越型社会资本，28.3% 的农业转移人口的社会资本表现为新型跨越型社会资本。以原始整合型社会资本为主的农业转移人口份额最多，以原始跨越型社会资本为主的农业转移人口份额最低，说明农业转移人口与农村户口同乡来往最多，而与已经市民化的同乡来往最少。

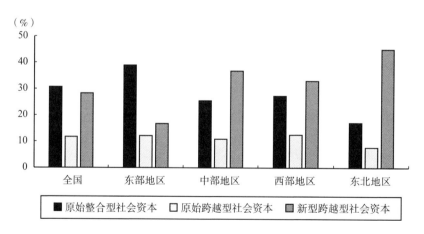

图 4-5　按区域分类的农业转移人口社会资本分布
资料来源：CMDS 2011 年和 2017 年调查数据，经笔者整理得到。

东部地区农业转移人口以原始整合型社会资本为主，非东部地区农业

转移人口以新型跨越型社会资本为主。在东部地区，38.9% 的农业转移人口的社会资本表现为原始整合型社会资本，12.1% 的农业转移人口的社会资本表现为原始跨越型社会资本，16.7% 的农业转移人口的社会资本表现为新型跨越型社会资本。在中部地区，25.5% 的农业转移人口的社会资本表现为原始整合型社会资本，10.9% 的农业转移人口的社会资本表现为原始跨越型社会资本，36.8% 的农业转移人口的社会资本表现为新型跨越型社会资本。在西部地区，27.3% 的农业转移人口的社会资本表现为原始整合型社会资本，12.5% 的农业转移人口的社会资本表现为原始跨越型社会资本，33% 的农业转移人口的社会资本表现为新型跨越型社会资本。在东北地区，17.1% 的农业转移人口的社会资本表现为原始整合型社会资本，7.7% 的农业转移人口的社会资本表现为原始跨越型社会资本，45% 的农业转移人口的社会资本表现为新型跨越型社会资本。

东部地区以原始整合型社会资本为主的农业转移人口占比最高，东北地区以新型跨越型社会资本为主的农业转移人口占比最高。东部地区以原始整合型社会资本为主的农业转移人口的份额超过全国平均值，东部和西部地区以原始跨越型社会资本为主的农业转移人口的份额超过全国平均值，中部、西部和东北地区以新型跨越型社会资本为主的农业转移人口的份额超过全国平均值。研究表明东部地区农业转移人口的社会网络以闭合型网络为主，而中部地区和东北地区农业转移人口的社会网络则以开放型网络为主。

4.2.2.2　原始整合型社会资本、原始跨越型社会资本和新型跨越型社会资本的受教育水平异质性分布

随着农业转移人口受教育水平的提高，以原始整合型社会资本为主的农业转移人口的比例下降，而以新型跨越型社会资本为主的农业转移人口的比例持续上升。图 4-6 展示了按受教育水平分类的农业转移人口的社会资本分布情况。对于受教育水平为小学及以下的农业转移人口群体，30.8% 的农业转移人口的社会资本表现为原始整合型社会资本，12% 的农业转移人口的社会资本表现为原始跨越型社会资本，24.4% 的农业转移人口的社会资本表现为新型跨越型社会资本。对于受教育水平为初中的农业

转移人口群体，32.8%的农业转移人口的社会资本表现为原始整合型社会资本，12.7%的农业转移人口的社会资本表现为原始跨越型社会资本，26.4%的农业转移人口的社会资本表现为新型跨越型社会资本。对于受教育水平为高中及中专的农业转移人口群体，28.9%的农业转移人口的社会资本表现为原始整合型社会资本，10.8%的农业转移人口的社会资本表现为原始跨越型社会资本，32%的农业转移人口的社会资本表现为新型跨越型社会资本。对于受教育水平为大专及以上的农业转移人口群体，20.4%的农业转移人口的社会资本表现为原始整合型社会资本，6.8%的农业转移人口的社会资本表现为原始跨越型社会资本，41.7%的农业转移人口的社会资本表现为新型跨越型社会资本。

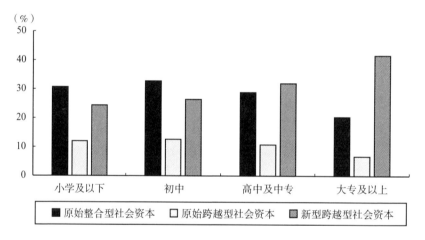

图4-6　按受教育水平分类的农业转移人口社会资本分布

资料来源：CMDS 2011 年和 2017 年调查数据，经笔者整理得到。

比较异质性社会资本的农业转移人口的受教育水平差异，以原始整合型社会资本为主的农业转移人口群体中，初中学历农业转移人口占比最高；以原始跨越型社会资本为主的农业转移人口群体中，小学及以下、初中学历农业转移人口的占比最高；以新型跨越型社会资本为主的农业转移人口群体中，高中及中专、大学及以上农业转移人口的占比依然最高。

低学历农业转移人口的社会网络以闭合网络为主，社会资本为原始整合型社会资本体现型；而随着农业转移人口受教育水平的提高，中高学历农业转移人口的社会网络逐渐转变为开放型网络，社会资本表现为新型跨越型社会资本体现型。

4.2.2.3　原始整合型社会资本、原始跨越型社会资本和新型跨越型社会资本的性别异质性分布

从性别分类的角度来说，女性农业转移人口以新型跨越型社会资本为主，男性农业转移人口以原始整合型社会资本为主。图 4 – 7 展示了按性别分类的农业转移人口的社会资本分布情况。对于女性农业转移人口群体，29.4% 的农业转移人口的社会资本表现为原始整合型社会资本，11.5% 的农业转移人口的社会资本表现为原始跨越型社会资本，28.5% 的农业转移人口的社会资本表现为新型跨越型社会资本。对于男性农业转移人口群体，31.9% 的农业转移人口的社会资本表现为原始整合型社会资本，11.9% 的农业转移人口的社会资本表现为原始跨越型社会资本，28.1% 的农业转移人口的社会资本表现为新型跨越型社会资本。

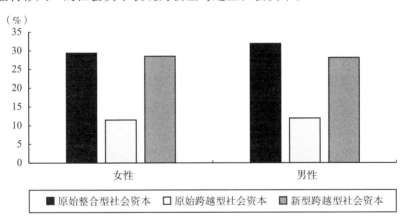

图 4 – 7　按性别分类的农业转移人口社会资本分布
资料来源：CMDS 2011 年和 2017 年调查数据，经笔者整理得到。

通过比较农业转移人口的异质性社会资本的性别差异发现，以原始整合型社会资本为主的农业转移人口群体中，男性农业转移人口占比最高；以原始跨越型社会资本为主的农业转移人口群体中，男性农业转移人口占比最高；以新型跨越型社会资本为主的农业转移人口群体中，女性农业转移人口占比最高。这可能意味着，男性农业转移人口的社交网络以闭合网

络为主，社会资本表现为原始整合型社会资本；而女性农业转移人口的社交网络以开放型网络为主，社会资本表现为新型跨越型社会资本。可能的原因是，女性农业转移人口更多在服务业行业工作，其社会交往的范围更广，加之女性农业转移人口的亲和性和外向性较高，也更易与城市本地人建立社会联系。

4.2.2.4   原始整合型社会资本、原始跨越型社会资本和新型跨越型社会资本的年龄阶段异质性分布

随着农业转移人口年龄的增加，社会资本类型为原始整合型的农业转移人口的比例持续下降，社会资本类型为原始跨越型的农业转移人口的比例呈倒"U"型，社会资本类型为新型跨越型的农业转移人口的比例呈上升趋势。图4-8展示了不同年龄农业转移人口的社会资本类型分布。20岁以下的农业转移人口群体中，31%的类型为原始整合型社会资本，15.5%的类型为原始跨越型社会资本，28%的类型为新型跨越型社会资本。20~30岁的农业转移人口群体中，31.7%的类型为原始整合型社会资本，12.5%的类型为原始跨越型社会资本，27.9%的类型为新型跨越型社会资本。30~40岁的农业转移人口中，31.6%的类型为原始整合型社会资本，12.6%的类型为原始跨越型社会资本，28.4%的类型为新型跨越型社会资本。40~50岁的农业转移人口中，30.7%的类型为原始整合型社会资本，

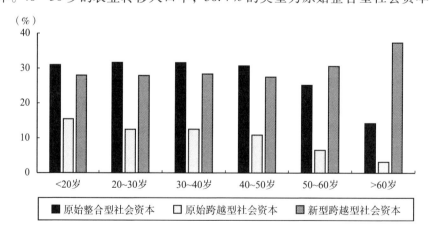

图4-8   按年龄段分类的农业转移人口社会资本分布

资料来源：CMDS 2011年和2017年调查数据，经笔者整理得到。

10.9% 的类型为原始跨越型社会资本，27.5% 的类型为新型跨越型社会资本。50～60 岁的农业转移人口中，25.1% 的类型为原始整合型社会资本，6.6% 的类型为原始跨越型社会资本，30.6% 的类型为新型跨越型社会资本。60 岁及以上的农业转移人口中，14.3% 的为原始整合型社会资本，3.2% 的为原始跨越型社会资本，37.3% 的类型为新型跨越型社会资本。

比较社会资本分型的年龄差异，可以发现，50 岁以下的农业转移人口主要拥有原始整合型社会资本；50 岁及以上的农业转移人口是新型跨越型社会资本的主要拥有者。这些数据表明，中青年农业转移人口的社交网络兼有闭合型网络和开放型网络，社会资本以原始整合型社会资本和新型跨越型社会资本为主；而老年农业转移人口的社会网络以开放型网络为主，社会资本以新型跨越型社会资本为主。可能的原因是，年轻农业转移人口作为城市的新来者，社会网络异质性较差，而老年农业转移人口因为迁移经历丰富，其社会网络的异质性更高。

4.3　农业转移人口高质量就业指标体系的构建与测度

农业转移人口高质量就业的研究离不开科学测度农业转移人口的高质量就业水平。本部分结合相关理论和文献，从薪酬福利、就业能力、劳动关系和社会保障四个维度构建农业转移人口的高质量就业指标体系，并基于 CMDS 2011 年和 2017 年调查数据，评价了分区域的农业转移人口高质量就业指数分布，以及农业转移人口高质量就业指数分布的空间异质性和群体异质性。

4.3.1　高质量就业指标的梳理

对于农业转移人口来说，乐业才能安居，只有多维度高质量就业才能促进农业转移人口在城市安居和高质量市民化。结合现有研究对高质量就业的界定，本章认为高质量就业指劳动者就业能力的提升和就业福利待遇的改善，它体现了就业质量的动态变化过程，包含静态维度的就业薪酬福利好、就业能力强、就业稳定性高和就业权益保障足，动态维度的收入持续增加。高质量就业是新时代劳动力获得感、幸福感和安全感的重要保障，是促进经济高质量发展和实现全体人民共同富裕的重要保障。

在实证研究中，现有学者从多个角度提出高质量就业指标体系。如蔡跃洲等（2019）从就业总量、劳动就业结构、收入分配格局等方面考察人工智能对高质量就业的影响。王文（2020）采用总体就业水平、制造业就业比重、服务业就业比重、生产性服务业就业比重和高端服务业就业比重来度量省级层面高质量就业水平。孟祺（2021）采用整体就业水平、制造业就业比重和服务业就业比重度量国家和行业层面高质量就业水平。然而，上述研究主要关注国家和地区层面的高质量就业情况，关于劳动者个体层面高质量就业水平的研究相对较少。张世虎等（2020）基于 CFPS 调查数据，从非农就业选择、就业收入和工作满意度三个方面度量了乡村居民的高质量就业水平。关于农业转移人口高质量就业的研究则更少，也缺乏较好的指标体系。本章从薪酬福利、就业能力、劳动关系和社会保障四个维度构建农业转移人口的高质量就业指标体系，为农业转移人口高质量就业研究提供评价框架。

4.3.2　高质量就业指标体系的构建

本章从薪酬福利、就业能力、劳动关系和社会保障四个维度构建农业转移人口的高质量就业指标体系，为农业转移人口的高质量就业研究提供评价框架。

4.3.2.1　薪酬福利维度高质量就业指标体系的构建

1. 高薪酬分位

薪酬分位指农业转移人口当前的工资与其他人的工资相比较所处的位置，它是一种度量相对工资水平的指标。根据杜森贝里（Duesenberry，1949）的研究，相对收入而非绝对收入是影响消费决策的重要因素。并且，现有幸福经济学的研究发现，幸福感主要来自自己的收入和他人收入的比较，绝对收入只起到较小的作用（鲁元平等，2011）。

本章采用工资百分位数来度量农业转移人口在工资方面的相对优势。以百分位数来表征的相对收入能够更好地反映农业转移人口的收入分布状态和概率，表征收入分配（Chetty et al.，2018b，2014），这是被广泛运用的相对工资的度量指标。如西蒙（Simon，1955）采用收入的固定分组百分比（percentile）来度量收入分配；切蒂等（Chetty et al.，2014）以美国儿童在收入分配中的百分位排名来衡量他们的相对收入水平，并以子女相对于父母收入的条件百分位数来度量代际流动；刘传江等（2020）采用农业转移人口自评个体收入在本地收入分配中所处的地位来表征相对收入评价。

假设对于城市 c 中的农业转移人口 i，其就业状态表示 Emp_{ict}，工资表示 $wage_{ict}$，职业表示 $Occup_{ict}$。高薪酬分位的计算方程为：

$$Rwage_{ict} = Y\big[\,(wage_{ict} \geqslant wage_{ict}^{70\%})\,|\,Y(Emp_{ict}=1)\,\big] \tag{4.1}$$

其中，$Rwage_{ict}$ 指城市 c 中农业转移人口 i 的工资在该城市所有农业转移人口的工资分布中的分位排序，$wage_{ict}$ 指当前城市 c 中农业转移人口 i 的月工资水平。$wage_{ict}^{70\%}$ 指城市 c 中所有农业转移人口的工资从小到大排序的 70 分位数值。当农业转移人口 i 的工资高于该城市农业转移人口的月工资的 70 分位时取值为 1，否则取值为 0。

CMDS 调查问卷询问了处于就业状态的农业转移人口上个月的月工资收入（该月工资收入不含包吃包住费用）情况。本章将各城市中农业转移人口的工资从小到大排序，当农业转移人口的工资高于该城市农业转移人口的 70 分位的工资时高薪酬分位变量取值为 1，否则取值为 0。

2. 同比工资增加

工资增加能够为农业转移人口提供经济保障、激励农业转移人口提高就业效率。此外，工资增加能够化解经济新常态和供给侧结构性改革带来的负面影响，进而使农业转移人口能够更好地分享经济发展的成果，这也是多维度高质量就业的题中之义。

同比工资增加指农业转移人口当前的工资与其去年同一月份的工资相比而出现的工资增长的情况。与同期薪酬分位不同，同比工资增加旨在与过去的就业情况相比，它反映就业"有没有变好"的问题，也反映了农业转移人口的人力资本积累情况（张鹏等，2019）。

本章以农业转移人口当前的工资与其去年同一月份的工资相比而出现工资明显增加表征同比工资增加。假设对于城市 c 中的农业转移人口 i，其就业状态表示 Emp_{ict}，工资表示 $wage_{ict}$，职业表示 $Occup_{ict}$。工资增加的计算方程为：

$$Iwage_{ict} = Y\left[\left(wage_{ict} \mid Y(Emp_{ict} = 1)\right) > \left(wage_{ic(t-1)} \mid Y(Emp_{ic(t-1)} = 1)\right)\right]$$

$$(4.2)$$

其中，$wage_{ict}$ 指当前城市 c 中农业转移人口 i 的月工资水平，$wage_{ic(t-1)}$ 指城市 c 中农业转移人口 i 在去年同一月份的月工资水平。Emp_{ict} 和 $Emp_{ic(t-1)}$ 分别指当前和去年同期农业转移人口的就业情况。$Iwage_{ict}$ 指城市 c 中农业转移人口 i 的工资同比增加，当农业转移人口的工资同比增加时取值为 1，当农业转移人口的工资同比减少或基本不变时取值为 0。

CMDS 调查问卷中询问了被调查者与去年同一月份相比月收入是否发生了变化，如果农业转移人口当前的月工资比去年同一月份的工资增加，将同比工资增加指标赋值为 1，否则赋值为 0。

4.3.2.2　就业能力维度高质量就业指标体系的构建

1. 高端服务业就业

近年来产业升级和经济转型使得农业转移人口逐渐从制造业就业转向服务业行业就业。然而，鲍莫尔（Baumol，1967）提出的"成本病"现象指出，劳动力从制造业部门进入服务业部门并不一定会带来全社会整体的生产率增长和劳动力的高质量就业。他提出了一个包括先进部门和传统部门的两部门宏观经济增长模型，在这个两部门宏观经济增长模型中，预测先进部门的生产率相对快速增长将导致传统部门的相对成本不断上升。换句话说，劳动密集型的传统部门一定会产生"成本病"问题，劳动力只有向先进的高端服务业部门流动才能带来全社会生产率的增长（余泳泽等，2019）。

参考刘兵权等（2010）对高端服务业的定义，本书认为高端服务业指处于服务业产业链中高端环节的具有高技术含量和高附加值的细分产业。

然而，关于高端服务业的定义尚无统一标准，导致对高端服务业的行业统计分类也缺乏明确的分类标准。学者从行业统计分类的视角对高端服务业进行了分类（余泳泽等，2019；陈斌开等，2018），为本章对高端服务业的行业分类提供了参考。

由于高端服务业对劳动力的需求标准是技能和技术劳动力，对劳动力的技能要求是熟练和专业技能的劳动力，本章将行业和职业同时纳入考虑范围，以高端制造业中的技能职业就业表征高端服务业就业。技能就业指一份有特殊要求、技能及管理经验的工作。本章参考国际劳工组织的报告（ILO，2012）、宋冬林等（2010）、李红阳等（2017）、约尔特等（Hjort et al.，2019）关于职业技能的分类方法，将 CMDS 中就业职业类型为"国家机关、党群组织、企事业单位负责人""专业技术人员"和"公务员、办事人员和有关人员"的农业转移人口视为技能职业就业的农业转移人口。参考陈斌开等（2018）和余泳泽等（2019）对高端服务业的分类方法，并参考国际劳工组织的报告（ILO，2012）、宋冬林等（2010）、李红阳等（2017）、约尔特等（Hjort et al.，2019）关于职业技能的分类方法，将在高端服务业行业就业而且职业为技能就业的农业转移人口视为高端服务业就业的农业转移人口。

CMDS 调查问卷中询问了被调查者当前从事的行业和当前的主要职业，本章将就业行业类型为"信息传输、软件和信息技术服务""金融业""房地产业""科研和技术服务""教育""文体和娱乐"而且就业职业类型为"国家机关、党群组织、企事业单位负责人""专业技术人员"和"公务员、办事人员和有关人员"的农业转移人口的高端服务业行业就业指标赋值为 1，否则赋值为 0。

2. 正规就业

以刘易斯为代表的发展经济学家认为，发展中国家普遍并存着农业与工业相对立的传统部门与现代增长部门的两种劳动力市场。本章中提到的二元就业体制是指基于户籍制度所引起的就业机会不平等的状态，也即严格需要城市户籍的正规就业和不需要对劳动力的户口类型做出限制的非正规就业（刘传江等，2008）。然而，由于正规部门也可能存在非正规就业，因而正规就业不能直接与正规部门就业划等号，如国有大中型企业以及大型民营企业经常会雇用临时工或者外包工，这些人尽管在正规部门就业，但由于是临时工和散工而并非从事正规就业。

根据是否从事正规就业可以将农业转移人口进入城市就业的过程分为两个阶段：第一阶段农业转移人口进入城市并从事非正规就业，获得初始资金积累、社会资本积累和技能提升，在劳动力市场积累良好的声誉；第二阶段农业转移人口从非正规就业转入正规就业，获得稳定的工作，享受完善的社会保障和其他福利，从而实现高质量就业。

本章将农业转移人口的正规就业定义为农业转移人口在正规部门从事稳定雇主的雇员就业活动。CMDS 调查问卷中询问了被调查者当前就业单位性质和就业的身份，本章将就业单位性质为"机关、事业单位""国有及国有控股企业""集体企业""股份或联营企业""私营企业""港澳台独资企业""外商独资企业""中外合资企业"而且就业身份为"有固定雇主的雇员"对农业转移人口的正规部门就业指标赋值为 1，否则赋值为 0。

3. 企业家型创业

当前我国正处于新旧动能转型换挡的关键时期，如何激发和鼓励多市场主体创新创业成为政策制定者和学者重点关心的话题（付明辉等，2019）。伴随着新型城镇化升级和大规模人口流动，很多城市中流动人口群体的创业活跃度明显高于本地户籍人口，俗称为"过江龙"现象（叶文平等，2018；朱志胜，2019）。根据雇用特征进一步分为个体型创业和企业家型创业，前者的特征是一人经营，以及与不计酬亲属共同经营的情况，后者指在劳动力市场雇佣其他劳动者为自己工作且支付工资的情况（周敏慧等，2017；宁光杰，2012；解垩，2012）。

相对于个体型创业而言，企业家型创业处于更成熟的创业阶段。周敏慧等（2017）通过对比 2008～2009 年个体创业者和企业家型创业者的收入和资金情况发现，企业型创业者的开业资金高于个体型创业者，具体来说，企业家型创业者的月均收入为 4850 元，而个体自营者的月均收入为2055 元，前者是后者的两倍。同时，企业家型创业者的社会资本更多，更可能出生于地主、资本家和小手工业者家庭。

本章以企业家型创业表征农业转移人口在就业能力方面的高质量就

业。当农业转移人口是雇主时，他处于更成熟的创业阶段，收入越高，经营规模越大，更可能为经济增长贡献新动能。结合现有研究（周敏慧等，2017；宁光杰，2012；解垩，2012），本章以企业家型创业表征农业转移人口在就业类型方面的高质量就业。CMDS调查问卷中询问了被调查者当前的就业身份，本章将当前就业身份为雇主的农业转移人口的企业家型创业指标取值为1，否则取值为0。

4.3.2.3 劳动关系维度高质量就业指标体系的构建

劳动合同是规定雇佣双方的权益和义务等的条款。根据资产专用理论（Williamson，1985），当农业转移人口的人力资本相对于企业来说具有较高的资产专用价值时，企业为了更好地使用农业转移人口的技能而愿意与农业转移人口签订劳动合同（董延芳等，2018）。因此，农业转移人口与企业订立劳动合同，特别是订立高质量的劳动合同，在一定程度上反映了农业转移人口的就业质量。

本章将农业转移人口与企业签订无固定期限的劳动合同视为农业转移人口高质量就业的维度之一。当农业转移人口与工作单位签订无固定期限的劳动合同后，农业转移人口可以长期在一个单位或部门工作，它有利于农业转移人口稳定就业以提高技能水平和人力资本投资，促进农业转移人口实现长期稳定的高质量就业。

CMDS调查问卷中询问了被调查者目前与工作单位或雇主签订了什么类型的劳动合同，本章将与企业签订了无固定期限劳动合同的农业转移人口的长期劳动合同覆盖指标取值为1，否则将农业转移人口的长期劳动合同覆盖指标取值为0。

4.3.2.4 社会保障维度高质量就业指标体系的构建

本章采用农业转移人口的城镇医疗保险覆盖来表征农业转移人口在社会保障维度的高质量就业水平。城镇医疗保险是一种重要的就业保护制度。需要说明的是，此处未采用农业转移人口参加的医疗保险的项数来度量农业转移人口高质量就业，原因是城镇居民医疗保险与城镇职工医疗保险不能同时参保。

本章采用农业转移人口在目的地城市参与的城镇医疗保险情况表征农业转移人口的本地医疗保险覆盖指标。CMDS调查问卷询问了农业转移人口目前参加了哪种类型的社会医疗保险以及参保地区，本章将参加医疗保险而且回答在"本地"参保的农业转移人口的本地医疗保险覆盖变量赋值为1，否则赋值为0。

4.3.3　高质量就业指数的测算

根据上面从薪酬福利、就业能力、劳动关系和社会保障四个维度的7个高质量就业指标，农业转移人口的高质量就业指数的指标构成如表4-1所示。

表4-1　　　　　　　　　　高质量就业指数的指标构成

维度	高质量就业指标	指标含义	单位
薪酬福利	高薪酬分位	工资处于城市农业转移人口工资分布的前70%	1=高，0=低
	同比工资增加	与去年同一月份相比工资收入增加	1=高，0=低
就业能力	高端服务业就业	在高端服务业行业从事技能职业就业	1=高，0=低
	正规部门就业	在正规部门从事稳定雇主的雇员工作	1=高，0=低
	企业家型创业	就业身份为雇主的农业转移人口	1=高，0=低
劳动关系	长期劳动合同覆盖	与工作单位签订无固定期限的劳动合同	1=高，0=低
社会保障	本地医疗保险覆盖	在所在城市办理了医疗保险	1=高，0=低

资料来源：CMDS 2011年和2017年调查数据。

根据农业转移人口高质量就业指标体系，农业转移人口的高质量就业指数的计算方程为：

$$HQE_{it} = \sum_{j}^{2} Wage_{ijt} + \sum_{j}^{3} Emp_{ijt} + Ctact_{it} + SocSec_{it} \quad (4.3)$$

其中，HQE_{it} 为农业转移人口的高质量就业指数；$Wage_{ijt}$ 指包括高薪酬分位和同比工资增加的农业转移人口的薪酬福利维度的高质量就业；Emp_{ijt} 指包括高端服务业行业就业、正规就业和企业家型创业的农业转移人口的就业能力维度的高质量就业；$Ctact_{it}$ 为农业转移人口与就业企业签订了长期劳动合同的劳动关系维度的高质量就业；$SocSec_{ijt}$ 为以本地医疗保险覆盖度量的社会保障维度的高质量就业。

4.4　农业转移人口高质量就业的评价

前面构建了薪酬福利、就业能力、劳动关系和社会保障四个维度的农业转移人口的高质量就业指标体系，并测算了农业转移人口的高质量就业指数。接下来，本章将结合 CMDS 2011 年和 2017 年调查数据，分析农业转移人口高质量就业指数的动态演进、农业转移人口高质量就业指数分布的空间异质性和群体异质性，并分析分区域差异的多维度高质量就业指数评价，以全面而系统地了解农业转移人口的高质量就业水平。

4.4.1　农业转移人口高质量就业指数的动态演进分析

4.4.1.1　农业转移人口高质量就业指数的核密度曲线动态演进

首先运用核密度估计方法，对全国及各地区农业转移人口的高质量就业指数的分布特征进行分析。核密度曲线能够较好地反映指数的整体分布情况，本章采用高斯核函数测算农业转移人口的高质量就业指数。

图 4-9 展示了样本期的全国农业转移人口的高质量就业指数的核密度曲线分布。在 2011 年和 2017 年，全国农业转移人口高质量就业指数的核密度曲线的波峰变小，宽度有所增加，说明 2011 年和 2017 年全国农业转移人口的高质量就业指数整体差异有所扩大。

图 4-10 展示东部地区农业转移人口的高质量就业指数的核密度曲线分布。2011 年和 2017 年东部地区农业转移人口的高质量就业指数的核密度曲线波峰变得更为陡峭，开口宽度有所扩大，说明 2011 年和 2017 年东部地区农业转移人口的高质量就业指数整体差异逐渐拉大。

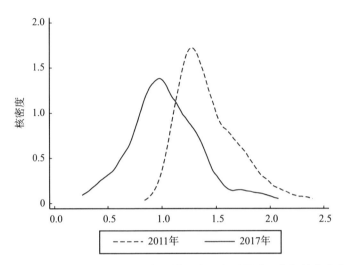

图 4 – 9　2011 年和 2017 年全国农业转移人口高质量就业指数核密度曲线
资料来源：CMDS 2011 年和 2017 年调查数据，经笔者整理得到。

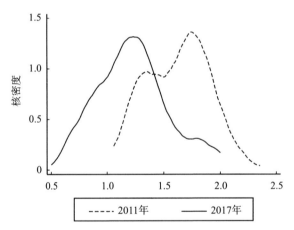

图 4 – 10　2011 年和 2017 年东部地区农业转移人口
高质量就业指数核密度曲线
资料来源：CMDS 2011 年和 2017 年调查数据，经笔者整理得到。

图 4 –11 展示了样本期中部地区农业转移人口的高质量就业指数的核密度曲线分布。在 2011 年和 2017 年，中部地区农业转移人口高质量就业指数的核密度曲线的波峰从明显的陡峭曲线变为平缓，核密度曲线的宽度变大，说明 2011 年和 2017 年中部地区农业转移人口的高质量就业指数的整体差异明显增大。

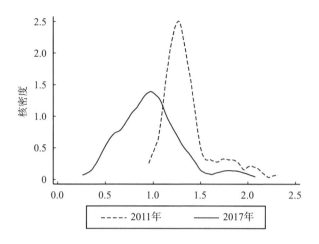

图 4 - 11　2011 年和 2017 年中部地区农业转移人口的高质量
就业指数核密度曲线

资料来源：CMDS 2011 年和 2017 年调查数据，经笔者整理得到。

图 4 - 12 展示了西部地区农业转移人口高质量就业指数的核密度曲线分布。在 2011 和 2017 年，西部地区农业转移人口高质量就业指数的核密度曲线的波峰从陡峭变为平缓，宽度有所扩大，说明 2011 年和 2017 年西部地区农业转移人口的高质量就业指数的整体差异在扩大。

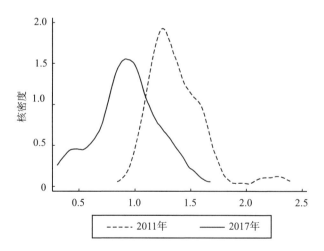

图 4 - 12　2011 年和 2017 年西部地区农业转移人口高质量
就业指数核密度曲线

资料来源：CMDS 2011 年和 2017 年调查数据，经笔者整理得到。

图 4-13 展示了样本期东北地区农业转移人口的高质量就业指数的核密度曲线分布。在 2011 年和 2017 年，东北地区农业转移人口的高质量就业指数的核密度曲线的波峰下降，开口宽度有所扩大，说明 2011 年和 2017 年东北地区农业转移人口的高质量就业指数的整体差异变大。

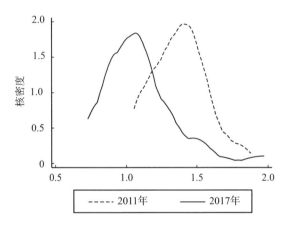

图 4-13　2011 年和 2017 年东北地区农业转移人口的高质量就业指数核密度曲线

资料来源：CMDS 2011 年和 2017 年调查数据，经笔者整理得到。

4.4.1.2　农业转移人口高质量就业指数的马尔可夫转移概率矩阵

采用马尔可夫转移概率矩阵分析农业转移人口高质量就业的等级的动态演进过程。采用四分类法，将农业转移人口的高质量就业指数划分为低质量就业（$HQE \leqslant 1.23$）、中低质量就业（$1.23 < HQE \leqslant 1.36$）、中高质量就业（$1.36 < HQE \leqslant 1.61$）和高质量就业（$HQE > 1.61$）四个等级，并采用马尔可夫转移概率矩阵分析 2011 年和 2017 年农业转移人口高质量就业指数的内部转移特征。

参照聂长飞等（2020）的马尔可夫转移概率矩阵计算公式，农业转移人口高质量就业的转移概率的计算公式可以表示为：

$$p_{ij}^{i,t+d} = \frac{\sum_{t=T_0}^{T-d} n_{ij}^{i,t+d}}{\sum_{t=T_0}^{T-d} n_i^{i,t+d}} (i = 1,2,\cdots,k; j = 1,2,\cdots,k; l = T_0,\cdots,T-d)$$

（4.4）

其中，k 表示高质量就业的等级数量，$n_{ij}^{i,t+d}$ 表示高质量就业指数由 t 年的等级 i 转移到 $(t+d)$ 年的等级 j 的城市数量，$n_i^{i,t+d}$ 表示高质量就业指数由 t 年属于等级 i 的城市数量。在本章研究中，令 $k=4$，$d=6$，并计算 2011 年和 2017 年农业转移人口高质量就业指数的转移概率矩阵（见表 4-2）。

表 4-2　　　　城市层面农业转移人口高质量就业指数
马尔可夫转移概率矩阵　　　　　　　　单位：%

2011 年	2017 年			
	低质量	中低质量	中高质量	高质量
低质量	93.75	2.50	2.50	1.25
中低质量	80.26	9.21	5.26	5.26
中高质量	72.97	13.51	13.51	0
高质量	50.00	20.51	12.82	16.67

资料来源：CMDS 2011 年和 2017 年调查数据，经笔者整理得到。

表 4-2 展示了城市层面农业转移人口高质量就业指数马尔可夫转移概率矩阵的分布情况。首先，低质量就业、中低质量就业、中高质量就业和高质量就业的农业转移人口在 6 年后继续保持原来等级的概率分别为 93.75%、9.21%、13.51% 和 16.67%，说明低质量就业的农业转移人口的就业质量具有较强的稳定性。其次，低质量就业、中低质量就业和中高质量就业的农业转移人口在 6 年后上升至上一等级的概率分别为 2.5%、5.26%、0，说明农业转移人口的就业质量向上转移的难度非常大。再次，低质量就业的农业转移人口转移到中高质量就业的概率为 2.5%，中低质量就业的农业转移人口转移到高质量就业的概率为 5.26%，说明更高质量就业的农业转移人口更容易实现就业质量跃迁。最后，中低质量就业、中高质量就业和高质量就业的农业转移人口转移到下一等级的概率分别为 80.26%、13.51% 和 12.82%，说明就业质量越低的农业转移人口面临更高的就业质量等级下降的转移风险。因此，各城市应充分关注农业转移人口的就业质量问题，注重防范农业转移人口就业质量下降的风险，促进农业转移人口高质量就业并迈入更高的就业水平。

4.4.2　农业转移人口高质量就业指数分布的空间异质性分析

本部分展示了代表总体就业质量的就业指数的空间异质性。图 4-14 展示了 2011 年和 2017 年各地区农业转移人口的高质量就业指数分布。首先，与 2011 年相比，2017 年全国及各个区域农业转移人口的高质量就业指数均出现下降。全国农业转移人口的高质量就业指数的平均值从 2011 年的 1.516 下降到 2017 年的 1.159。东部地区农业转移人口的高质量就业指数的平均值从 2011 年的 1.734 下降到 2017 年的 1.38；中部地区农业转移人口的高质量就业指数从 2011 年的 1.34 下降到 2017 年的 1.028；西部地区农业转移人口的高质量就业指数从 2011 年的 1.37 下降到 2017 年的 1.13；东北地区农业转移人口的高质量就业指数从 2011 年的 1.482 下降到 2017 年的 1.13。其次，在 2011 年，东部地区农业转移人口的高质量就业指数最高，中部地区农业转移人口的高质量就业指数最低。最后，在 2017 年，东部地区农业转移人口的高质量就业指数最高，西部地区农业转移人口的高质量就业指数最低。可能的原因是，东部地区的农业转移人口有更均等的薪酬结构、更高的工资增长空间、更优良的就业岗位和更全面的社会保障水平，并且有更高的社会资本积累和更为丰富的社交网络。

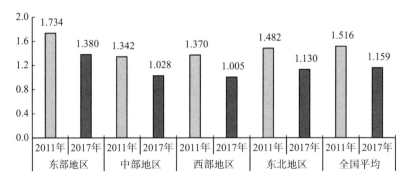

图 4-14　分区域差异的农业转移人口的高质量就业指数分布
资料来源：CMDS 2011 年和 2017 年调查数据，经笔者整理得到。

4.4.3　农业转移人口高质量就业指数分布的群体异质性分析

图 4 – 15 展示了不同受教育水平的农业转移人口的高质量就业指数分布。首先，随着受教育水平的提高，农业转移人口的高质量就业指数呈现持续增加的趋势。具体来说，小学及以下学历农业转移人口的高质量就业指数最低，而大学及以上学历农业转移人口的高质量就业指数最高。其次，相较于 2011 年，2017 年各受教育水平的农业转移人口的高质量就业指数均出现了一定程度的下降。具体来说，小学及以下学历农业转移人口的高质量就业指数从 2011 年的 1.345 下降到 2017 年的 0.869；初中学历农业转移人口的高质量就业指数从 2011 年的 1.477 下降到 2017 年的 1.033；中专及高中学历农业转移人口的高质量就业指数从 2011 年的 1.691 下降到 2017 年的 1.314；大专及以上学历农业转移人口的高质量就业指数从 2011 年的 2.162 下降到 2017 年的 1.945。结果显示，农业转移人口的高质量就业指数随着受教育水平的提高呈现阶梯形增加的趋势，且农业转移人口的就业质量的差距随受教育水平的提高而不断扩大。

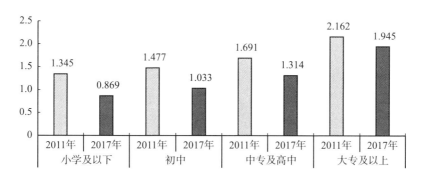

图 4 – 15　分受教育水平差异的农业转移人口的高质量就业指数分布
资料来源：CMDS 2011 年和 2017 年调查数据，经笔者整理得到。

图 4 – 16 展示了分性别差异的农业转移人口的高质量就业指数分布。总体来看，男性农业转移人口有更高的就业质量，女性农业转移人口的就业质量则较低。具体来说，2011 年女性农业转移人口的高质量就业指数

为1.401，男性农业转移人口的高质量就业指数为1.619；2017年，女性农业转移人口的高质量就业指数为1.089，男性农业转移人口的高质量就业指数为1.224。并且女性和男性农业转移人口的高质量就业指数均有所下降。

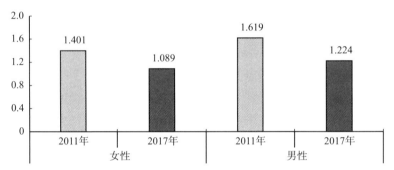

图4-16 分性别差异的农业转移人口的高质量就业指数分布情况
资料来源：CMDS 2011年和2017年调查数据，经笔者整理得到。

图4-17展示了分年龄段的农业转移人口的高质量就业指数分布。首先，相较于2011年，2017年农业转移人口的高质量就业指数均出现下降，20岁以下的农业转移人口的高质量就业指数的平均值从2011年的1.458下降到2017年的1.068；20~30岁的农业转移人口的高质量就业指数的平均值从2011年的1.615下降到2017年的1.33；30~40岁的农业转移人口的高质量就业指数的平均值从2011年的1.5下降到2017年的1.239；40~50岁的农业转移人口的高质量就业指数的平均值从2011年的1.433下降到2017年的0.989；50~60岁的农业转移人口的

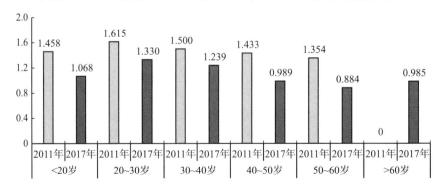

图4-17 分年龄段差异的农业转移人口的高质量就业指数分布
资料来源：CMDS 2011年和2017年调查数据，经笔者整理得到。

高质量就业指数的平均值从 2011 年的 1.354 下降到 2017 年的 0.884；2017 年 60 岁以上的农业转移人口的高质量就业指数的平均值为 0.985。其次，随着年龄段的增加，农业转移人口的高质量就业指数的分布呈现倒 "U" 型。20～30 岁的农业转移人口的高质量就业指数最高，50～60 岁的农业转移人口的高质量就业指数最低，说明青年农业转移人口有更高的就业质量和更好的就业前景。

4.5　本章小结

社会资本对农业转移人口高质量就业的影响的研究离不开准确测度农业转移人口的社会资本和高质量就业水平。本章测算和评价了农业转移人口的社会资本和高质量就业情况。具体来说，本章首先基于 "个人中心网" 理论中的位置生成法提出了农业转移人口的社会资本指标的选取依据，介绍了农业转移人口的总体社会资本以及原始整合型社会资本、原始跨越型社会资本和新型跨越型社会资本的测度方法。其次，从薪酬福利、就业能力、劳动关系和社会保障四个维度构建了农业转移人口高质量就业指标体系，提出各项指标的测算方法，并进行了测算。农业转移人口高质量就业指标体系的构建和测算为新时代高质量就业的研究提供指标框架，农业转移人口高质量就业现状的研究为促进农业转移人口多维度高质量就业提供经验启示。

在农业转移人口社会资本状况分析部分，从总体层面展开分析，得到以下结论：各地区农业转移人口的社会资本水平差异较小，西部地区农业转移人口的社会资本水平最高，东北地区农业转移人口的社会资本水平最低。农业转移人口的社会资本随着其受教育水平的提高而增加。从农业转移人口的年龄段看，20 岁及以下的农业转移人口的社会资本最高，随着年龄阶段的增加，农业转移人口的社会资本呈下降趋势。

从异质性社会资本的时空差异角度展开描述，得到以下结论：（1）按分区域差异看，以原始整合型社会资本为主的农业转移人口份额最多，以原始跨越型社会资本为主的农业转移人口份额最少；（2）东部地区农业转移人口以原始整合型社会资本为主，非东部地区农业转移人口以新型跨越型社会资本为主；（3）随着受教育水平提高，以原始整合型社会资本为主的农业转移人口的比例下降，而以新型跨越型社会资本为主的农业转移人口的比例持续上升；（4）女性农业转移人口以新型跨越型社会资本为主，男性农业转移人口以原始整合型社会资本为主；（5）随着年龄的增加，社会资本类型为原始整合型的农业转移人口比例持续下降，社会资本类型为原始跨越型的农业转移人口比例呈倒"U"型，社会资本类型为新型跨越型的农业转移人口的比例呈上升趋势。

接下来，本章从薪酬福利、就业能力、劳动关系和社会保障四个维度构建农业转移人口高质量就业指标体系，测算了农业转移人口的高质量就业指数，并展开时空异质性分析。对农业转移人口的高质量就业指数的动态演进趋势分析发现：2011～2017年全国农业转移人口的高质量就业指数整体差异有所扩大。从城市层面农业转移人口高质量就业指数的马尔可夫转移概率矩阵看，低质量就业的农业转移人口的就业质量具有较强的稳定性，农业转移人口的就业质量向上转移的难度非常大，就业质量越低的农业转移人口面临更高的就业质量等级下降转移风险。

从农业转移人口高质量就业指数的空间异质性和群体异质性分析中发现：（1）东部地区农业转移人口的高质量就业水平最高，东北地区和西部地区次之，而中部地区农业转移人口的高质量就业水平最低。（2）随着农业转移人口受教育水平的提高，其高质量就业指数呈现不断增加的趋势。（3）随着年龄增加，农业转移人口的高质量就业指数呈现先增加后下降的倒"U"型趋势。

本章介绍了社会资本和高质量就业的测度，与现有研究相比，其主要优势如下：（1）与现有研究主要从宏观层面测度高质量就业水平不同，本章从微观层面构建农业转移人口高质量就业指标体系，充分考虑农业转移人口就业的同期群差异和动态变化差异，就业行业差异和就业职业的差异，劳动合同的稳定性差异以及农业转移人口社会保障的覆盖地区差异等，有助于构建更为贴近现实生活的农业转移人口高质量就业指标体系，为高质量就业的研究提供指标框架。（2）与现有关于农业转移人口的社会资本测度主要考虑整合型社会资本和跨越型社会资本，或原始社会资本和新型社会资本不同，本章将农业转移人口的社会资本维度从常见的双维度扩展到三维度——增加原始跨越型社会资本，则有助于考察处于结构洞的已经市民化的农业转移人口在社会资本方面的作用，丰富了社会资本的研究。

第 **5** 章

社会资本影响农业转移人口
高质量就业的实证分析

第 4 章提出了农业转移人口的社会资本和高质量就业的指标选取与测度，并对农业转移人口的社会资本状况和高质量就业现状展开了分析，发现农业转移人口的高质量就业处于较低水平。本章将实证检验社会资本与农业转移人口高质量就业之间的关系。根据第 3 章构建的社会资本影响农业转移人口高质量就业的理论模型，本章将展开社会资本影响农业转移人口高质量就业的实证分析。本章考察了两类社会资本——总体社会资本以及异质性社会资本：原始整合型社会资本、原始跨越型社会资本和新型跨越型社会资本的高质量就业效应，并根据原始整合型社会资本、原始跨越型社会资本和新型跨越型社会资本的高质量就业效应的差异，判断三种社会资本属于生产率增强型社会资本抑或成本降低型社会资本。本章研究不仅丰富了社会资本的高质量就业效应的文献，也为从社会资本积累角度促进农业转移人口高质量就业提供政策启示。

5.1　变量选取与测度

5.1.1　核心自变量选取与测度

本章的核心自变量为农业转移人口的社会资本和异质性社会资本：原始跨越型社会资本、原始整合型社会资本和新型跨越型社会资本。（1）总体社会资本。结合现有研究和 CMDS 调查问卷，本章根据农业转移人口业余时间在迁入地城市是否与他人来往来度量农业转移人口的社会资本。个体问卷中，被调查者对"您业余时间在本地和谁来往最多"进行回答，并要求不包括顾客，本章将回答"很少与人来往"的社会资本观测值赋值为 0，选择其他选项的社会资本观测值赋值为 1。（2）农业转移人口的异质性社会资本。结合网络位置生成法和 CMDS 调查问卷，本章采用农业转移人口业余时间在迁入地城市来往频率最高的群体来度量农业转移人口的异质性社会资本。本章将回答"同乡（户口迁至本地）"的农业转移人口的原始跨越型社会资本的观测值设置为 1，否则设置为 0；将回答"同乡（户口仍在老家）"的农业转移人口的原始整合型社会资本观测值设置为 1，否则设置为 0；将回答"其他本地人"的农业转移人口的新型跨越型社会资本观测值设置为 1，否则设置为 0。

5.1.2　因变量选取与测度

本章的因变量为农业转移人口的高质量就业指数。结合经典理论和相关研究，本章构建了高质量就业指标体系，包括薪酬福利、就业能力、劳动关系和社会保障四个维度的 7 个指标。农业转移人口的高质量就业指标体系的选取原则和测度方法见本书的 4.3 部分。

5.1.3　工具变量选取与测度

采用农业转移人口家乡地的宗族文化浓厚度作为农业转移人口在目的

地城市的社会资本的工具变量。一般来说，宗族文化浓厚度高的地方，人们有更高的利他主义并更愿意合作，更愿意与他人建立联系，个体的社会资本可能越高（Foltz et al.，2020；Miquel et al.，2015；左翔等，2017）。此外，农业转移人口家乡地的宗族文化浓厚度对农业转移人口在目的地城市劳动力市场绩效的影响较小，因而能够满足排他性假设。

　　按照地域范围差异，现有关于宗族文化的测度指标主要分为两类：（1）村庄层面宗族文化。张川川等（2007）在研究宗族文化对县域性别比的影响时，采用 CFPS 调查数据，以村庄是否有宗祠或家谱表征宗族文化；格雷夫等（Greif et al.，2017）比较了中国和欧洲的合作来源的差异，采用村庄调查数据，以是否有宗族组织表征中国的宗族文化。张（Zhang，2019）在研究文化规范对我国养老安排的影响时，采用 CFPS 数据，以是否存在祠堂衡量家族文化。福尔茨（Foltz et al.，2020）在研究宗族文化对农村劳动力外迁和农村不平等的影响时，采用村庄调查数据，以村庄是否有宗祠或家谱来度量村庄宗族网络。（2）地区层面宗族文化。陈斌开等（2018）采用 2005 年人口普查数据，以大姓占比度量农业转移人口家乡城市的宗族文化。潘越等（2019）以家族企业实际控制人的籍贯地族谱数据来代理宗族文化。王丹利等（2020）以地区层面家谱的姓氏数目和姓氏集中度度量宗族多样性。陈等（Chen et al.，2020）在探究科举制度的社会资本机制时，以明清时期郡（市）编纂的家谱数量作为宗族力量的度量指标。

　　上述关于宗族文化的度量指标为本章提供了丰富的参考。然而，采用村庄层面的宗族文化指标难以较好地表征农业转移人口籍贯地的宗族文化浓厚度。主要原因是：（1）村庄的宗族网络可能与农业转移人口迁移受共同潜在因素影响，如地区经济发展水平、自然因素，因而难以识别出宗族网络对农业转移人口就业的影响；（2）受政治因素和经济因素的影响，当前拥有宗祠的村庄数量偏少[①]；（3）最重要的是，流动人口常常基于籍贯地文化习俗在目的地城市建立移民网络而非基于村庄

[①] 如张（Zhang，2019）的样本中尽管宗祠样本分布较为分散，但是，在 CFPS 覆盖的社区中，约有 14% 的人拥有宗祠。

（Honig，1992）。

本章延续格雷夫等（Greif et al.，2017）、陈等（Chen et al.，2020）和潘越等（2019）的研究，采用农业转移人口籍贯地的族谱数据表征农业转移人口家乡地的宗族文化。因为编纂和维护宗谱需要社群成员的持续努力，表明社群成员有能力创建和维护非正式组织（Tsai，2007）。采用人口密度标准化的籍贯城市族谱数量来衡量农业转移人口家乡的宗族文化浓厚度。为了降低同时性可能带来的内生性问题，采用滞后一期的族谱数据为样本，并与 CMDS 调查数据中农业转移人口籍贯地城市代码进行匹配，得到农业转移人口籍贯城市滞后期的宗族文化浓厚度代理指标①。经匹配后共获得 260 个籍贯地城市的族谱密度数据。

采用人口密度标准化的籍贯城市族谱数量来衡量农业转移人口家乡的宗族文化浓厚度，测度方程为：

$$\ln CC_{vt} = \ln\left(1 + \frac{genealogies_{v(t-1)}}{PopDen_{v(t-1)}}\right) \tag{5.1}$$

其中，$\ln CC_{vt}$ 指 t 年农业转移人口的户籍地城市 v 的宗族文化浓厚度，采用对数形式。$genealogies_{v(t-1)}$ 指滞后一期的农业转移人口户籍地城市 v 的族谱数量，$PopDen_{v(t-1)}$ 指本章样本数据调查时期前一期的农业转移人口户籍地城市的人口密度（人/平方千米）。

图 5 - 1 展示了 2011 年前农业转移人口户籍地各区域族谱数量分布，到 2010 年，农业转移人口户籍地城市族谱的平均值为 201.91 卷，最小值为 1 卷，最大值为 4109 卷；农业转移人口户籍地城市每平方公里每人拥有 0.52 卷族谱。

图 5 - 2 展示了 2017 年前农业转移人口户籍地各区域族谱数量分布，到 2016 年，农业转移人口户籍地城市族谱的平均值为 203.49 卷，最小值为 1 卷，最大值为 4153 卷；农业转移人口户籍地城市每平方公里每人拥有 0.51 卷族谱。

---

① 由于 CMDS 2011 年数据只汇报了农业转移人口的家乡省份信息，没有汇报家乡城市和区县信息，我们将滞后一期的族谱数据与 CMDS 2011 年数据中农业转移人口籍贯地省份代码进行匹配，得到农业转移人口籍贯地滞后期的宗族文化浓厚度指标。

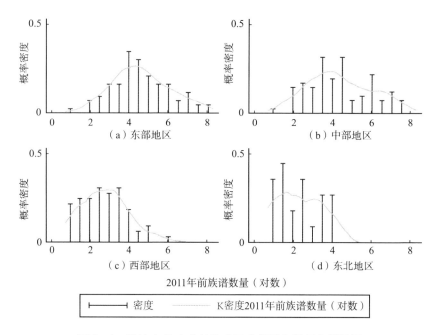

图 5 - 1　2011 年前农业转移人口户籍地各地区族谱数量

资料来源：上海图书馆的家谱数据，经过笔者手工整理得到。

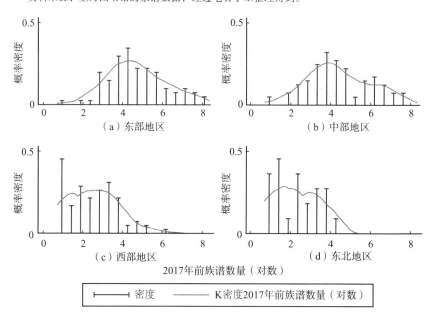

图 5 - 2　2017 年前农业转移人口户籍地各地区族谱数量

资料来源：上海图书馆的家谱数据，经过笔者手工整理得到。

5.1.4　控制变量选取与测度

（1）个体特征，包括样本的性别、年龄、婚姻状况、民族、迁入时间、迁移范围等。个人的年龄会影响额外的人力资本投资回报，如青年人可以通过正规教育进行投资获得较大的回报，而老年人通过特定就业的特定技能和经验来获得投资回报（Sjaastad，1962）。迁入时间指农业转移人口在迁入城市的居留时间。个体问卷中，被调查者对"本地流动时间"进行回答，本章采用调查时间与流动时间的差值来度量迁入时间。迁移范围指农业转移人口本次流动的地域范围。个体问卷中，被调查者对"本次流动范围"进行回答，在"跨省""省内跨市""市内跨县"中进行选择，本章根据被调查对象对三个选项的回答设置相应的迁移范围变量。

人力资本。人力资本投资理论认为正规教育是人力资本投资的重要组成部分，它可以提高知识和技能，从而增加人力资本的资金回报或精神回报（Becker，1964）。受教育程度用样本的最高受教育程度衡量。问卷中该条目的原始回答有 7 类（未上过学、小学、初中、高中或中专、大学专科、大学本科、研究生），出于研究方便，本书合并了占比太小的分类，将受教育程度设置为包含"小学及以下""初中""高中及中专""大专及以上"学历的四分类变量。

（2）家庭特征。家庭资源禀赋会对个体行为产生长期和持续的影响，如切蒂等关于代际流动的一系列文献（Chetty et al.，2014，2018）发现，子女的收入水平与父母的收入呈正相关关系；家庭越稳定、社会资本越多、收入不平等越低的地区，向上代际流动的概率越高，后代发展得更好。家庭特征包括家庭人口规模和家庭月收入水平。①家庭人口规模，指农业转移人口的配偶、子女以及在本户同住的其他成员的数量。②家庭月收入水平，采用农业转移人口家庭在过去一年平均每月总收入表示。考虑到调查中常常存在低报或高报工资的情况，参考现有研究（Fu et al.，2020），本章将农业转移人口的家庭月收入进行 1% 缩尾处理。为了降低家庭月收入的异方差波动带来的偏差，在文章分析中对农业转移人口的家庭月收入采用对数形式。

（3）城市特征和固定效应。城市特征主要包括迁入城市人均 GDP、人口密度和城市固定效应。①迁入城市人均 GDP。本章控制人均 GDP，以降低迁入城市经济因素对农业转移人口就业可能带来的影响。②迁入城市人口密度。人口密度反映了人口集聚程度，鉴于人口集聚可以产生正外部性和学习效应，以及城市人口规模也反映了移民对城市的偏好程度（Albouy et al.，2020；Chen et al.，2018；Dai et al.，2018；de la Roca et al.，2017；孙三百等，2014；梁文泉等，2016），本章控制城市人口密度的影响。③城市固定效应。本章控制农业转移人口迁入城市固定效应，以消除迁入城市差异带来的影响。

5.2　描述性统计分析

表 5－1 展示了社会资本与农业转移人口高质量就业的描述性统计分析结果。就农业转移人口的社会资本指标看，有 85.3% 的农业转移人口业余时间与客户或亲属之外的人有来往，说明农业转移人口的社会资本处于中等水平。就农业转移人口的三种社会资本指标看，以原始整合型社会资本、原始跨越型社会资本和新型跨越型社会资本为主的农业转移人口的样本分别占总样本的比例为 30.7%、11.7% 和 28.3%。

表 5－1　　社会资本与农业转移人口高质量就业的描述性统计分析

变量	样本量	均值	标准差	最小值	最大值	定义
社会资本	216653	0.853	0.354	0	1	与客户或亲属以外的人来往（1 = 是）
原始整合型社会资本	216653	0.307	0.461	0	1	与农村户口同乡来往最多（1 = 是）
原始跨越型社会资本	216653	0.117	0.322	0	1	与城市户口同乡来往最多（1 = 是）
新型跨越型社会资本	216653	0.283	0.451	0	1	与城市本地人来往最多（1 = 是）
高质量就业选择	119675	0.437	0.496	0	1	是否从事高质量就业（1 = 是）
高质量就业指数	216654	1.319	0.958	0	6	高质量就业水平指数

续表

变量	样本量	均值	标准差	最小值	最大值	定义
户籍地平均族谱数	205393	191.949	348.421	1	4153	户籍地城市平均族谱数量
户籍地族谱密度	198267	0.517	0.951	0.003	10.566	人口密度标准化族谱数量
男性	216654	0.522	0.500	0	1	1 = 男，0 = 女
汉族	216654	0.914	0.280	0	1	1 = 汉族，0 = 少数民族
已婚	216654	0.817	0.387	0	1	已婚（1 = 是，0 = 否）
初中	216654	0.531	0.499	0	1	最高学历为初中学历（1 = 是）
中专及高中	216654	0.196	0.397	0	1	最高学历为高中或中专（1 = 是）
大专及以上	216654	0.077	0.267	0	1	最高学历为大专及以上（1 = 是）
年龄/10	215052	3.563	0.974	1.600	6.500	年龄/10
迁入时间	216654	6.141	5.524	0	26	迁入本地的时间（年）
省内跨市	216579	0.316	0.465	0	1	迁移范围为省内跨市（1 = 是）
市内跨县	216579	0.180	0.384	0	1	迁移范围为市内跨县（1 = 是）
家庭人口规模	216654	2.946	1.225	1	10	同住家庭成员数量
家庭月收入（对数）	216585	1.728	0.526	0	5.303	家庭在本地的月总收入
人口密度（对数）	194670	6.088	0.927	1.665	7.841	滞后一期城市人口密度
人均GDP（对数）	194283	1.936	0.477	0.426	3.116	滞后一期城市人均GDP

资料来源：农业转移人口个体及家庭数据来源于CMDS 2011年和2017年调查数据，城市层面统计数据主要来源于《中国城市统计年鉴》，家谱数据来源于上海图书馆的家谱数据库。

农业转移人口高质量就业选择的平均值为0.437，说明43.7%农业转移人口从事高质量就业。农业转移人口高质量就业绩效的平均值为1.319，说明农业转移人口的高质量就业指数平均值为1.319，农业转移人口的高质量就业水平偏低。农业转移人口户籍地城市平均族谱卷数为191.949卷，农业转移人口户籍地城市家谱密度为每平方公里每人0.517卷。

在本章的样本中，52.2%的被调查者为男性，91.4%的被调查者为汉族，平均年龄为35岁。在受教育水平方面，53.1%的被调查者为初中学历，有 19.6% 的被调查者为中专及高中学历，7.7% 的被调查者为大专及以上学历。有 81.7% 的农业转移人口处于在婚状态。迁入时间的平均值为 6.141 年，说明农业转移人口在迁入城市的平均居留时间为 6 年。省内跨市的平均值为 0.316，说明 31.6% 农业转移人口的迁移范围为省内跨市。市内跨县的平均值为 0.18，说明 18% 农业转移人口的迁移范围为市内跨县。

家庭人口规模的均值为 2.946，说明农业转移人口同住家庭成员数量为 3 人左右。家庭月收入的对数的平均值为 1.728，说明农业转移人口家庭在本地的月收入的平均值为 5629 元。城市人口密度的对数的平均值为 6.088，说明迁入地城市的平均人口密度为 440.54 人/平方千米。城市人均 GDP 的对数的平均值为 1.936，说明迁入地城市的人均 GDP 为 6.93 万元。

5.3　社会资本对农业转移人口高质量就业选择的影响分析

第 2 章的理论分析中构建了社会资本与农业转移人口高质量就业的理论模型，提出社会资本可能通过提高生产率或者降低工作搜寻成本进而促进农业转移人口到现代部门就业。本节将结合 CMDS 调查数据、城市统计数据检验社会资本对农业转移人口高质量就业选择的影响。

5.3.1　模型设定

（1）探究社会资本对农业转移人口高质量就业选择的影响，设定以下回归方程：

$$Y(WheHQE_{ict}=1) = \gamma_0 + \gamma_1 SC_{ict} + \gamma_2 X_{ict} + \gamma_3 M_{c(t-1)} + \sigma_c + \varepsilon_{ict} \quad (5.2)$$

其中，i，c 和 t 分别表示农业转移人口、迁入城市和年份。$WheHQE_{ict}$ 表征农业转移人口是否从事多维度高质量就业的二分类变量，当农业转移人口从事多维度高质量就业时取值为 1，否则取值为 0。SC_{ict} 衡量农民工的社会资本。X_{it} 表征影响农业转移人口高质量就业选择的一系列变量，如性别、年龄、年龄的平方、受教育情况、婚姻状况，以及家庭人口规模和家庭月收入。$M_{c(t-1)}$ 表征影响农业转移人口高质量就业选择的城市特征变量，如迁入城市的人口密度和人均 GDP 水平，采用滞后一期的城市特征变量加入回归中。σ_c 为迁入地固定效应，ε_{ict} 为误差项。

本章关注的参数是 γ_1，它衡量了社会资本对农业转移人口高质量就业选择的影响。该系数反映了社会资本带来的农业转移人口高质量就业选择的差异。

（2）探究异质性社会资本对农业转移人口高质量就业选择的影响，设定以下回归方程：

$$Y(WheHQE_{ict} = 1) = \gamma_0 + \gamma_{1k}SC_{ictk} + \gamma_2 X_{ict} + \gamma_3 M_{c(t-1)} + \theta_c + \omega_{ict} \quad (5.3)$$

其中，i, c, t, k 分别表示农业转移人口、迁入城市、年份和社会资本类型。$WheHQE_{ict}$ 表征农业转移人口是否从事高质量就业的二分类变量，当农业转移人口从事高质量就业时取值为 1，否则取值为 0。SC_{ictk} 度量异质性社会资本，$SC_{ictk} = \{Ructm_{ictk}, Urctm_{ictk}, Urnat_{ictk}\}$，$Ructm_{ictk}$ 度量原始整合型社会资本，$Urctm_{ictk}$ 度量原始跨越型社会资本，$Urnat_{ictk}$ 度量新型跨越型社会资本。X_{it} 表征影响农业转移人口高质量就业选择的一系列变量，如性别、年龄、年龄的平方、受教育情况、婚姻状况、民族、迁入时间、迁移范围、家庭人口规模、家庭人均收入。$M_{c(t-1)}$ 表征影响农业转移人口高质量就业选择的城市特征变量，如迁入城市的人口密度和人均 GDP 水平，并采用滞后一期的数据加入回归模型中。θ_c 为迁入地固定效应，ω_{ict} 为误差项。

本章关注的参数是 γ_{1k}，它衡量了异质性社会资本对农业转移人口高质量就业选择的影响，该系数反映了异质性社会资本带来的农业转移人口高质量就业选择的差异。

5.3.2 实证结果分析

5.3.2.1 总体社会资本影响农业转移人口高质量就业选择的实证结果

根据式（5.2）估计总体社会资本对农业转移人口高质量就业选择的

影响。采用线性概率模型进行估计，结果见表 5-2 的第（1）列和第（2）列。第（1）列和第（2）列的因变量为农业转移人口的高质量就业选择，是一个二分类变量；自变量是农业转移人口的总体社会资本。第（1）列控制了农业转移人口个体的性别、年龄、年龄的平方、民族、婚姻状况、受教育水平、迁入年份、迁移范围、迁入城市固定效应和时间固定效应；第（2）列在第（1）列的基础上增加控制家庭人口规模、家庭月收入、城市人口密度和城市人均 GDP。

表 5-2 社会资本影响农业转移人口高质量就业选择的实证结果

变量	高质量就业选择			
	（1）	（2）	（3）	（4）
社会资本	0.046 *** （0.004）	0.043 *** （0.004）		
原始整合型社会资本			0.006 ** （0.003）	0.007 ** （0.003）
原始跨越型社会资本			0.016 *** （0.004）	0.015 *** （0.003）
新型跨越型社会资本			0.019 *** （0.003）	0.017 *** （0.004）
年龄/10	0.021 ** （0.010）	0.007 （0.011）	0.025 ** （0.010）	0.010 （0.011）
年龄平方/100	-0.005 *** （0.001）	-0.003 * （0.001）	-0.005 *** （0.001）	-0.003 ** （0.001）
男性	-0.003 （0.003）	-0.006 ** （0.003）	-0.002 （0.003）	-0.005 * （0.003）
汉族	-0.019 *** （0.006）	-0.027 *** （0.008）	-0.018 *** （0.006）	-0.027 *** （0.008）
已婚	0.033 *** （0.004）	0.009 ** （0.004）	0.032 *** （0.004）	0.008 * （0.004）
初中	0.025 *** （0.003）	0.018 *** （0.003）	0.026 *** （0.003）	0.018 *** （0.003）
中专及高中	0.073 *** （0.005）	0.057 *** （0.005）	0.074 *** （0.005）	0.058 *** （0.005）

续表

变量	高质量就业选择			
	（1）	（2）	（3）	（4）
大专及以上	0.179 *** (0.008)	0.148 *** (0.007)	0.180 *** (0.008)	0.149 *** (0.007)
流入时间（对数）	0.002 (0.002)	− 0.003 * (0.002)	0.002 (0.002)	− 0.003 * (0.002)
省内跨市	0.007 * (0.004)	0.012 *** (0.004)	0.007 * (0.004)	0.012 *** (0.004)
市内跨县	0.002 (0.005)	0.009 (0.006)	0.001 (0.005)	0.009 (0.006)
家庭月收入（对数）		0.109 *** (0.005)		0.110 *** (0.005)
家庭规模		− 0.009 *** (0.001)		− 0.009 *** (0.001)
城市人口密度（对数）		0.188 ** (0.083)		0.195 ** (0.083)
城市人均 GDP（对数）		− 0.166 *** (0.051)		− 0.169 *** (0.052)
常数项	0.861 *** (0.019)	− 0.125 (0.540)	0.890 *** (0.018)	− 0.145 (0.548)
城市固定效应	控制	控制	控制	控制
时间固定效应	控制	控制	控制	控制
观测值	213459	192797	213459	192797
R-squared	0.141	0.154	0.140	0.153
因变量均值	0.833	0.833	0.833	0.833

注：标准误聚集在城市层面并展示在括号中；*** 、** 、* 分别代表 1%、5% 和 10% 的统计学显著性水平。

总体社会资本显著促进了农业转移人口高质量就业。第（1）列总体社会资本的回归系数为 0.046，且在 1% 的水平上显著，说明社会资本使得农业转移人口高质量就业的概率增加了 4.6%。在控制农业转移人口的家庭特征和城市特征后，第（2）列回归结果显示，社会资本使得农业转移人口选择高质量就业的概率增加了 4.3%。总体来说，社会资本显著提高了农业转移人口选择高质量就业的概率，说明社会资本能够降低农业转移人口高质量就业的门槛，进而促进农业转移人口高质量就业。

控制变量的回归结果显示，男性农业转移人口选择高质量就业的概率低于女性，但男性和女性农业转移人口选择高质量就业的概率差异较小。随着受教育水平的提高，农业转移人口选择高质量就业的概率持续增加。流入时间越长，农业转移人口从事高质量就业的概率越低。省内跨市的农业转移人口比跨省的农民有更高的高质量就业概率。随着家庭月收入的提高，农业转移人口从事高质量就业的概率增加；随着家庭规模的扩大，农业转移人口从事高质量就业的概率下降。城市人口密度越大，农业转移人口越可能从事高质量就业；随着城市人均 GDP 的提高，农业转移人口从事高质量就业的概率下降。

5.3.2.2　异质性社会资本影响农业转移人口高质量就业选择的实证结果

根据式（5.3）估计异质性社会资本对农业转移人口高质量就业选择的影响。采用线性概率模型进行估计，结果见表 5 - 2 的第（3）列和第（4）列。第（3）列和第（4）列的因变量为农业转移人口的高质量就业选择，是一个二分类变量；自变量为异质性社会资本，包括原始整合型社会资本、原始跨越型社会资本和新型跨越型社会资本。第（3）列控制了农业转移人口个体的性别、年龄、年龄的平方、民族、婚姻状况、受教育水平、迁入年份、迁移范围、迁入城市固定效应和时间固定效应；第（4）列在第（3）列的基础上增加控制家庭人口规模、家庭月收入、城市人口密度和城市人均 GDP。

原始整合型社会资本、原始跨越型社会资本和新型跨越型社会资本均显著提高了农业转移人口高质量就业的概率。第（3）列原始整合型社会资本、原始跨越型社会资本和新型跨越型社会资本的回归系数分别为 0.006、0.016 和 0.019，且在 1% 水平上显著，说明这三种社会资本均显著提高了农业转移人口高质量就业的概率。第（4）列原始整合型社会资本的回归系数为 0.007，且在 5% 的水平上显著，说明原始整合型社会资本使得农业转移人口从事高质量就业的概率增加 0.7%；原始跨越型社会资本的回归系数为 0.015，且在 1% 的水平上显著，说明原始跨越型社会资本使得农业转移人口从事高质量就业的概率增加 1.5%；新型跨越型社会资本的回归系数为 0.017，且在 1% 的水平上显著，说明原始整合型社会资本使得农业转移人口从事高质量就业的概率增加 1.7%。三种社会资本均显著提高了农业转移人口从事高质量就业的概率，说明三种社会资本均能够降低农业转移人口高质量就业的门槛，进而促进农业转移人口到现代部门就业。

控制变量的回归结果显示，男性农业转移人口选择高质量就业的概率低于女性，但男性和女性农业转移人口选择高质量就业的概率差异较小。随着受教育水平的提高，农业转移人口选择高质量就业的概率持续增加。流入时间越长，农业转移人口从事高质量就业的概率越低。省内跨市的农业转移人口比跨省的农民有更高的高质量就业概率。随着家庭月收入的提高，农业转移人口从事高质量就业的概率增加；随着家庭规模的扩大，农业转移人口从事高质量就业的概率下降。城市人口密度越大，农业转移人口越可能从事高质量就业；随着城市人均 GDP 的提高，农业转移人口从事高质量就业的概率下降。

5.4　社会资本对农业转移人口高质量就业绩效的影响分析

农业转移人口的高质量就业指数展示了农业转移人口就业质量的谱系分布，社会资本对农业转移人口的高质量就业绩效有什么样的影响呢？本节将结合 CMDS 2011 年和 2017 年调查数据、城市层面统计数据，采用线性回归模型研究社会资本对农业转移人口高质量就业指数的影响，并比较不同类型社会资本影响农业转移人口高质量就业绩效的差异。

5.4.1　模型设定

（1）探究社会资本对农业转移人口高质量就业绩效的影响，设定以下回归方程：

$$HQE_{ict} = \gamma_0 + \gamma_1 SC_{ict} + \gamma_2 X_{ict} + \gamma_3 M_{c(t-1)} + \sigma_c + \varepsilon_{ict} \qquad (5.4)$$

其中，i,c 和 t 分别表示农业转移人口、迁入城市和年份。HQE_{ict} 表征农业转移人口的高质量就业水平，是一个连续变量。SC_{ict} 衡量农民工的社会资本。X_{it} 表征影响农业转移人口高质量就业的一系列变量，如性别、年龄、年龄的平方、受教育情况、婚姻状况、迁入时间和迁移范围，以及家庭人口规模和家庭月收入。$M_{c(t-1)}$ 表征影响农业转移人口高质量就业绩效的城市特征变量，如迁入城市的人口密度和人均 GDP 水平，采用滞后一期的城市特征变量加入回归中。σ_c 为迁入地固定效应，ε_{ict} 为误差项。

本章关注的参数是 γ_1，它衡量了社会资本对农业转移人口高质量就业绩效的影响。该系数反映了社会资本带来的农业转移人口高质量就业的差异。

（2）探究异质性社会资本对农业转移人口高质量就业绩效的影响，设定以下回归方程：

$$HQE_{ict} = \gamma_0 + \gamma_{1k}SC_{ictk} + \gamma_2 X_{ict} + \gamma_3 M_{c(t-1)} + \theta_c + \omega_{ict} \qquad (5.5)$$

其中，i,c,t,k 分别表示农业转移人口、迁入城市、年份和社会资本类型。HQE_{ict} 表征农业转移人口的高质量就业水平，是一个连续变量。SC_{ictk} 度量异质性社会资本，$SC_{ictk} = \{Ructm_{ictk}, Urctm_{ictk}, Urnat_{ictk}\}$，$Ructm_{ictk}$ 度量原始整合型社会资本，$Urctm_{ictk}$ 度量原始跨越型社会资本，$Urnat_{ictk}$ 度量新型跨越型社会资本。X_{it} 表征影响农业转移人口高质量就业绩效的一系列变量，如性别、年龄、年龄的平方、受教育情况、婚姻状况、民族、迁入时间、迁移范围、家庭人口规模、家庭人均收入。$M_{c(t-1)}$ 表征影响农业转移人口高质量就业绩效的城市特征变量，如迁入城市的人口密度和人均 GDP 水平，并采用滞后一期的数据加入回归模型中。θ_c 为迁入城市固定效应，ω_{ict} 为误差项。

本章关注的参数是 γ_{1k}，它衡量了异质性社会资本对农业转移人口高质

量就业的影响，该系数反映了异质性社会资本带来的农业转移人口高质量
就业的差异。

5.4.2　实证结果分析

5.4.2.1　社会资本影响农业转移人口高质量就业绩效的实证结果

根据式（5.4）估计社会资本对农业转移人口高质量就业绩效的影响。
采用线性回归模型进行估计，结果见表 5 – 3 的第（1）列和第（2）列。
第（1）列和第（2）列的因变量为农业转移人口的高质量就业指数。第
（1）列控制了农业转移人口个体的性别、年龄、年龄的平方、民族、婚姻
状况、受教育水平、迁入时间、迁移范围和迁入城市固定效应；第（2）
列在第（1）列的基础上增加控制家庭人口规模、家庭月收入、城市人口
密度和城市人均 GDP。

表 5 – 3　　　　社会资本影响农业转移人口高质量就业绩效的回归结果

变量	高质量就业绩效			
	（1）	（2）	（3）	（4）
社会资本	0.139 *** （0.009）	0.126 *** （0.009）		
原始整合型社会资本			0.001 （0.009）	– 0.003 （0.009）
原始跨越型社会资本			0.055 *** （0.013）	0.048 *** （0.014）
新型跨越型社会资本			0.064 *** （0.008）	0.054 *** （0.008）
年龄/10	0.284 *** （0.027）	0.256 *** （0.028）	0.295 *** （0.027）	0.266 *** （0.028）
年龄平方/100	– 0.041 *** （0.004）	– 0.038 *** （0.004）	– 0.043 *** （0.004）	– 0.040 *** （0.004）
男性	0.181 *** （0.008）	0.181 *** （0.008）	0.186 *** （0.008）	0.185 *** （0.008）

续表

变量	高质量就业绩效			
	（1）	（2）	（3）	（4）
汉族	-0.044 ***	-0.072 ***	-0.043 **	-0.071 ***
	(0.016)	(0.018)	(0.016)	(0.018)
已婚	-0.044 ***	-0.032 ***	-0.045 ***	-0.033 ***
	(0.013)	(0.012)	(0.013)	(0.012)
初中	0.096 ***	0.070 ***	0.098 ***	0.072 ***
	(0.009)	(0.009)	(0.009)	(0.009)
中专及高中	0.321 ***	0.271 ***	0.323 ***	0.272 ***
	(0.019)	(0.018)	(0.019)	(0.019)
大专及以上	0.904 ***	0.805 ***	0.905 ***	0.805 ***
	(0.038)	(0.032)	(0.039)	(0.032)
迁入时间（对数）	0.007	0.012 **	0.006	0.011 *
	(0.006)	(0.006)	(0.006)	(0.006)
省内跨市	0.026 *	0.038 **	0.023	0.036 **
	(0.014)	(0.016)	(0.015)	(0.016)
市内跨县	0.006	0.034 **	0.003	0.031 *
	(0.016)	(0.017)	(0.016)	(0.017)
家庭月收入（对数）		0.316 ***		0.317 ***
		(0.012)		(0.013)
家庭规模		-0.092 ***		-0.093 ***
		(0.005)		(0.005)
人口密度（对数）		-0.067		-0.043
		(0.109)		(0.109)
人均GDP（对数）		-0.014		-0.022
		(0.080)		(0.081)
常数项	0.878 ***	1.149 *	0.970 ***	1.089
	(0.054)	(0.687)	(0.053)	(0.691)
城市固定效应	控制	控制	控制	控制
时间固定效应	控制	控制	控制	控制
观测值	213459	192797	213459	192797
R-squared	0.189	0.212	0.188	0.211
因变量均值	1.321	1.339	1.321	1.339

注：标准误聚集在城市层面并展示在括号中。 *** 、 ** 、 * 分别代表1%、5%和10%的统计学显著性水平。

社会资本对农业转移人口的高质量就业指数有显著的正向影响。在控制迁入城市固定效应、时间固定效应和农业转移人口的个体特征后，第（1）列中社会资本的系数为 0.139，且在 1% 的水平上显著，表明有社会资本的农业转移人口的高质量就业指数比没有社会资本的农业转移人口的高质量就业指数高 0.139。第（2）列在增加农业转移人口的家庭特征和迁入城市特征后，社会资本显著提高了农业转移人口的高质量就业指数。有社会资本的农业转移人口的高质量就业指数比没有社会资本的农业转移人口的高质量就业指数显著高 0.126。结果表明，社会资本获得更高的劳动力市场回报。

5.4.2.2　异质性社会资本影响农业转移人口高质量就业绩效的实证结果

估计不同类型社会资本对农业转移人口高质量就业指数的影响。采用线性回归模型进行估计，结果见表 5 - 3 的第（3）列和第（4）列。第（3）列和第（4）列的因变量为农业转移人口的高质量就业指数。各列的核心自变量为原始整合型社会资本、原始跨越型社会资本和新型跨越型社会资本，均为二分类变量。第（3）列控制了农业转移人口个体的性别、年龄、年龄的平方、民族、婚姻状况、受教育水平、迁入时间、迁移范围、迁入城市固定效应和时间固定效应；第（4）列增加控制家庭人口规模、家庭月收入、城市人口密度和城市人均 GDP。

第（3）列中原始整合型社会资本的系数为 0.001，且在水平上不显著。进一步控制农业转移人口的家庭特征和迁入地城市特征后，第（4）列中原始整合型社会资本的系数为 - 0.003，但在水平上不显著。结果表明，原始整合型社会资本没有显著提高农业转移人口的高质量就业绩效。可能的原因是，原始整合型社会资本主要依托原始资源建立社会资本，如亲戚、农村户口同乡等。在这种网络结构中，农业转移人口的交往圈子主要限制在农村户口同乡内部，他们的社会交往范围较小，社会网络结构呈现"内卷化"特征，农业转移人口突破这一圈子的可能性比较低。农业转移人口其他的交流互动联系比较匮乏，缺乏与更多人建立联系、积累社会资本的契机，因而难以向外扩展，导致原始整合型社会资本的高质量就业效应低于其他类型社会资本的高质量就业效应。

原始跨越型社会资本显著提高了农业转移人口的高质量就业水平。在控制农业转移人口的个体特征、迁入城市固定效应和时间固定效应后，第（3）列中原始跨越型社会资本的系数为0.055，且在1%的水平上显著。结果表明原始跨越型社会资本使得农业转移人口的高质量就业指数增加了0.055。在增加控制农业转移人口家庭特征和迁入城市特征后，第（4）列中原始跨越型社会资本的系数为0.048，且在1%的水平上显著。原始跨越型社会资本使得农业转移人口的高质量就业指数增加0.048。结果表明，原始跨越型社会资本显著提高了农业转移人口的高质量就业水平。

新型跨越型社会资本显著提高了农业转移人口的高质量就业水平。在控制农业转移人口的个体特征、迁入城市固定效应和时间固定效应后，第（3）列中新型跨越型社会资本的系数为0.064，且在1%的水平上显著。结果表明新型跨越型社会资本使得农业转移人口的高质量就业指数增加0.064。在增加控制农业转移人口家庭特征和迁入城市特征后，第（4）列中新型跨越型社会资本的系数为0.054，且在1%的水平上显著。新型跨越型社会资本使得农业转移人口的高质量就业指数增加0.054。结果表明，新型跨越型社会资本显著提高了农业转移人口的高质量就业水平。

比较原始整合型社会资本、原始跨越型社会资本和新型跨越型社会资本的回归系数发现，新型跨越型社会资本的高质量就业效应最高，其次是原始跨越型社会资本的高质量就业效应。在第（4）列中，新型跨越型社会资本的高质量就业效应（0.054）最大，其次是原始跨越型社会资本（0.048）的高质量就业效应，而原始整合型社会资本的高质量就业效应（-0.003）最低。

控制变量回归结果显示，年龄与高质量就业指数呈现显著的倒"U"型关系。第（4）列中，年龄的回归系数为0.266，年龄的平方的回归系数为-0.04，拐点为33.25岁。斯贾斯塔德（Sjaastad，1962）指出，个人的年龄影响额外的人力资本投资回报，如青年人可以通过正规教育进行投资获得较大的回报，而老年人通过特定就业的特定技能和经验来获得投资回报，但老年人获得的人力资本回报远低于年轻人。

男性农业转移人口的高质量就业效应比女性农业转移人口的高质量就业效应高 0.185。一般来说，男性农业转移人口有更高的受教育水平和生产率，更可能在劳动力市场找到工作。由于文化水平较低、家庭事务限制以及社会规范约束，女性农业转移人口就业的概率明显低于男性（Goldin，2014）。已婚农业转移人口的高质量就业绩效显著低于未婚农业转移人口的高质量就业绩效，说明未婚农业转移人口有更高的劳动生产率。

人力资本显著提升了农业转移人口的高质量就业水平。第（4）列显示，对于受教育水平而言，初中学历农业转移人口的高质量就业水平比小学学历农业转移人口的高质量就业水平高 0.072，中专及高中学历农业转移人口的高质量就业水平比小学学历农业转移人口的高质量就业水平高 0.272，大专及以上学历农业转移人口的高质量就业水平比小学学历农业转移人口的高质量就业水平高 0.805。迁入时间每提前 1 年，农业转移人口的高质量就业指数提高 0.011。省内跨市迁移的农业转移人口比跨省迁移的农业转移人口的高质量就业指数高 0.036，市内跨县迁移的农业转移人口比跨省迁移的农业转移人口的高质量就业指数高 0.031。总体来说，人力资本有正向而持续的劳动力市场回报。

家庭层面回归结果显示，家庭月收入水平显著提高了农业转移人口的高质量就业水平。家庭月收入提高 1000 元，农业转移人口的高质量就业指数提高 0.317。财力资本形成理论表明，财力资本投资会提高人力资本，进而提高劳动力市场绩效。然而，家庭规模显著降低了农业转移人口的高质量就业水平，家庭规模每增加 1 单位，农业转移人口的高质量就业指数显著下降 0.093，且在 1% 的水平上显著。可能的原因是，随着家庭规模的扩大，农业转移人口就业的机会成本下降因而就业的意愿更低。

迁入地城市经济发展水平没有显著提高农业转移人口的高质量就业水平。第（4）列显示，迁入地城市人均 GDP 提高 1%，农业转移人口的高质量就业指数下降 0.022，但不显著。人口密度也对农业转移人口的高质量就业指数有显著的负向影响，人口密度提高 1 人每平方千米，农业转移人口的高质量就业指数下降0.043，但不显著。可能的原因是，大量人口聚集带来劳动力"内卷化"和低水平均衡陷阱[①]，进而抑制了产业升级和劳动力素质提升（刘守英等，2018；蔡昉等，2020）。

5.5　社会资本影响农业转移人口高质量就业的分位数回归分析

5.5.1　分位数回归模型设定

尽管线性回归模型（LRM）因具有良好的优点而广泛应用于因果估计中，但是，它通常只能反映一组协变量的条件均值函数。在本章中，农业转移人口的高质量就业是一个连续变量，不同高质量就业水平的农业转移人口可能对社会资本的偏好不同，此时采用分位数回归模型（QRM）则能够进一步分析整个高质量就业指数分布中社会资本与高质量就业的关系（董延芳等，2018）。

分位数回归模型（QRM）不仅可以估计协变量对因变量的整个分布的微小影响，而且考虑了因变量的异方差问题，有助于分析因变量条件分布的全部特征（樊增增，2020）。因此，采用分位数回归模型能够细致地挖掘社会资本对农业转移人口高质量就业的影响。

假设标准线性回归模型表示如下：

$$HQE_{ict} = \gamma_0 + AX_{ictk} + \varepsilon_{ict} \qquad (5.6)$$

其中，i, c, t 和 k 分别表示农业转移人口、迁入城市、年份和协变量排序；A 为影响农业转移人口高质量就业的一组协变量的系数矩阵，X_{ictk} 为影响农业转移人口高质量就业的一组协变量。那么，与之相对应的 QRM 可以表示为：

$$HQE_{ict} = \gamma_0^{(p)} + A^{(p)} X_{ictk} + \varepsilon_{ict}^{(p)} \qquad (5.7)$$

---

① 根据纳尔逊的低水平均衡陷阱理论，当人口增长率超过人均收入的增长率且人均收入的边际投资倾向很低时，经济容易陷入低水平均衡陷阱。

其中，p 表示因变量（高质量就业）的第 p 分位点。

将 HQE_{ict} 到特定 q 值的距离定义为：

$$d_p(HQE_{ict}, q) = \begin{cases} (1-p) \mid HQE_{ict} - q \mid, HQE_{ict} < q \\ p \mid HQE_{ict} - q \mid, HQE_{ict} \geqslant q \end{cases} \tag{5.8}$$

在进行回归估计时，将第 p 分位数回归估计量 $\gamma_0^{(p)}$ 和 $A^{(p)}$ 定义为最小化拟合值 $HQE_{ict}^* = \gamma_0^{(p)*} + A^{(p)*} X_{ictk}$ 与值 HQE_{ict} 之间的加权距离总和的数值。即第 p 分位数回归估计量 $\gamma_0^{(p)*}$ 和 $A^{(p)*}$ 使得式（5.8）达到最小值：

$$\sum_{i=1}^{n} d_p(HQE_{ict}^*, HQE_{ict}) = p \sum_{HQE_{ict} > \gamma_0^{(p)} + A^{(p)} X_{ictk}} \mid HQE_{ict} - \gamma_0^{(p)} - A^{(p)} X_{ictk} \mid$$
$$+ (1-p) \sum_{HQE_{ict} < \gamma_0^{(p)} + A^{(p)} X_{ictk}} \mid HQE_{ict} - \gamma_0^{(p)}$$
$$- A^{(p)} X_{ictk} \mid \tag{5.9}$$

本部分进一步采用分位数回归模型研究总体社会资本和异质性社会资本对农业转移人口高质量就业的分位数影响。

5.5.2　实证结果分析

5.5.2.1　总体社会资本影响农业转移人口高质量就业的分位数回归结果分析

首先，研究总体社会资本对农业转移人口高质量就业的影响。表 5-4 展示了总体社会资本与农业转移人口高质量就业的分位数回归结果。第（1）~ 第（3）列的因变量为农业转移人口的高质量就业指数。各列的核心自变量为总体社会资本，为二分类变量。第（1）列展示农业转移人口高质量就业指数的 1/4 分位点回归结果，第（2）列展示农业转移人口高质量就业指数的 1/2 分位点回归结果，第（3）列展示农业转移人口高质量就业指数的 3/4 分位点回归结果。各列均控制了农业转移人口的个体特征、家庭特征、城市特征和城市固定效应。

表 5 – 4　　　　　总体社会资本影响农业转移人口高质量就业的分位数回归结果

变量	1/4 分位点	1/2 分位点	3/4 分位点
	（1）	（2）	（3）
社会资本	0. 199 ***	0. 148 ***	0. 203 ***
	（0. 021）	（0. 013）	（0. 014）
个体特征	控制	控制	控制
家庭特征	控制	控制	控制
城市特征	控制	控制	控制
城市固定效应	控制	控制	控制
观测值	95868		
R-squared	0. 005	0. 089	0. 139

资料来源：CMDS 2017 年调查数据和城市统计数据。标准误聚集在城市层面并展示在括号中。*** 代表 1% 的统计学显著性水平。

在高质量就业指数的中低分位上，总体社会资本是造成农业转移人口高质量就业差异的主要原因。第（1）列中总体社会资本的系数为 0.199，且在 1% 的水平上显著，说明总体社会资本使得农业转移人口高质量就业指数增加了 0.199。在高质量就业指数的中位数回归上，总体社会资本是造成农业转移人口高质量就业的主要原因。第（2）列中总体社会资本的系数为 0.148，且在 1% 的水平上显著。说明总体社会资本使得农业转移人口高质量就业增加了 0.148。在高质量就业指数的中高分位点上，总体社会资本也是造成农业转移人口高质量就业差异的主要原因。第（3）列中总体社会资本的系数为 0.203，且在 1% 的水平上显著，说明总体社会资本使得农业转移人口高质量就业增加了 0.203。

对比各分位数的结果，可以得到如下结论：（1）在高质量就业的各分位数上，总体社会资本均显著提高了农业转移人口高质量就业。（2）总体社会资本的回归系数先降后升（从 0.199 降低到 0.148，随后增加到 0.203），说明增加总体社会资本对于较低质量就业和较高质量就业者的影响都比较大，而对中间阶层的影响较小。

5.5.2.2　原始整合型社会资本、原始跨越型社会资本和新型跨越型社会资本对农业转移人口高质量就业的实证结果

研究三种社会资本对农业转移人口高质量就业的影响的分位数回归结

果。表 5 - 5 展示了社会资本与农业转移人口高质量就业的分位数回归结果。第（1）~第（3）列的因变量为农业转移人口的高质量就业指数。各列的核心自变量为原始整合型社会资本、原始跨越型社会资本和新型跨越型社会资本，均为二分类变量。第（1）列展示农业转移人口高质量就业指数的 1/4 分位点回归结果，第（2）列展示农业转移人口高质量就业指数的 1/2 分位点回归结果，第（3）列展示农业转移人口高质量就业指数的 3/4 分位点回归结果。各列均控制了农业转移人口个体的个体特征、家庭特征、城市特征和城市固定效应。

表 5 - 5　　　三种社会资本影响农业转移人口高质量就业的分位数回归结果

变量	1/4 分位点	1/2 分位点	3/4 分位点
	高质量就业	高质量就业	高质量就业
	（1）	（2）	（3）
原始整合型社会资本	0.035 ***	0.005	0.009
	(0.007)	(0.007)	(0.017)
原始跨越型社会资本	0.108 ***	0.113 ***	0.149 ***
	(0.024)	(0.025)	(0.040)
新型跨越型社会资本	0.079 ***	0.062 ***	0.089 ***
	(0.011)	(0.008)	(0.013)
个体特征	控制	控制	控制
家庭特征	控制	控制	控制
城市特征	控制	控制	控制
城市固定效应	控制	控制	控制
观测值	95868		
R-squared	0.003	0.088	0.138

资料来源：CMDS 2017 年调查数据和城市统计数据。标准误聚集在城市层面并展示在括号中。*** 代表 1% 的统计学显著性水平。

在高质量就业指数的中低分位上，原始整合型社会资本、原始跨越型社会资本和新型跨越型社会资本是造成农业转移人口高质量就业差异的主要原因。第（1）列中原始整合型社会资本的系数为 0.035，且在 1% 的水平上显著，说明原始整合型社会资本使得农业转移人口高质量就业增加了 0.035。原始跨越型社会资本的系数为 0.108，且在 1% 的水平上显著，说明原始跨越型社会资本使得农业转移人口高质量就业增加了 0.108。新型跨越型社会资本的系数为 0.079，且在 1% 的水平上显著，说明新型跨越型社会资本使得农业转移人口高质量就业增加了 0.079。

在高质量就业指数的中位数回归上，原始跨越型社会资本和新型跨越型社会资本是促进农业转移人口高质量就业的主要原因。第（2）列中原始整合型社会资本的系数为 0.005，但不显著。原始跨越型社会资本的系数为 0.113，且在 1% 的水平上显著，说明原始跨越型社会资本使得农业转移人口高质量就业增加了 0.113。新型跨越型社会资本的系数为 0.062，且在 1% 的水平上显著，说明新型跨越型社会资本使得农业转移人口高质量就业增加了 0.062。

在高质量就业指数的中高分位点上，原始跨越型社会资本和新型跨越型社会资本是造成农业转移人口高质量就业差异的主要原因。第（3）列中原始整合型社会资本的系数为 0.009，但不显著。原始跨越型社会资本的系数为 0.149，且在 1% 的水平上显著，说明原始跨越型社会资本使得农业转移人口高质量就业增加了 0.149。新型跨越型社会资本的系数为 0.089，且在 1% 的水平上显著，说明新型跨越型社会资本使得农业转移人口高质量就业增加了 0.089。

对比各分位数的结果，可以得到如下结论：（1）在中分位点和中高分位点上，原始整合型社会资本的高质量就业效应不显著。（2）原始跨越型社会资本的高质量就业效应随着就业质量的提升而持续增大。随着分位数从 1/4 分位点增加到 1/2 分位点，直到 3/4 分位点，原始跨越型社会资本的回归系数从 0.108 增加到 0.113 直到 0.149，说明原始跨越型社会资本的最大受益者是较高质量就业的农业转移人口阶层。（3）新型跨越型社会资本的回归系数先降后升（从 0.079 降低到 0.062，随后增加到 0.089），说明增加新型跨越型社会资本对于较低质量就业和较高质量就业者的影响都比较大，而对中间阶层的影响较小。

原始跨越型社会资本的高质量就业效应持续高于新型跨越型社会资本的高质量就业效应。新型跨越型社会资本的信任基础从私人信任转变为一般信任，处于农村关系网络和城市关系网络的节点，对农业转移人口就业有持续稳定的影响。此外，原始跨越型社会资本估计系数的尺度①高于新型跨越型社会资本，说明原始跨越型社会资本能够增大高质量就业的分配差异。

5.6　生产率增强型社会资本和成本降低型社会资本的比较

根据第 2 章社会资本与农业转移人口高质量就业的理论模型预测结果，如果一种社会资本为生产率增强型社会资本，它将提高农业转移人口的高质量就业的概率，并且提高农业转移人口的高质量就业绩效；如果另一种社会资本为成本降低型社会资本，它将提高农业转移人口的高质量就业的概率，但不会提高农业转移人口的高质量就业绩效。本部分将根据原始整合型社会资本、原始跨越型社会资本和新型跨越型社会资本对农业转移人口的高质量就业选择和高质量就业绩效的回归结果，对三种社会资本进行分类。

（1）原始整合型社会资本是成本降低型社会资本。从原始整合型社会资本对农业转移人口高质量就业选择的回归结果看，原始整合型社会资本提高了农业转移人口高质量就业的概率，原始整合型社会资本使得农业转移人口选择高质量就业的概率提高了 0.7%，且在 5% 的水平上显著（见表 5-2）。从原始整合型社会资本对农业转移人口的高质量就业绩效的回归结果看，原始整合型社会资本没有提高农业转移人口的高质量就业水平，原始整合型社会资本使得农业转移人口的高质量就业绩效降低 0.003，但不显著（见表 5-3）。从原始整合型社会资本对农业转移人口高质量就业指数的分位数回归结果看，原始整合型社会资本对中低分位的高质量就业指数有显著影响，而对中等和中高分位点的高质量就业指数没有显著影

---

① 尺度衡量选定 p 值下分布的离散程度，根据分位差尺度测量法（quantile - based scale measure，QSC），尺度的计算公式为：$\forall p \in (0, 0.5)$，$QSC(p) = Q(1-p) - Q(p)$。

响（见表5-4）。

结合理论模型预测，本书认为原始整合型社会资本是一种成本降低型社会资本，它只能降低农业转移人口就业的搜寻成本，但不能提高农业转移人口的生产率。

（2）原始跨越型社会资本是生产率增强型社会资本。从原始跨越型社会资本对农业转移人口高质量就业选择的回归结果看，原始跨越型社会资本提高了农业转移人口高质量就业的概率，原始跨越型社会资本使得农业转移人口选择高质量就业的概率提高了1.5%，且在1%的水平上显著（见表5-2）。从原始跨越型社会资本对农业转移人口高质量就业绩效的回归结果看，原始跨越型社会资本显著提高了农业转移人口的高质量就业水平，原始跨越型社会资本使得农业转移人口的高质量就业指数显著增加0.048（见表5-3）。从原始跨越型社会资本对农业转移人口高质量就业指数的分位数回归结果看，原始跨越型社会资本对中低分位、中分位和中高分位农业转移人口的高质量就业指数均有显著影响，而且原始跨越型社会资本的高质量就业效应随着高质量就业指数分位数的增加而持续增大（见表5-4）。随着分位数从1/4分位点增加到1/2分位点直到3/4分位点，原始跨越型社会资本的回归系数从0.108增加到0.113直到0.149，说明原始跨越型社会资本的最大的受益者是较高质量就业的农业转移人口阶层。

结合理论模型预测，本章认为原始跨越型社会资本是一种生产率增强型社会资本，它能够提高农业转移人口的生产率，促进农业转移人口到现代部门工作进而实现高质量就业。

（3）新型跨越型社会资本是生产率增强型社会资本。从新型跨越型社会资本对农业转移人口高质量就业选择的回归结果看，新型跨越型社会资本提高了农业转移人口高质量就业的概率，新型跨越型社会资本使得农业转移人口选择高质量就业的概率提高了1.7%，且在1%的统计学水平下显著（见表5-2）。从新型跨越型社会资本对农业转移人口高质量就业绩效的回归结果看，新型跨越型社会资本显著提高了农业转移人口的高质量就业水平，新型跨越型社会资本使得农业转移人口的高质量就业指数显著增加0.054（见表5-3）。从新型跨越型社会资本对农业转移人口高质量就业指数的分位数回归结果看，随着高质量就业指数的分位点的增大，新型跨越型社会资本的回归系数先降后升（从 0.079 降低到 0.062，随后增加到 0.089）（见表 5 - 4），说明新型跨越型社会资本对高质量就业的条件分布的两端的影响大于对中间部分的影响。

结合理论模型预测，本章认为新型跨越型社会资本是一种生产率增强型社会资本，它能够提高农业转移人口的生产率，促进农业转移人口到现代部门工作进而实现高质量就业。

5.7　稳健性检验

前面研究了总体社会资本和异质性社会资本对农业转移人口高质量就业的影响，首先，考虑到社会资本包含的范畴较广，因而可能会与农业转移人口的高质量就业之间存在互为因果的问题，本章采用农业转移人口籍贯地宗族文化浓厚度作为农业转移人口社会资本的工具变量。其次，考虑到农业转移人口可能在异质性社会资本中存在选择性问题，本章采用倾向性得分匹配（propensity score matching，PSM）检验样本选择性问题。再次，由于 CMDS 采用 PPS 抽样法获得样本，为了检验样本是否存在非随机抽样问题，采用个人权数标准化的加权回归法进行稳健性检验。最后，原始整合型社会资本、原始跨越型社会资本和新型跨越型社会资本之间可能存在共线性问题，本章检验了三种社会资本的共线性问题。

5.7.1　互为因果检验

在研究社会资本对农业转移人口高质量就业的影响时，可能会存在内生性问题。内生性问题表现在：一是农业转移人口的不可观测能力可能与高质量就业有关而带来遗漏变量问题，二是就业质量高的农业转移人口可能有较高的社会资本，这难免会带来社会资本与高质量就业的互为因果问题。当内生性问题比较严重时，可能使得估计的社会资本与农业转移人口高质量就业之间存在偏差。本章采用农业转移人口户籍地宗族文化浓厚度作为其社会资本的工具变量。

户籍地宗族文化浓厚度与农业转移人口的利他主义和合作意识显著相关。宗族文化浓厚度高的地方，人们有更高的利他主义并更愿意合作，更愿意与他人建立联系，个体的社会资本可能越高（Foltz et al. , 2020；Miquel et al. , 2015；左翔等，2017）。如福尔茨等（Foltz et al. , 2020）发现，宗族文化通过促进宗族网络群体的"传帮带"进而促进农业转移人口之间的合作和互帮互助。此外，农业转移人口家乡地的宗族文化浓厚度对农业转移人口在城市劳动力市场绩效的影响较小，能够满足排他性假设。参考现有文献（Zhang, 2019；潘越等，2019；潘越等，2019；王丹利等，2020），以人口密度标准化的农业转移人口户籍地家谱数量作为宗族文化浓厚度的代理变量。宗族文化浓厚度的计算公式见式（5.1）。

5.7.1.1　两阶段最小二乘回归模型的构建

在检验社会资本影响农业转移人口高质量就业的内生性问题时，采用基于工具变量的两阶段最小二乘法（2SLS）展开内生性检验。第一阶段为宗族文化浓厚度对农业转移人口社会资本的影响。以农业转移人口在城市的社会资本作为因变量，以农业转移人口户籍地宗族文化浓厚度作为工具变量，控制变量包括农业转移人口的年龄、年龄的平方、民族、受教育水平、性别、婚姻状况，以及农业转移人口户籍地固定效应。第一阶段回归方程展示如下：

$$SC_{ict} = \alpha_0 + \alpha_1 \, CC_{v(t-1)} + \alpha_2 X_{ict} + \alpha_3 M_{c(t-1)} + \sigma_v + \varepsilon_{it} \qquad (5.10)$$

其中，i, v, c 和 t 分别表示农业转移人口、农业转移人口家乡城市、迁入城市和年份，SC_{ict} 衡量农业转移人口在迁入城市的社会资本水平。$CC_{v(t-1)}$ 衡量农业转移人口户籍地宗族文化浓厚度，采用以人口密度标准化的农业转移人口户籍地家谱数量作为其代理变量，为了消除宗族文化浓厚度与社会资本同期而带来的内生性问题，采用滞后一期的宗族文化浓厚度作为工具变量。X_{it} 表征影响农业转移人口社会资本的一系列变量，如性别、年龄、年龄的平方、受教育情况、民族、婚姻状况、迁入时间和迁移范围。$M_{c(t-1)}$ 表征影响农业转移人口高质量就业绩效的城市特征变量，如迁入城市的人口密度和人均 *GDP* 水平，采用滞后一期的城市特征变量加入回归中。σ_p 为农业转移人口户籍地固定效应，ε_{it} 为误差项。

社会资本影响农业转移人口高质量就业的两阶段最小二乘回归模型的第二阶段回归方程展示如下：

$$HQE_{ict} = \rho_0 + \rho_1 \widehat{SC}_{ict} + \rho_2 X_{it} + \rho_3 M_{c(t-1)} + \delta_v + \mu_{it} \qquad (5.11)$$

其中，i, v, p 和 t 分别表示农业转移人口、农业转移人口家乡城市、迁入城市和年份，HQE_{ict} 衡量农业转移人口的高质量就业水平，是一个连续变量。$\widehat{SC}_{ict}$ 衡量农业转移人口在城市的社会资本水平，是经过第一阶段式（5.10）得到的社会资本的预测值。X_{it} 表征影响农业转移人口高质量就业的一系列特征变量，如性别、年龄、年龄的平方、受教育情况、民族、婚姻状况、迁入时间和迁移范围。$M_{c(t-1)}$ 表征影响农业转移人口高质量就业绩效的城市特征变量，如迁入城市的人口密度和人均 GDP，采用滞后一期的城市特征变量加入回归中。σ_p 为农业转移人口户籍地固定效应，ε_{it} 为误差项。

5.7.1.2　社会资本影响农业转移人口高质量就业的内生性检验结果

表5-6汇报了社会资本对农业转移人口高质量就业的影响的内生性检验结果。第（1）、第（2）列、第（3）和第（4）列分别采用工具变量两阶段最小二乘法进行估计，第（1）列和第（3）列汇报第一阶段的回归结果，也即方程（5.10）的实证结果；因变量均为农业转移人口的社会资本水平，核心自变量为农业转移人口户籍地宗族文化浓厚度，控制变量为农业转移人口个体特征、迁入地固定效应、户籍地固定效应和时间固定效应。第（2）列和第（4）列汇报第二阶段的回归结果（也称为结构式的回归结果），也即方程（5.11）的实证结果；因变量均为农业转移人口的高质量就业水平，核心自变量为第（1）列和第（3）列的回归得到的社会资本的预测值，控制变量包括农业转移人口的个体特征、家庭特征、城市特征，以及农业转移人口户籍地固定效应、迁入地固定效应和时间固定效应。

表5－6　　　　　　　　　社会资本与农业转移人口高质量就业的
工具变量回归结果

变量	第一阶段	第二阶段	第一阶段	第二阶段
	社会资本	高质量就业	社会资本	高质量就业
	（1）	（2）	（3）	（4）
社会资本		1.747 ** （0.707）		1.703 * （0.877）
宗族文化浓厚度	0.016 *** （0.004）		0.013 *** （0.003）	
个体特征	控制	控制	控制	控制
家庭特征	不控制	不控制	控制	控制
城市特征	不控制	不控制	控制	控制
迁入地固定效应	控制	控制	控制	控制
户籍地固定效应	控制	控制	控制	控制
时间固定效应	控制	控制	控制	控制
观测值	196951	196951	179092	179092
R-squared		－ 0.126		－ 0.087
第一阶段 F 统计量	19.143	12.188		

注：括号中的数据为标准误。 ***、 **、 * 分别为1%、5%和10%统计学显著性水平。

宗族文化浓厚度显著提高了农业转移人口在城市的社会资本水平。第（1）列宗族文化浓厚度的系数为 0.016，且在 1% 的水平上显著。结果显示农业转移人口户籍地宗族文化浓厚度提高 1%，农业转移人口在迁入地城市获得社会资本的概率提高 1.6%。在控制农业转移人口个体特征和家庭特征后，第（3）列宗族文化浓厚度的系数为 0.013，且在 1% 的水平上显著。结果显示农业转移人口户籍地宗族文化浓厚度提高 1%，农业转移人口在迁入城市获得社会资本的概率提高 1.3%。说明宗族文化浓厚度满足工具变量的相关性原则，即工具变量与农业转移人口在迁入城市的社会资本相关。此外，第（1）列和第（3）列的工具变量估计法的第一阶段 F 统计量分别是 19.143 和 12.188，宗族文化浓厚度变量拒绝了工具变量的弱相关假设，说明宗族文化浓厚度是农业转移人口社会资本的合适的工具变量。

在控制农业转移人口的家庭特征和迁入城市特征后，第（2）列社会资本的回归系数为 1.747，且在 5% 的水平上显著，说明社会资本使得农业转移人口的高质量就业指数显著增加 1.747。第（4）列农业转移人口的社会资本的系数为 1.703，且在 1% 的水平上显著，说明社会资本使得农业转移人口的高质量就业指数显著增加 1.703。该结果与表 5 - 3 的回归结果一致，但系数偏大，表明原估计结果低估了社会资本的高质量就业效应。此外，大部分控制变量的回归系数的显著性与表 5 - 3 的回归结果一致，但估计系数略有变大，说明基准回归结果与工具变量估计结果一致，基准回归结果稳健。

5.7.2　样本选择性检验

异质性社会资本与农业转移人口高质量就业之间可能存在自选择问题。例如，以新型跨越型社会资本为主的农业转移人口更倾向于有更高的就业质量，这可能会导致新型跨越型社会资本对农业转移人口高质量就业的影响偏大。因此，我们运用 PSM 方法检验异质性社会资本与农业转移人口高质量就业之间的内生性问题。

5.7.2.1　PSM 模型的构建

原始整合型社会资本、原始跨越型社会资本和新型跨越型社会资本对农业转移人口高质量就业的影响，可以视为有该类社会资本与没有该类社会资本的农业转移人口的潜在高质量就业绩效之差。假如处理变量，也即有异质性社会资本的农业转移人口，为 NSC_{ict}。令 Δy_{ict}^1 表征给定时期内农业转移人口 i 在该类社会资本中的观测结果，而 Δy_{ict}^0 表征给定时期内农业转移人口 i 在反事实对照组的潜在结果，则平均预期处理效应可以表示为：

$$E[(\Delta y_{ict}^1 - \Delta y_{ict}^0) | NSC_{ict} = 1, X] = E(\Delta y_{ict}^1 | NSC_{ict} = 1, X)$$
$$- E(\Delta y_{ict}^0 | NSC_{ict} = 1, X) \quad (5.12)$$

由于农业转移人口的反事实对照组的潜在结果无法直接观察到，因此本章采用随机分配的方法从没有该类社会资本的农业转移人口样本中获得对照组。然而，可能会存在样本选择问题，因为农业转移人口建立社会资本选择通常是非随机的，而是在比较不同潜在社会资本后的结果（Alvarez-Cuadrado et al.，2011）。当有社会资本与没有社会资本的农业转移人口之间可能存在系统差异时，PSM 可能更好地缓解自选择偏差（Perreira et al.，2019；Van Hook et al.，2015）。

采用 PSM 获得可观测特征的匹配对照组。在构建对照组时，方程（5.12）变为 $E(\Delta y_{ict}^1 | NSC_{ict} = 1, X) - E(\Delta y_{ict}^0 | NSC_{ict} = 0, X)$，其中 X 表示一些可观测的个体、家庭和城市层面特征变量。在实证分析中采用以下 Logit 回归来估计农业转移人口的社会资本选择模型：

$$Prob(NSC_{ict} = 1) = G(city\ vars_{ic(t-1)}, individual\ vars_{ict}, household\ vars_{ict})$$

$$(5.13)$$

其中，NSC_{ict} 表征农业转移人口 i 是否拥有原始整合型社会资本、原始跨越型社会资本和新型跨越型社会资本中的一种；协变量为个体层面前定变量包括年龄、性别、婚姻状况、民族、受教育水平、迁入时间和迁移范围，家庭层面变量包括家庭人口规模和家庭月收入水平；以及滞后一期的城市层面特征变量，如城市人口密度和人均 GDP。此外，我们还控制了迁入城市的固定效应和迁入时间的固定效应。

在通过 PSM 技术获得反事实对照组（或匹配对照组）后，采用线性回归模型来识别社会资本的影响。社会资本对农业转移人口高质量就业的实证分析可以由下面模型表征：

$$HQE_{ict} = \gamma_0 + \gamma_{1k} MSC_{ictk} + \gamma_2 X_{ict} + \gamma_3 M_{c(t-1)} + \theta_c + \omega_{ict} \qquad (5.14)$$

其中，i, c, t, k 分别表示农业转移人口、迁入城市、年份和社会资本类型。HQE_{ict} 表征农业转移人口的高质量就业水平，是一个连续变量。MSC_{ictk} 度量经过 PSM 处理的社会资本变量。X_{it} 表征影响农业转移人口高质量就业绩效的一系列变量，如性别、年龄、年龄的平方、受教育情况、婚姻状况、民族、迁入时间、迁移范围、家庭人口规模、家庭人均收入。$M_{c(t-1)}$ 表征影响农业转移人口高质量就业绩效的城市特征变量，如迁入城市的人口密度和人均 GDP 水平，采用滞后一期的数据加入回归模型中。θ_c 为迁入城市固定效应，ω_{ict} 为误差项。

本章关注的参数是 γ_{1k}，它衡量了异质性社会资本对农业转移人口高质量就业的影响，该系数反映了异质性社会资本带来的农业转移人口高质量就业的差异。

5.7.2.2　农业转移人口社会资本的 PSM 模型分析

参考付等（Fu et al.，2020）的 PSM 分析思路，我们首先估计异质性社会资本的倾向性得分，也即，农业转移人口拥有异质性社会资本的概率。采用式（5.13）中的 logit 回归估计农业转移人口的社会资本选择模型。因变量为农业转移人口是否拥有异质性社会资本，若农业转移人口拥有异质性社会资本取值为 1，若农业转移人口没有异质性社会资本取值为 0。自变量为农业转移人口的个体特征、家庭特征、城市特征和迁入城市固定效应、时间固定效应。

图 5－3 展示了农业转移人口异质性社会资本选择模型的回归结果。结果显示，男性、已婚、初中及以上学历、迁入时间越长、市内跨县迁移、家庭月收入越高的农业转移人口更可能有异质性社会资本，城市人均 GDP 越高，农业转移人口越可能有异质性社会资本。而家庭规模越大、城市人口密度越高，越不利于农业转移人口建立异质性社会资本。更高学历的农业转移人口倾向于有异质性社会资本，这表现为自选择问题。因此，本部分将采用 PSM 模型解决农业转移人口样本的自选择问题。

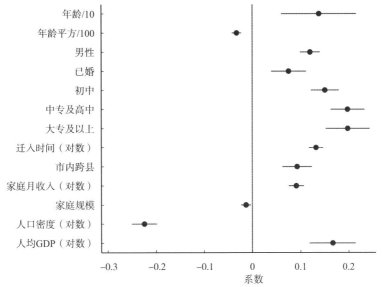

图 5－3　农业转移人口异质性社会资本选择模型的回归结果

注：①数据主要来源于 CMDS 数据库和历年《中国城市统计年鉴》；②因变量为农业转移人口是否拥有异质性社会资本（1 = 是，0 = 否）；③此图展示的回归系数处于 95% 置信区间内。

其次，使用估计的倾向性得分来匹配处理组和控制组。本章采用不重复的 1∶1 匹配方法来实现近邻匹配基于倾向得分匹配（propensity score matching，PSM）和马氏距离匹配（mahalanobis distance matching，MDM）算法。也就是说，我们从非异质性社会资本的农业转移人口中只选择一个农业转移人口作为处理组的匹配个体，匹配方法采用倾向性得分值最相似和马氏距离法。为满足共同区间条件（common support condition，CSC），我们删掉了处理组中倾向性得分大于（小于）潜在控制组倾向性得分最大值（最小值）的农业转移人口观测值。

为了检验匹配是否较好地平衡了处理组和对照组，我们比较了匹配前后处理组和对照组的平衡性检验结果。表 5 - 7 显示了样本的平衡性检验。结果显示匹配后处理组和对照组在协变量上没有明显差异，所有匹配后样本的协变量标准化偏差低于 10%，表明 PMS 能够有效排除选择偏差。

表 5 - 7　　　　　　　　PSM 前后协变量的平衡性检验结果

协变量	样本	均值		偏差（%）	偏差下降幅度（%）	T 检验	
		处理组	对照组			T 统计值	$p > |t|$
年龄/10	未匹配	3.512	3.639	-12.9	92.3	-26.32	0.00
	匹配	3.512	3.502	1.0		2.67	0.01
年龄平方/100	未匹配	13.230	14.270	-13.9	94.1	-28.54	0.002
	匹配	13.230	13.170	0.8		2.25	0.0
男性	未匹配	0.527	0.497	5.9	94.0	11.82	0.00
	匹配	0.527	0.528	-0.4		-0.92	0.36
已婚	未匹配	0.819	0.816	0.8	-38.3	1.68	0.09
	匹配	0.819	0.815	1.2		3.02	0.00
初中	未匹配	0.549	0.517	6.5	94.1	12.95	0.00
	匹配	0.549	0.547	0.4		0.99	0.32
中专及高中	未匹配	0.206	0.195	2.8	97.7	5.54	0.00
	匹配	0.206	0.206	0.1		0.17	0.87
大专及以上	未匹配	0.080	0.087	-2.8	77.7	-5.57	0.00
	匹配	0.080	0.082	-0.6		-1.63	0.10
流入时间（对数）	未匹配	1.663	1.666	-0.5	38.3	-0.92	0.36
	匹配	1.663	1.660	0.3		0.74	0.46
市内跨县	未匹配	0.196	0.160	9.2	96.3	18.20	0.00
	匹配	0.196	0.197	-0.3		-0.85	0.40

续表

协变量	样本	均值		偏差（%）	偏差下降幅度（%）	T 检验	
		处理组	对照组			T 统计值	$p > \lvert t \rvert$
家庭月收入（对数）	未匹配	8.395	8.459	-8.5	77.6	-17.26	0.00
	匹配	8.395	8.381	1.9		5.15	0.00
家庭规模	未匹配	2.918	2.997	-6.5	91.2	-12.97	0.00
	匹配	2.918	2.911	0.6		1.49	0.14
城市人口密度（对数）	未匹配	6.060	6.167	-11.6	94.1	-23.27	0.00
	匹配	6.060	6.066	-0.7		-1.78	0.08
城市人均 GDP（对数）	未匹配	1.900	2.022	-26.0	99.6	-51.69	0.00
	匹配	1.900	1.899	0.1		0.30	0.77

注：①数据主要来源于 CMDS 数据库和历年《中国城市统计年鉴》；②因变量为农业转移人口是否拥有异质性社会资本（1 = 是，0 = 否）；③为节省空间，表中没有报告迁入城市固定效应和时间固定效应的平衡性检验结果，资料备索。

图 5-4 展示了处理组和未匹配对照组的倾向性得分的核密度分布，图 5-5 展示了处理组和匹配对照组的倾向性得分的核密度分布。对比两个图发现在实施 PSM 后，处理组和匹配控制组的倾向性得分的密度分布相似。这表明在实施 PSM 后，处理组和匹配控制组的分布无明显差异。也即经过 PSM 的处理组和对照组样本符合随机分布的特征。

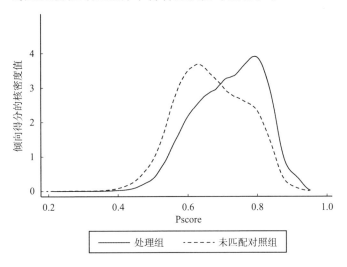

图 5-4　匹配前处理组和未匹配对照组的倾向性得分的核密度分布

注：因变量为农业转移人口是否拥有异质性社会资本（1 = 是，0 = 否）。

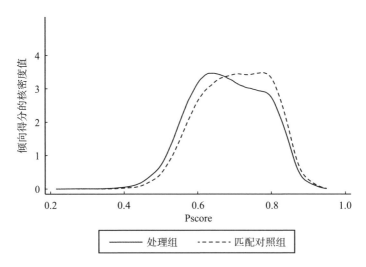

图 5 - 5   匹配后处理组和匹配对照组的倾向性得分的核密度分布

注：因变量为农业转移人口是否拥有异质性社会资本（1 = 是，0 = 否）。

5.7.2.3   基于 PSM 的社会资本影响农业转移人口高质量就业的回归结果

在采用 PSM 得到有异质性社会资本的处理组和没有异质性社会资本的匹配控制组样本后，我们进一步采用线性概率模型估计异质性社会资本对农业转移人口高质量就业的影响，也即对方程（5.14）进行实证检验。

采用线性概率模型进行估计，结果见表 5 - 8 的第（1）列和第（2）列。第（1）列和第（2）列的因变量为农业转移人口的高质量就业指数，自变量为经过 PSM 技术得到的匹配的社会资本变量。第（1）列控制了农业转移人口个体的性别、年龄、年龄的平方、民族、婚姻状况、受教育水平、迁入时间、迁移范围和迁入城市固定效应；第（2）列在第（1）列的基础上增加控制家庭人口规模、家庭月收入、城市人口密度和城市人均 GDP。

表 5 - 8   基于 PSM 的社会资本影响农业转移人口高质量就业的回归结果

变量	高质量就业指数	
	（1）	（2）
匹配的社会资本	0.034*** （0.009）	0.028*** （0.008）
个体特征	控制	控制

续表

变量	高质量就业指数	
	（1）	（2）
家庭特征		控制
城市特征		控制
城市固定效应	控制	控制
时间固定效应	控制	控制
观测值	192788	192788
R-squared	0.188	0.205
因变量均值	1.339	1.339

注：标准误聚集在城市层面并展示在括号中。*** 代表 1% 的显著性水平。

社会资本显著促进了农业转移人口高质量就业。第（1）列中社会资本的回归系数为 0.034，且在 1% 水平上显著，说明社会资本使得农业转移人口的高质量就业指数提高了 0.034。在增加控制农业转移人口的家庭特征和城市特征后，第（2）列中社会资本的回归系数为 0.028，且在 1% 水平上显著，说明社会资本使得农业转移人口的高质量就业指数提高了 0.028。该回归结果的显著性与表 5 – 3 的回归的显著性一致，说明原估计结果是稳健的。

5.7.3　加权回归

尽管 CMDS 调查样本通过分层、多阶段、与规模成比例的 PPS 抽样方法得到，使得样本具有良好的代表性，本章仍通过样本加权回归来检验结果的稳健性。根据 PPS 抽样的标准化权数对样本数据进行加权。表 5 – 9 汇报了社会资本影响农业转移人口高质量就业的加权回归结果。第（1）~ 第（4）列的因变量是农业转移人口的高质量就业指数，第（1）列和第（2）列的核心自变量为农业转移人口的总体社会资本，第（3）列和第（4）列的核心自变量为原始整合型社会资本、原始跨越型社会资本和新型跨越型社会资本。第（1）列和第（3）控制农业转移人口的个体特征、迁入城市固定效应和时间固定效应，第（2）列和第（4）列增加控制了农业转移人口的家庭特征和迁入城市特征变量。

表5-9　　　社会资本影响农业转移人口高质量就业的样本加权回归结果

自变量	高质量就业指数			
	(1)	(2)	(3)	(4)
社会资本	0.120 *** (0.022)	0.130 *** (0.016)		
原始整合型社会资本			0.022 (0.017)	0.023 (0.018)
原始跨越型社会资本			0.077 *** (0.014)	0.080 *** (0.015)
新型跨越型社会资本			0.076 *** (0.011)	0.073 *** (0.012)
个体特征	控制	控制	控制	控制
家庭特征	不控制	控制	不控制	控制
城市特征	不控制	控制	不控制	控制
城市固定效应	控制	控制	控制	控制
时间固定效应	控制	控制	控制	控制
观测值	213459	192797	213459	192797
R-squared	0.164	0.186	0.163	0.184
因变量均值	1.173	1.199	1.173	1.199

注：标准误聚集在城市层面并展示在括号中。*** 代表1%的统计学显著性水平。

社会资本显著促进了农业转移人口高质量就业。第（1）列中社会资本的系数为0.120，且在1%的水平上显著。结果显示，有社会资本的农业转移人口的高质量就业指数比没有社会资本的农业转移人口的高质量就业指数高0.120。在控制农业转移人口的家庭特征和城市特征后，第（2）列中社会资本的系数为0.130，且在1%的水平上显著。结果显示，有社会资本的农业转移人口的高质量就业指数比没有社会资本的农业转移人口的高质量就业指数高0.130。

原始跨越型社会资本和新型跨越型社会资本显著促进了农业转移人口高质量就业，但原始整合型社会资本对农业转移人口的高质量就业没有显著影响。第（3）列显示，原始整合型社会资本的系数为0.022，但水平上不显著；原始跨越型社会资本的系数为0.077，且在1%的水平上显著；新型跨越型社会资本的系数为0.076，且在1%的水平上显著。第（4）列显示，原始整合型社会资本的系数为 0.023，但不显著；原始跨越型社会资本的系数为 0.080，且在 1% 的水平上显著；新型跨越型社会资本的系数为 0.073，且在 1% 的水平上显著。该结果与表 5 - 3 的回归结果一致。此外，大部分控制变量的回归系数的显著性与表 5 - 3 的回归结果一致，说明原回归结果稳健，使用的样本满足随机抽样的条件。

5.7.4　共线性检验

本章有三种异质性社会资本：原始整合型社会资本、新型跨越型社会资本和原始跨越型社会资本。如果三种社会资本之间存在强相关关系，那么可能会导致异质性社会资本的回归系数的符号和大小有偏，进而降低了回归系数的解释力。为了检验三种社会资本是否存在严重的共线性问题，本部分展开相关性检验。

表 5 - 10 展示了原始整合型社会资本、原始跨越型社会资本和新型跨越型社会资本的相关性检验结果。研究发现，原始整合型社会资本、原始跨越型社会资本和新型跨越型社会资本之间没有严重的共线性问题。首先，原始整合型社会资本、原始跨越型社会资本和新型跨越型社会资本的相关系数均小于 0.6，说明这三个社会资本之间没有显著的相关性问题。其次，原始整合型社会资本、原始跨越型社会资本和新型跨越型社会资本的 VIF 值均小于 5，进一步说明这三个社会资本之间没有显著的共线性问题。由此可知，本章中使用的三种社会资本不存在强相关性问题，因此本章的估计结果是稳健的。

表 5 - 10　　　　　原始整合型社会资本、原始跨越型社会资本
和新型跨越型社会资本的相关性检验结果

变量	原始跨越型社会资本	原始整合型社会资本	新型跨越型社会资本	VIF
	(1)	(2)	(3)	(4)
原始跨越型社会资本	1.000			1.24
原始整合型社会资本	- 0.243	1.000		1.42
新型跨越型社会资本	- 0.229	- 0.418	1.000	1.41
VIF 平均值				1.36

5.8　本章小结

　　本章基于流动人口动态监测调查（CMDS）数据、家谱数据和城市统计数据，研究了社会资本对农业转移人口高质量就业的影响，以及原始整合型社会资本、原始跨越型社会资本和新型跨越型社会资本对农业转移人口高质量就业的影响。首先，采用线性回归模型研究了社会资本以及原始整合型社会资本、原始跨越型社会资本和新型跨越型社会资本对农业转移人口高质量就业选择的影响。其次，研究了社会资本及原始整合型社会资本、原始跨越型社会资本和新型跨越型社会资本对农业转移人口高质量就业绩效的影响。再次，基于分位数回归模型，研究了总体社会资本及原始整合型社会资本、原始跨越型社会资本和新型跨越型社会资本对农业转移人口的中低分位点、中分位点和中高分位点的高质量就业指数的影响。最后，采用两阶段最小二乘法、PSM、加权回归法和相关性检验等方法进行稳健性检验。

　　社会资本对农业转移人口的高质量就业选择的回归结果发现，社会资本显著促进了农业转移人口选择高质量就业。社会资本使得农业转移人口选择高质量就业的概率增加了 4.3%。社会资本对农业转移人口的高质量就业绩效的回归结果发现，社会资本显著提高了农业转移人口的高质量就业绩效。有社会资本的农业转移人口的高质量就业指数比没有社会资本的农业转移人口的高质量就业指数显著高 0.126。结果表明农业转移人口在城市的社会资本有积极的高质量就业效应。因此，为了促进农业转移人口高质量就业，应通过社区建设和基础公共设施建设加强农业转移人口的社会资本积累，进而促进农业转移人口有序市民化。

　　从异质性社会资本对农业转移人口高质量就业选择的回归结果发现，原始整合型社会资本、原始跨越型社会资本和新型跨越型社会资本均显著促进了农业转移人口高质量就业的概率。从异质性社会资本对农业转移人口高质量就业选择的回归结果发现，原始整合型社会资本没有显著提高农业转移人口的高质量就业绩效，原始跨越型社会资本和新型跨越型社会资本显著提高了农业转移人口的高质量就业水平。此外，新型跨越型社会资本的高质量就业效应最高，其次是原始跨越型社会资本的高质量就业效应。

从异质性社会资本对农业转移人口高质量就业指数的分位数回归结果看，原始整合型社会资本对中低分位的高质量就业指数有显著影响，而对中分位点和中高分位点的高质量就业指数没有显著影响。原始跨越型社会资本的高质量就业效应随着高质量就业指数分位数的增加而持续增大。随着高质量就业指数的分位点的增大，新型跨越型社会资本的回归系数先降后升，新型跨越型社会资本对高质量就业指数的条件分布的两端的影响大于对中间部分的影响。

结合社会资本影响农业转移人口高质量就业的理论预测，本章发现原始整合型社会资本是一种成本降低型社会资本，它能够促进农业转移人口到现代部门就业，但不能提高农业转移人口的生产率。原始跨越型社会资本和新型跨越型社会资本是生产率提高型社会资本，它们能够提高农业转移人口的生产率，促进农业转移人口到现代部门工作进而增加高质量就业绩效。

本章实证研究了社会资本对农业转移人口高质量就业的影响，与现有研究相比，其主要优势如下：（1）与现有研究主要关注社会资本对农业转移人口的就业质量的研究不同，本章研究了社会资本对农业转移人口高质量就业选择和高质量就业绩效的影响，有助于了解新时代社会资本在促进农业转移人口高质量就业方面的作用，并为从社会资本的角度促进农业转移人口高质量就业提供经验借鉴。（2）实证检验了原始整合型社会资本、原始跨越型社会资本和新型跨越型社会资本的高质量就业效应的差异，进而将三种社会资本进行分类，原始整合型社会资本是成本降低型社会资本，原始跨越型社会资本和新型跨越型社会资本是生产率增强型社会资本，相关研究结论丰富了异质性社会资本的研究，并为促进农业转移人口的社会资本积累和高质量就业提供经验启示。（3）采用多种稳健性检验方法，检验社会资本影响农业转移人口高质量就业的回归结果的稳健性。如以农业转移人口户籍地宗族文化浓厚度作为社会资本的工具变量，以检验社会资本与农业转移人口高质量就业之间的异质性问题；采用 PSM 技术检验农业转移人口可能在异质性社会资本方面的选择性问题；采用加权回归法检验 CMDS 调查数据的样本代表性；采用相关系数和 VIF 值检验原始整合型社会资本、原始跨越型社会资本和新型跨越型社会资本的共线性问题，丰富了社会资本的劳动力是市场效应的稳健性检验。

第6章

社会资本影响农业转移人口高质量就业的机制检验

　　第 5 章研究了社会资本对农业转移人口的高质量就业选择和就业绩效的影响，发现原始整合型社会资本促进了农业转移人口选择高质量就业，但没有提高农业转移人口的高质量就业绩效，原始跨越型社会资本和新型跨越型社会资本则促进农业转移人口高质量就业选择和高质量就业绩效。那么，三种社会资本通过何种机制影响农业转移人口的高质量就业？相关研究依然有限。社会资本影响农业转移人口高质量就业的机理分析显示，社会资本可能通过人力资本促进机制、工作搜寻与就业匹配机制和市民身份认同机制来影响农业转移人口高质量就业。本章将检验原始整合型社会资本、原始跨越型社会资本和新型跨越型社会资本影响农业转移人口高质量就业的机制。

6.1　变量选取与测度

　　为了更全面地检验社会资本影响农业转移人口高质量就业的机制，

本部分采用了 CMDS 2011 年和 2017 年调查数据和相关城市统计年鉴展开研究。CMDS 为本书系统检验社会资本影响农业转移人口高质量就业的机制提供了丰富的项目，其中，CMDS 2011 年询问了农业转移人口接受政府、单位或专门机构组织的工作技能培训情况、业余时间利用方式等项目，并询问了农业转移人口通过何种方式找工作以及当前工作的起始时间，有助于系统地研究社会资本影响农业转移人口高质量就业的工作搜寻和匹配机制。CMDS 数据也询问了农业转移人口的社会认同和社会融合相关问题，有助于检验社会资本影响农业转移人口高质量就业的市民身份认同机制。

6.1.1　核心自变量的选取与测度

本章的核心自变量为农业转移人口的原始整合型社会资本、原始跨越型社会资本和新型跨越型社会资本。结合现有研究和 CMDS 调查问卷，本章根据农业转移人口业余时间在迁入城市来往频率最高的群体来度量农业转移人口的异质性社会资本。CMDS 的个体问卷中，被调查者对"您业余时间在本地和谁来往最多"进行回答，该选项排除了顾客群体，本章将回答"户籍人口同乡"或"同乡（户口迁至本地）"的观测值设置为原始跨越型社会资本；将回答"流入人口同乡"或"同乡（户口仍在老家）"的观测值设置为原始整合型社会资本；将回答"其他本地人"的观测值设置为新型跨越型社会资本。

6.1.2　因变量的选取与测度

本章的因变量为农业转移人口的高质量就业指数。结合经典理论和相关研究，本章构建了高质量就业指标体系，包括薪酬福利、就业能力、劳动关系和社会保障四个维度的 9 个指标。农业转移人口的高质量就业指标体系的选取原则和测度方法见本书的 4.3 部分。

6.1.3　机制变量的选取与测度

6.1.3.1　人力资本促进机制变量

采用 2 个指标衡量人力资本促进机制：业余时间学习、接受技能培训。业余时间学习是一个度量农业转移人口在业余时间是否学习的二分类变量。CMDS 2011 年调查问卷中，被调查者对"您休闲的时候主要干什么"进行回答，并要求被调查者根据参与的频繁程度由多到少依次选择 3 项。本章将至少有一项回答"读书/看报/学习"的农业转移人口的业余时间学习观测值设置为 1，回答其他选项设置为 0。

接受技能培训是一个度量农业转移人口是否接受政府、单位或社会组织的技能培训的二分类变量。CMDS 2011 年调查问卷中，被调查者对"您有没有接受过政府、单位或专门机构组织的工作技能培训"进行回答，本章将回答"接受过"的农业转移人口的接受技能培训观测值设置为 1，回答其他选项设置为 0。

6.1.3.2　工作搜寻和就业匹配机制变量

社会资本的劳动力市场信息传递和农业转移人口职业技能信号传递功能在农业转移人口的就业过程中起到重要作用（Chen et al.，2018；Ioannides et al.，2004；Loury，2006）。本章从网络搜寻效应和良好匹配效应两个方面检验社会资本影响农业转移人口高质量就业的工作搜寻和就业匹配机制。

（1）网络搜寻效应，以农业转移人口是否通过网络搜寻渠道获得工作来度量。CMDS 2011 年调查问卷中，被调查者对"您现在的工作是通过何种途径找到的"进行回答，本章将选择"本地朋友""家人或亲戚""同学或同乡"的农业转移人口网络搜寻渠道观测值设置为 1，将选择"政府相关部门""社会中介""互联网""传媒广告""自己找到""企业招聘会"的农业转移人口网络搜寻渠道观测值设置为 0。网络搜寻渠道的平均值为 0.467，标准差为 0.499，说明 46.7% 农业转移人口通过网络渠道找到工作。

（2）良好匹配效应。本章采用农业转移人口高质量就业的工作任期来度量良好匹配效果。CMDS 2011 年和 2017 年调查问卷中，被调查者对"您何时开始从事现在工作"进行回答，本章以调查执行时间与工作开始时间的差值度量工作任期。同时，为了准确度量良好匹配效应，本章只采用高质量就业的农业转移人口样本展开检验。农业转移人口在当前工作中的工作任期（工作持续时间）的平均值为 4.226，说明农业转移人口在当前一份工作中的就业持续时间为 4.226 年。

6.1.3.3　市民身份认同机制变量

劳动者的社会认同会影响他们的职业选择和人力资本配置，进而影响经济结构和发展（戴亦一等，2016；Akerlof et al.，2000；Cassan et al.，2021）。结合现有相关文献对社会认同的度量指标（吴玉锋等，2019），本章采用以下两个指标度量农业转移人口的市民身份认同变量：基于自我身份认知的市民身份认同度和基于情感归属的本地人接受度。

（1）市民身份认同度，采用农业转移人口对自己是迁入城市本地人的认同度来度量。CMDS 2011 年和 2017 年调查问卷中对流动人口进行调查，被调查者对"我很愿意融入本地人当中，成为其中一员"进行回答，将农业转移人口回答的选项按照"完全不同意"到"完全同意"分别赋值 1~4。

（2）本地人接受度，采用农业转移人口对自己是否被迁入城市本地人接受来度量。CMDS 2011 年和 2017 年调查问卷中对流动人口进行调查，被调查者对"我觉得本地人愿意接受我成为其中一员"进行回答，本章将农业转移人口回答的选项按照"完全不同意"到"完全同意"分别赋值 1~4。

6.1.4　控制变量的选取与测度

本章的控制变量包括农业转移人口的个体特征、家庭特征、迁入城市特征、迁入城市固定效应和时间固定效应。个体特征主要包括样本的性别、年龄、婚姻状况、民族、人力资本、迁入时间、迁移范围等变量。对于受教育程度变量，问卷中该条目的原始回答有 7 类（未上过学、小学、初中、高中或中专、大学专科、大学本科、研究生），出于研究方便，本章合并了占比太小的分类，将受教育程度设置为包含"小学及以下""初中""中专及高中""大专及以上"学历的四分类变量。对于迁入时间变量，个体问卷中，被调查者对"本地流动时间"进行回答，本章采用调查时间与流动时间的差值度量迁入时间。对于迁移范围变量，个体问卷中，被调查者对"本次流动范围"进行回答，在"跨省""省内跨市""市内跨县"中进行选择，本章根据被调查者对三个选项的回答设置相应的三个迁移范围变量。

（1）家庭特征。①家庭人口规模，指农业转移人口的配偶、子女以及在本户同住的其他成员的数量。②家庭月收入，采用农业转移人口家庭在过去一年平均每月总收入表示。考虑到调查中常常存在低报或高报工资的情况，参考现有研究（Fu et al.，2020），本章将农业转移人口的家庭月收入进行1%缩尾处理。为了降低家庭月收入的异方差波动带来的偏差，在文章分析中对农业转移人口的家庭月收入采用对数形式。

（2）城市特征和固定效应。①迁入城市人均 GDP，本章控制城市人均 GDP，以降低目的地城市经济因素对农业转移人口就业可能带来的影响。②迁入城市人口密度。迁入城市人均 GDP 和人口密度数据均采用滞后一期数据，以降低同时性带来的内生性问题。③城市固定效应。本章控制农业转移人口迁入城市固定效应，以消除迁入地城市差异带来的影响。此外，本章也控制了时间固定效应，以消除时间变化带来的影响。

6.2　描述性统计分析

表6-1展示了本章使用的变量的描述性统计分析结果。就农业转移人口的异质性社会资本指标看，有11.7%的农业转移人口以原始跨越型社会资本为主，有30.7%的农业转移人口以原始整合型社会资本为主，有28.3%的新型跨越型社会资本为主。农业转移人口高质量就业指数的平均值为1.319，说明农业转移人口的高质量就业水平偏低。

表6－1 社会资本影响农业转移人口高质量就业的

机制检验的描述性统计分析

变量	样本量	均值	标准差	最小值	最大值	定义
原始跨越型社会资本	216653	0.117	0.322	0	1	与城市户口同乡来往最多（1＝是，0＝否）
原始整合型社会资本	216653	0.307	0.461	0	1	与农村户口同乡来往最多（1＝是，0＝否）
新型跨越型社会资本	216653	0.283	0.451	0	1	与城市本地人来往最多（1＝是，0＝否）
高质量就业指数	216654	1.319	0.958	0	6	高质量就业指数
接受技能培训	84452	0.268	0.443	0	1	参加工作技能培训（1＝是，0＝否）
业余时间学习	96979	0.140	0.347	0	1	业务时间学习（1＝是，0＝否）
网络搜寻渠道	81090	0.467	0.499	0	1	通过网络渠道找到工作（1＝是，0＝否）
工作任期	80962	4.226	4.433	0	41	当前工作持续时间（年）
市民身份认同度	119675	0.757	0.429	0	1	对自己是城市人的认同度（1＝低，4＝高）
本地人接受度	119675	0.925	0.263	0	1	对被本地人接受的认同度（1＝低，4＝高）
男性	216654	0.522	0.500	0	1	1＝男，0＝女
汉族	216654	0.914	0.280	0	1	1＝汉族，0＝少数民族
已婚	216654	0.817	0.387	0	1	已婚（1＝是，0＝否）
初中	216654	0.531	0.499	0	1	最高学历为初中学历（1＝是，0＝否）
中专及高中	216654	0.196	0.397	0	1	最高学历为高中或中专（1＝是，0＝否）
大专及以上	216654	0.077	0.267	0	1	最高学历为大专及以上（1＝是，0＝否）
年龄/10	215052	3.563	0.974	1.600	6.500	年龄/10
迁入时间	216654	6.141	5.524	0	26	迁入本地的时间（年）

续表

变量	样本量	均值	标准差	最小值	最大值	定义
省内跨市	216579	0.316	0.465	0	1	迁移范围为省内跨市(1 = 是)
市内跨县	216579	0.180	0.384	0	1	迁移范围为市内跨县(1 = 是)
家庭人口规模	216654	2.946	1.225	1	10	同住家庭成员数量
家庭月收入（对数）	216585	1.728	0.526	0	5.303	家庭在本地的月总收入
城市人口密度（对数）	194670	6.088	0.927	1.665	7.841	滞后一期城市人口密度（对数）
城市人均 GDP（对数）	194283	1.936	0.477	0.426	3.116	滞后一期城市人均 GDP（对数）

资料来源：农业转移人口个体及家庭数据来源于 CMDS 2011 年和 2017 年调查数据，城市层面统计数据主要来源于《中国城市统计年鉴》。

在机制变量中，业余时间学习的平均值为 0.14，说明 14% 农业转移人口在休闲时候选择读书、看报或学习。接受技能培训的平均值为 0.268，说明 26.8% 农业转移人口接受过政府、单位或专门机构组织的工作技能培训。网络搜寻渠道的平均值为 0.467，说明 46.7% 农业转移人口通过非正式搜寻渠道找到工作。工作任期的平均值为 4.226，说明农业转移人口工作的平均持续时间为 4.226 年。市民身份认同度的平均值为 0.757，说明 75.7% 农业转移人口认为自己是城市人。本地人接受度的平均值为 0.925，说明 92.5% 农业转移人口认为自己被本地人接受。

此外，在本章的样本中，52.2% 的被调查者为男性，91.4% 的被调查者的民族为汉族，平均年龄为 35 岁。在受教育水平方面，53.1% 的被调查者为初中学历，有 19.6% 的被调查者为中专及高中学历，7.7% 的被调查者为大专及以上学历。有 81.7% 的农业转移人口处于在婚状态。家庭人口规模为 2.946，说明农业转移人口同住家庭成员数量为 3 人左右。家庭月收入的对数的平均值为 1.728，说明农业转移人口家庭在本地的月收入的平均值为 5629 元。城市人口密度的对数的平均值为 6.088，说明迁入城市的平均人口密度为 440.54 人/平方千米。城市人均 GDP 的对数的平均值为 1.936，说明迁入城市的人均 GDP 为 6.93 万元。

6.3　人力资本促进机制检验

6.3.1　模型设定

首先，探究原始整合型社会资本、原始跨越型社会资本和新型跨越型社会资本影响农业转移人口高质量就业的人力资本促进机制，设定以下回归方程：

$$HCI_{ictm} = \alpha_{0m} + \alpha_{1km}SC_{ictk} + \alpha_{2m}X_{ict} + \alpha_{3m}M_{c(t-1)} + \sigma_{cm} + \varepsilon_{ictm} \quad (6.1)$$

其中，i, c, t, k, m 分别表示农业转移人口、迁入城市、年份、社会资本类型和人力资本促进机制变量。$HCI_{ictm} = \{LesiureStudy_{ict}, Skilltrain_{ict}\}$，$LesiureStudy_{ict}$ 度量农业转移人口业余时间学习情况二分类变量，$Skilltrain_{ict}$ 度量农业转移人口接受技能培训二分类变量。SC_{ictk} 度量异质性社会资本，$SC_{ictk} = \{Ructm_{ict}, Urctm_{ict}, Urnat_{ict}\}$，$Ructm_{ict}$ 度量农业转移人口的原始整合型社会资本，$Urctm_{ict}$ 度量农业转移人口的原始跨越型社会资本，$Urnat_{ict}$ 度量农业转移人口的新型跨越型社会资本。X_{it} 表征影响农业转移人口人力资本投资的一系列变量，如性别、年龄、年龄的平方、受教育情况、婚姻状况、民族、迁入时间、迁移范围、家庭人口规模、家庭人均收入。$M_{c(t-1)}$ 表征影响农业转移人口人力资本投资的城市特征变量，如滞后一期的迁入城市的人口密度和人均 GPD 水平。σ_{cm} 为迁入地固定效应，ε_{ictm} 为误差项。

本章关注的参数是 α_{1km}，它分别衡量了原始整合型社会资本、原始跨越型社会资本和新型跨越型社会资本对农业转移人口业余时间学习的影响，原始整合型社会资本、原始跨越型社会资本和新型跨越型社会资本对农业转移人口接受技能培训的影响，因此它是一个 3×2 的向量。

6.3.2　实证结果分析

理论分析指出，社会资本可能通过人力资本促进机制影响农业转移人口的高质量就业水平。本部分从社会资本对农业转移人口业余时间学习的影响和社会资本对农业转移人口接受技能培训的影响两个方面检验三种社会资本的人力资本促进机制。业余时间学习和接受技能培训均是具体的人力资本投资方式，通过这些方式可以增强农业转移人口的知识和技能，进而提高农业转移人口的人力资本水平。

表 6 - 2 汇报了异质性社会资本影响农业转移人口高质量就业的人力资本促进机制检验。第（1）列和第（2）列的因变量为农业转移人口业余时间学习的二分类变量，第（3）列和第（4）列的因变量为农业转移人口接受技能培训的二分类变量。第（1）和第（3）列控制农业转移人口的个体特征、迁入城市固定效应和时间固定效应，第（2）和第（4）列增加控制农业转移人口的家庭特征和迁入城市特征。

表 6 - 2　　　　　　社会资本影响农业转移人口高质量就业的
人力资本促进机制检验结果

自变量	业余时间学习		接受技能培训	
	（1）	（2）	（3）	（4）
原始整合型社会资本	- 0.020 *** （0.004）	- 0.018 *** （0.004）	0.005 （0.006）	0.001 （0.006）
原始跨越型社会资本	- 0.009 ** （0.004）	- 0.008 ** （0.004）	0.016 ** （0.008）	0.011 （0.008）
新型跨越型社会资本	0.012 *** （0.004）	0.012 *** （0.004）	0.036 *** （0.006）	0.037 *** （0.006）
个体特征	控制	控制	控制	控制
家庭特征		控制		控制
城市特征		控制		控制
城市固定效应	控制	控制	控制	控制
时间固定效应	控制	控制	控制	控制
观测值	96904	85630	84420	74645
R-squared	0.059	0.057	0.093	0.088

注：标准误聚集在城市层面并展示在括号中。*** ，** 代表 1% 、5% 的统计学显著性水平。

新型跨越型社会资本增加了农业转移人口业余时间学习的概率，而原始整合型社会资本和原始跨越型社会资本降低了农业转移人口业余时间学习的概率。第（2）列中原始整合型社会资本的回归系数为 -0.018，且在1%的水平上显著，说明原始整合型社会资本使得农业转移人口业余时间学习的概率下降了1.8%。原始跨越型社会资本的回归系数为 -0.008，且在5%的水平上显著，说明原始跨越型社会资本使得农业转移人口业余时间学习的概率下降了0.8%。新型跨越型社会资本的回归系数为0.012，且在1%的水平上显著，说明新型跨越型社会资本使得农业转移人口业余时间学习的概率增加了1.2%。新型跨越型社会资本增加了农业转移人口的人力资本投资，而原始跨越型社会资本和原始整合型社会资本没有增加农业转移人口的人力资本投资。该结果与弱连带优势（strength of weak ties）理论一致，即弱连接的异质性社会资本能够促进社会影响和信息扩散，具有较强的凝聚力（Granovetter，1973）。

新型跨越型社会资本增加了农业转移人口接受技能培训的概率，而原始整合型社会资本和原始跨越型社会资本则对农业转移人口接受技能培训的概率无显著影响。在控制农业转移人口的个体特征和家庭特征，以及迁入城市特征和迁入城市固定效应后，第（4）列中原始整合型社会资本的回归系数为0.001，原始跨越型社会资本的回归系数为0.011，但均不显著。新型跨越型社会资本的回归系数为0.037，且在1%水平上显著，说明新型跨越型社会资本使得农业转移人口接受技能培训的概率增加了3.7%。新型跨越型社会资本增加了农业转移人口的人力资本投资，说明异质性社会资本能够产生更强的蔓延效应、社会影响效应和社会扩散效应。

6.4　工作搜寻与就业匹配机制检验

本节检验社会资本影响农业转移人口高质量就业的工作搜寻和就业匹配机制，基于工作搜寻匹配理论，从网络搜寻渠道效应和良好匹配效应两方面检验社会资本在就业信息和信号传递方面的作用。

6.4.1　模型设定

6.4.1.1　社会资本的网络搜寻渠道模型构建

采用非正式搜寻度量农业转移人口的网络搜寻渠道。样本中农业转移人口工作任期的平均值为 4.23 年，中位数为 4.43 年，也即有一半的样本当前一份工作的就业时间超过 4 年。为此，此处将研究样本限制在工作持续时间不超过一年的农业转移人口群体中，以避免内生性问题带来的估计偏误。因此，对于社会资本的网络搜寻渠道效应，设定以下回归方程：

$$Y(SNS_{ict} \mid JT_{ict} \leqslant 1) = \beta_0 + \beta_{1k} SC_{ictk} + \beta_2 X_{ict} + \beta_3 M_{c(t-1)} + \vartheta_c + \omega_{ict} \quad (6.2)$$

其中，i, c, t, k 分别表示农业转移人口、迁入城市、年份和社会资本类型。SNS_{ict} 表征农业转移人口的网络搜寻渠道，当农业转移人口通过网络渠道获得工作时取值为 1，通过市场渠道获得工作时取值为 0。JT_{ict} 度量农业转移人口的工作任期（工作持续时间）。SC_{ictk} 度量三类社会资本，$SC_{ictk} = \{Ructm_{ict}, Urctm_{ict}, Urnat_{ict}\}$，$Ructm_{ict}$ 度量农业转移人口的原始整合型社会资本，$Urctm_{ict}$ 度量农业转移人口的原始跨越型社会资本，$Urnat_{ict}$ 度量农业转移人口的新型跨越型社会资本。X_{it} 表征影响农业转移人口网络搜寻渠道的一系列变量，如性别、年龄、年龄的平方、受教育情况、婚姻状况、民族、迁入时间、迁移范围、家庭人口规模、家庭人均收入、迁入时间、迁移范围。$M_{c(t-1)}$ 表征影响农业转移人口选择网络搜寻的城市特征变量，如迁入城市的人口密度和人均 GDP 水平，并采用滞后一期的数据，以消除城市特征与农业转移人口选择网络搜寻渠道的同时性而带来的问题。ϑ_c 为迁入城市固定效应，ω_{ict} 为误差项。

6.4.1.2　社会资本的良好匹配模型构建

工作匹配理论认为，工作初始阶段雇主对雇员的技能和生产率缺乏清晰的判断，雇主对雇员的生产率的判断将随着雇员工作时间的增加和完成的工作内容的积累而越发清晰准确，那么，当雇员与企业的匹配质量比较高时，雇员在该企业的工作任期将增加（Jovanovic, 1979）。因此，通过接触更多信息（通过公司内部的熟人）获得的工作比通过招聘广告或私人中介获得的工作的初始工资更高、任期更长（Loury，2006；Simon et al.，1992；梁若冰，2015）。采用高质量就业的农业转移人口的工作任期（job tenure，此处也指工作持续时间）度量良好匹配效应，主要是基于以下考虑：工作任期只能反映就业的持续时间，无法反映农业转移人口的就业质量，如果农业转移人口通过社会网络获得非正规部门的工作，那么较长的工作任期仍无法较好地反映社会资本的良好匹配效应。因此，为了清晰地识别异质性社会资本的良好匹配效应，我们将研究样本限制到高质量就业的农业转移人口样本。因此，对于社会资本的良好匹配效应，设定以下回归方程：

$$Y(BM_{ict}|HQE_{ict} \geqslant 1) = \gamma_0 + \gamma_{1k}SC_{ictk} + \gamma_2 X_{ict} + \gamma_3 M_{c(t-1)} + \vartheta_c + \omega_{ict} \quad (6.3)$$

其中，i,c,t,k 分别表示农业转移人口、迁入城市、年份和社会资本类型。BM_{ict} 表征农业转移人口的良好匹配效应，采用工作任期表示。HQE_{ict} 度量农业转移人口的高质量就业水平，$HQE_{ict} \geqslant 1$ 表示农业转移人口处于较高的高质量就业状态。SC_{ictk} 度量三类社会资本，$SC_{ictk} = \{Ructm_{ict}$，$Urctm_{ict}$，$Urnat_{ict}\}$，$Ructm_{ict}$ 度量农业转移人口的原始整合型社会资本，$Urctm_{ict}$ 度量农业转移人口的原始跨越型社会资本，$Urnat_{ict}$ 度量农业转移人口的新型跨越型社会资本。X_{it} 表征影响农业转移人口工作任期的一系列变量，如性别、年龄、年龄的平方、受教育情况、婚姻状况、民族、迁入时间、迁移范围、家庭人口规模、家庭人均收入。$M_{c(t-1)}$ 表征影响农业转移人口工作任期的城市特征变量，如迁入城市人口密度和人均 GDP 水平，并采用滞后一期的数据纳入回归方程中。ϑ_c 为迁入地固定效应，ω_{ict} 为误差项。

6.4.2　工作搜寻效应结果分析

检验三种社会资本影响农业转移人口高质量就业的网络搜寻效应。社会资本通过分享招聘信息、推荐工作岗位、将潜在劳动者推荐给企业等方式促进农业转移人口就业。本章采用网络搜寻渠道检验网络搜寻效应。表 6-3 汇报了异质性社会资本影响农业转移人口高质量就业的工作搜寻与就业匹配机制检验。第（1）列和第（2）列的因变量为网络搜寻渠道的二分类变量。第（1）列控制农业转移人口的个体特征、迁入城市固定效应和时间固定效应，第（2）列增加控制农业转移人口的家庭特征和迁入城市特征。

表 6 - 3　　　社会资本影响农业转移人口高质量就业的工作搜寻
与就业匹配机制检验结果

变量	网络搜寻渠道		工作任期	
	（1）	（2）	（3）	（4）
原始整合型社会资本	0.078 *** (0.010)	0.071 *** (0.010)	0.022 (0.054)	- 0.005 (0.055)
原始跨越型社会资本	0.059 *** (0.012)	0.058 *** (0.013)	0.189 *** (0.068)	0.149 ** (0.068)
新型跨越型社会资本	- 0.001 (0.011)	- 0.002 (0.011)	0.116 * (0.059)	0.120 ** (0.060)
个体特征	控制	控制	控制	控制
家庭特征	不控制	控制	不控制	控制
城市特征	不控制	控制	不控制	控制
城市固定效应	控制	控制	控制	控制
时间固定效应	控制	控制	控制	控制
观测值	26228	23821	35371	32321
R-squared	0.064	0.060	0.408	0.399

注：标准误聚集在城市层面并展示在括号中。*** ，** ，* 分别代表1%、5%和10%的统计学显著性水平。

原始整合型社会资本和原始跨越型社会资本增加了农业转移人口选择网络搜寻渠道的概率，而新型跨越型社会资本降低了农业转移人口选择网络搜寻渠道的概率。在控制农业转移人口的个体特征和家庭特征，以及迁入城市特征和迁入城市固定效应后，第（2）列中原始整合型社会资本的回归系数为0.071，且在1%水平上显著，说明原始整合型社会资本使得农业转移人口选择网络搜寻渠道的概率增加了7.1%。原始跨越型社会资本的回归系数为0.058，且在1%水平上显著，说明原始跨越型社会资本使得农业转移人口选择网络搜寻渠道的概率增加了5.8%。新型跨越型社会资本的回归系数为-0.002，但不显著，说明新型跨越型社会资本没有提高农业转移人口选择网络搜寻渠道的概率。可能的原因是，由于农业转移人口非农就业需要从农村迁往城市，其工作搜寻过程常常发生在迁移之前或刚迁移到城市，此时农业转移人口尚未与城市本地人建立良好的社会资本，故城市本地人对农业转移人口的工作搜寻的影响有限。

6.4.3　良好匹配效应结果分析

进一步检验异质性社会资本影响农业转移人口高质量就业的信息机制：良好匹配效应。良好匹配效应考察社会资本在促进农业转移人口的技能与职业匹配方面的作用，社会资本降低了技能劳动力和企业之间的信息不对称，增加了技能劳动力的保留工资和可接受的工资。此外，工作匹配理论认为随着劳动者工作年限的增加，他的生产率变得更加准确，当工人—雇主匹配质量高时，劳动者的工作年限将增加（Jovanovic，1979）。因此，通过接触更多信息（通过公司内部的熟人）获得的工作比通过招聘广告或私人中介获得的工作的初始工资更高、任期更长（Simon et al.，1992）。为此，本章采用高质量就业的工作任期来检验良好匹配效应。

表6－3汇报了异质性社会资本影响农业转移人口高质量就业的良好匹配机制。第（3）列和第（4）列的因变量为农业转移人口的工作任期。第（3）列中控制农业转移人口的个体特征、迁入城市固定效应和时间固定效应，第（4）列中增加控制农业转移人口的家庭特征和迁入城市特征。

原始跨越型社会资本和新型跨越型社会资本增加了农业转移人口的工作任期，而原始整合型社会资本降低了农业转移人口的工作任期。在控制农业转移人口的个体特征和家庭特征，以及迁入地城市特征和迁入地城市固定效应后，第（4）列中原始整合型社会资本的回归系数为－0.005，但不显著，说明原始整合型社会资本没有提高农业转移人口的工作任期。原始跨越型社会资本的回归系数为0.149，且在5%水平上显著，说明原始跨越型社会资本使得农业转移人口的工作任期增加了0.149。新型跨越型社会资本的回归系数为0.120，且在5%水平上显著，说明新型跨越型社会资本使得农业转移人口的工作任期增加了0.120。原始跨越型社会资本和以新型跨越型社会资本能够增强农业转移人口的人力资本和职业的匹配质量，持续增强农业转移人口的生产率和增加工作任期，进而提高农业转移人口的高质量就业水平。

6.5　市民身份认同机制检验

6.5.1　模型设定

探究社会资本影响农业转移人口高质量就业的市民身份认同机制，设定以下回归方程：

$$SI_{ictn} = \rho_{0n} + \rho_{1kn}SC_{ictk} + \rho_{2n}X_{ict} + \rho_{3n}M_{c(t-1)} + \tau_{cm} + \pi_{ictm} \quad (6.4)$$

其中，i,c,t,k,n 分别表示农业转移人口、迁入城市、年份、社会资本类型和社会认同机制变量。$SI_{ictn} = \{Native_{ict}, Nataccep_{ict}\}$，$Native_{ict}$ 度量农业转移人口对自己是城市本地人的认同度，$Nataccep_{ict}$ 度量本地人对农业转移人口的接受度。SC_{ictk} 度量异质性社会资本，$SC_{ictk} = \{Ructm_{ict}, Urctm_{ict}, Urnat_{ict}\}$，$Ructm_{ict}$ 度量原始整合型社会资本，$Urctm_{ict}$ 度量原始跨越型社会资本，$Urnat_{ict}$ 度量新型跨越型社会资本。X_{it} 表征影响农业转移人口市民身份认同的一系列变量，如性别、年龄、年龄的平方、受教育情况、婚姻状况、民族、迁入时间、迁移范围、家庭人口规模、家庭人均收入。$M_{c(t-1)}$ 表征影响农业转移人口市民身份认同的城市特征变量，如迁入城市的人口密度和人均 GPD，为了消除内生性影响，采用滞后一期的城市特征变量加入回归中。τ_{cm} 为迁入城市固定效应，π_{ictm} 为误差项。

本章关注的参数是 ρ_{1kn}，它衡量了农业转移人口的三种社会资本（原始整合型社会资本、原始跨越型社会资本和新型跨越型社会资本）对农业转移人口的各项市民身份认同变量（市民身份认同度、本地人接受度）的影响，因此它是一个 3×2 的矩阵。

6.5.2　实证结果分析

表6-4展示了原始整合型社会资本、原始跨越型社会资本和新型跨越

型社会资本影响农业转移人口高质量就业的市民身份认同机制检验结果。第（1）列和第（2）列的因变量为市民身份认同度，第（3）列和第（4）列的因变量是本地人对农业转移人口的接受度。第（1）列和第（3）列控制农业转移人口的个体特征、迁入城市固定效应和时间固定效应；第（2）列和第（4）列增加控制农业转移人口的家庭特征和迁入城市特征。

表6-4　　　　　社会资本影响农业转移人口高质量就业的
市民身份认同机制回归结果

变量	市民身份认同度		本地人接受度	
	（1）	（2）	（3）	（4）
原始整合型社会资本	-0.003 (0.005)	-0.001 (0.006)	0.005* (0.003)	0.005* (0.003)
原始跨越型社会资本	0.060*** (0.008)	0.064*** (0.008)	0.021*** (0.005)	0.022*** (0.005)
新型跨越型社会资本	0.089*** (0.005)	0.093*** (0.005)	0.033*** (0.003)	0.034*** (0.003)
个体特征	控制	控制	控制	控制
家庭特征	不控制	控制	不控制	控制
城市特征	不控制	控制	不控制	控制
城市固定效应	控制	控制	控制	控制
时间固定效应	控制	控制	控制	控制
观测值	116555	107167	116555	107167
R-squared	0.113	0.112	0.037	0.038

注：标准误聚集在城市层面并展示在括号中。***，*分别代表1%和10%的显著性水平。

原始跨越型社会资本和新型跨越型社会资本增加了农业转移人口的市民身份认同度，而原始整合型社会资本没有增加农业转移人口的市民身份认同度。第（2）列中原始整合型社会资本的系数为-0.001，但不显著，说明原始整合型社会资本对农业转移人口的市民身份认同度影响并不明显。原始跨越型社会资本的系数为0.064，且在1%的水平上显著，说明原始跨越型社会资本使得农业转移人口的市民身份认同度增加了0.064。新型跨越型社会资本的系数为0.093，且在1%的水平上显著，说明新型跨越型社会资本使得农业转移人口的市民身份认同度增加了0.093。

原始整合型社会资本、原始跨越型社会资本和新型跨越型社会资本增加了本地人的接受度。第（4）列中原始整合型社会资本的系数为 0.005，且在 10% 的水平上显著，说明原始整合型社会资本增加了农业转移人口的本地人接受度。原始跨越型社会资本的系数为 0.022，且在 1% 的水平上显著，说明原始跨越型社会资本使得农业转移人口的本地人接受度增加了 0.022。新型跨越型社会资本的系数为 0.034，且在 1% 的水平上显著，说明新型跨越型社会资本使得农业转移人口的本地人接受度增加了 0.034。

6.6　本章小结

前面研究发现社会资本促进了农业转移人口高质量就业，其中原始跨越型社会资本和新型跨越型社会资本显著提高了农业转移人口的高质量就业绩效，而原始整合型社会资本的高质量就业效应不显著。然而，关于社会资本如何影响农业转移人口高质量就业，相关研究依然有限。本章基于 CMDS 2011 年和 2017 年的调查数据和城市统计数据，检验了社会资本影响农业转移人口高质量就业的机制。首先，检验了社会资本影响农业转移人口高质量就业的人力资本促进机制；其次，检验了社会资本影响农业转移人口高质量就业的工作搜寻与就业匹配机制；最后，检验了社会资本影响农业转移人口高质量就业的市民身份认同机制。

在社会资本影响农业转移人口高质量就业的人力资本促进机制检验部分，本章研究了社会资本对农业转移人口业余时间学习和接受技能培训的概率的影响。研究发现：新型跨越型社会资本通过人力资本促进机制促进了农业转移人口高质量就业，而原始整合型社会资本和原始跨越型社会资本降低了农业转移人口业余时间学习的概率。

在社会资本影响农业转移人口高质量就业的工作搜寻和就业匹配机制检验部分，本章研究了社会资本对农业转移人口网络搜寻渠道和工作任期的影响。研究发现：原始整合型社会资本和原始跨越型社会资本对农业转移人口高质量就业具有网络搜寻效应，而新型跨越型社会资本对农业转移人口高质量就业的网络搜寻效应不显著。此外，原始跨越型社会资本和新型跨越型社会资本对农业转移人口高质量就业有良好匹配效应，说明原始跨越型社会资本和新型跨越型社会资本具有良好的劳动力市场信号传递效应。

在社会资本影响农业转移人口高质量就业的市民身份认同机制检验部分，本章研究了社会资本对农业转移人口的市民身份认同和本地人接受度的影响。研究发现：原始跨越型社会资本和新型跨越型社会资本均通过市民身份认同机制提高了农业转移人口的高质量就业水平，但原始整合型社会资本的市民身份认同机制不显著。

本章关于社会资本影响农业转移人口高质量就业的机制检验结果，有助于深入了解社会资本影响农业转移人口高质量就业的机制，深化了社会资本影响农业转移人口高质量就业的研究。与同类研究相比，本部分的研究贡献和研究意义体现在以下三个方面。

（1）挖掘社会资本影响农业转移人口高质量就业的影响机制，深化了解社会资本的影响的研究。本章基于社会学习理论、工作搜寻匹配理论和社会认同理论，从人力资本促进机制、工作搜寻与就业匹配机制、市民身份认同机制三个方面构建机制变量，检验社会资本的高质量就业效应的影响机制，有助于深入了解社会资本产生影响的渠道。

（2）根据社会资本对农业转移人口高质量就业的影响分析和机制检验结果，挖掘社会资本的异质性高质量就业效应的根源。①新型跨越型社会资本对农业转移人口高质量就业有生产率促进效应，原因是新型跨越型社会资本能够通过人力资本促进机制，工作搜寻和就业匹配机制，以及市民身份认同机制提高农业转移人口的高质量就业水平。②原始整合型社会资本对农业转移人口高质量就业具有成本降低效应，原因是原始整合型社会资本只有就业推荐效应和本地人接受效应。③原始跨越型社会资本对农业转移人口高质量就业有生产率促进效应，原因是原始跨越型社会资本能够通过非正式搜寻的良好匹配机制和市民身份认同机制促进农业转移人口高质量就业。

（3）社会资本影响农业转移人口高质量就业的机制检验的结果，为有效促进农业转移人口高质量就业提供经验启示。机制检验结果为我们提供了促进农业转移人口高质量就业的药方：①在人力资本促进机制方面，可以为农业转移人口提供学习场所鼓励农业转移人口业余时间学习以增强自身文化素质，提供技能培训以增强农业转移人口的技能水平。②在工作搜寻和就业匹配方面，增加农业转移人口获取就业信息的渠道，加快农业转移人口工作技能认定，提高农业转移人口人力资本数字化水平，提高农业转移人口就业匹配质量。③在市民身份认同机制方面，通过公共活动提高农业转移人口的城市认同感，加强农业转移人口与城市市民的联系，促进农业转移人口城市融合，进而提高农业转移人口的高质量就业水平。

第 **7** 章

社会资本影响农业转移人口
高质量就业的异质性分析

　　前面研究了社会资本对农业转移人口高质量就业的影响，并检验了社会资本影响农业转移人口高质量就业的机制，但依然不知道社会资本对各维度高质量就业的影响如何。探究社会资本对各维度高质量就业水平的影响，有助于进一步了解社会资本的高质量就业效应。此外，社会资本的高质量就业效应也可能受到经济环境的影响，特别是近年来数字经济蓬勃发展，对我国就业也产生了深刻的影响。本章将进一步探究数字经济发展下社会资本的高质量就业效应。近年来，农业转移人口已经分化成不同特征的群体，那么，社会资本对不同人口学特征的农业转移人口的高质量就业产生了什么影响？研究社会资本的高质量就业效应的群体差异，有助于为促进不同群体农业转移人口的高质量就业提供经验启示。

　　本章主要从三个方面研究社会资本影响农业转移人口高质量就业的异质性。首先，从高质量就业指标体系的四个维度 7 个指标出发，探究了社会资本对农业转移人口四个维度高质量就业的影响。其次，研究数字经济发展下社会资本的高质量就业效应。最后，从区域异质性方面研究了社会资本对不同地区农业转移人口高质量就业的影响，并从受教育水平异质性、性别异质性和代际异质性等方面，研究了社会资本对不同群体农业转移人口高质量就业的影响。

7.1 变量选取与测度

（1）核心自变量：农业转移人口的社会资本。基于 CMDS 数据计算得到，该指标的度量方式和描述性统计分析见章节 5.1 和章节 5.2 部分。

（2）因变量：高质量就业水平。高质量就业指标体系的选取原则和测度方法见本书章节 4.3。同时，本章也将高质量就业分成四类：①包括高薪酬分位和同比工资增加的薪酬福利维度高质量就业；②就业能力维度高质量就业，包括高端服务业就业、正规就业和企业家型创业；③以长期劳动合同覆盖度量的劳动关系维度高质量就业；④包括本地医疗保险覆盖的社会保障维度高质量就业。

（3）调节变量：数字经济发展水平。现有研究大多从国家和行业层面或省份层面度量数字经济发展水平指标。如孟祺（2021）采用中国投入产出表计算国家和行业层面的数字经济指数，王文（2020）采用 IFR 公布的全国层面各行业工业机器人安装量与各省分行业从业人数估算工业机器人安装密度。然而，少有研究从城市层面测算数字经济水平。赵涛等（2020）从互联网发展和数字普惠金融两方面对数字经济综合发展水平进行测度。本章参考赵涛等（2020）和张勋等（2019）的研究，测算城市层面的数字经济发展水平，它包括两方面：一方面，以互联网普及率、相关从业人员情况、人均电信业务量和移动电话普及率 4 个指标度量的互联网发展水平；另一方面，以北京大学数字金融研究中心和蚂蚁金服集团共同编制的中国数字普惠金融指数度量的数字普惠金融发展水平。数字经济指标体系见表 7-1。

表 7 – 1　　　　　　　中国数字经济发展水平评价指标体系

一级指标	二级指标	度量	指标属性
互联发展	互联网普及率	百人中互联网宽带接入用户数	正向
	互联网相关从业人员	计算机服务和软件业从业人员占城镇单位从业人员比重	正向
	互联网相关产出	人均电信业务总量	正向
	移动互联网普及率	百人中移动电话用户数	正向
数字普惠金融	数字普惠金融发展	中国数字普惠金融指数	正向

　　由于数字经济的研究处于起步阶段，当前对数字经济的测算依然有限。赵涛等（2020）采用主成分分析法将 5 个子指标转化为数字经济指数。考虑到主成分分析法对主成分的累计贡献率要求较高（即降维后变量要保持较高的信息量），且可能会损失二级指标的维度，本章采用熵权法测算城市数字经济发展水平。其主要原理是，根据各个指标数值的变异程度采用信息熵方法计算出各个指标的熵权，然后采用熵权对各个指标的数值进行修正，最后得到目的地城市数字经济发展水平指标的综合值。目的地城市的数字经济指数越大，说明目的地城市的数字经济发展水平越高。

　　（4）控制变量。继续使用 CMDS 调查数据和城市调查数据展开分析，因此个体特征变量、家庭特征变量和目的地城市特征变量的度量方法详见章节 5.1。

7.2　描述性统计分析

　　表 7 – 2 展示了本章使用的变量的描述性统计分析结果。就农业转移人口的社会资本指标看，有85.3%的农业转移人口业余时间与客户或亲属之外的人来往，说明农业转移人口的社会资本水平处于中等水平。就农业转移人口的异质性社会资本看，11.7%农业转移人口以原始跨越型社会资本为主，30.7%农业转移人口以原始整合型社会资本为主，28.3%农业转移人口以新型跨越型社会资本为主。

表 7 - 2 社会资本影响农业转移人口高质量就业的
异质性分析的描述性统计结果

变量	样本量	均值	标准差	最小值	最大值	定义
社会资本	216653	0.853	0.354	0	1	与客户或亲属以外的人来往(1 = 是)
原始整合型社会资本	216653	0.307	0.461	0	1	与农村户口同乡来往最多(1 = 是)
原始跨越型社会资本	216653	0.117	0.322	0	1	与城市户口同乡来往最多(1 = 是)
新型跨越型社会资本	216653	0.283	0.451	0	1	与城市本地人来往最多(1 = 是)
高质量就业指数	216654	1.319	0.958	0	6	高质量就业水平指数
高薪酬分位	216654	0.535	0.499	0	1	处于城市农业转移人口工资的 70% 以上
同比收入增加	137027	0.256	0.436	0	1	与去年同期相比工资增加
高端服务业就业	180039	0.016	0.124	0	1	在高端服务业行业从事技能就业
正规就业	174744	0.374	0.484	0	1	在正规部门从事正规就业
企业家型创业	178205	0.066	0.248	0	1	就业身份类型为雇主
长期劳动合同覆盖	93688	0.129	0.335	0	1	签订无固定期限劳动合同
本地医疗保险覆盖	214663	0.200	0.400	0	1	在迁入地办理城镇职工医疗保险
男性	216654	0.522	0.500	0	1	1 = 男,0 = 女
汉族	216654	0.914	0.280	0	1	1 = 汉族,0 = 少数民族
已婚	216654	0.817	0.387	0	1	已婚 (1 = 是,0 = 否)
初中	216654	0.531	0.499	0	1	最高学历为初中学历(1 = 是)
中专及高中	216654	0.196	0.397	0	1	最高学历为高中或中专(1 = 是)
大专及以上	216654	0.077	0.267	0	1	最高学历为大专及以上(1 = 是)
年龄/10	215052	3.563	0.974	1.6	6.5	年龄/10
迁入时间	216654	6.141	5.524	0	26	迁入本地的时间 (年)
省内跨市	216579	0.316	0.465	0	1	迁移范围为省内跨市(1 = 是)

续表

变量	样本量	均值	标准差	最小值	最大值	定义
市内跨县	216579	0.180	0.384	0	1	迁移范围为市内跨县（1 = 是）
家庭人口规模	216654	2.946	1.225	1	10	同住家庭成员数量
家庭月收入（对数）	216585	1.728	0.526	0	5.303	家庭在本地的月总收入
人口密度（对数）	194670	6.088	0.927	1.665	7.841	滞后一期城市人口密度
人均 GDP（对数）	194283	1.936	0.477	0.426	3.116	滞后一期城市人均 GDP

资料来源：农业转移人口个体及家庭数据来源于 CMDS 2011 年和 2017 年调查数据，城市层面统计数据主要来源于《中国城市统计年鉴》。

从农业转移人口各维度高质量就业指标看，高薪酬分位的平均值为 0.535，说明 53.5% 农业转移人口的工资处于所在城市农业转移人口工资分布的 70% 以上。同比收入增加的平均值为 0.256，说明 25.6% 农业转移人口的工资相对于去年同期工资实现了工资增加。高端服务业就业的平均值为 0.016，说明样本中有 1.6% 农业转移人口在高端服务业行业从事技能职业就业。正规就业的平均值为 0.374，说明 37.4% 农业转移人口在正规部门从事正规就业。企业家型创业的平均值为 0.066，说明 6.6% 农业转移人口从事雇主型创业。长期劳动合同覆盖的平均值为 0.129，说明 12.9% 农业转移人口与工作单位签订了长期劳动合同。本地医疗保险覆盖的平均值为 0.2，说明 20% 农业转移人口已在迁入地办理医疗保险。综合来看，农业转移人口高质量就业指数的平均值为 1.319，标准差为 0.958，最小值为 0，最大值为 6，说明农业转移人口的高质量就业水平仍比较低。

此外，农业转移人口个体层面特征变量、家庭层面特征变量、迁入城市层面特征变量的描述性统计分析结果与表 5 - 2 部分一致。

7.3 社会资本影响农业转移人口高质量就业的维度异质性分析

高质量就业是一个多维度指标，包括薪酬福利、就业能力、劳动关系和社会保障四个维度共 7 个指标，社会资本对农业转移人口不同维度的高质量就业的影响可能不同。因此，本章进一步分析社会资本对农业转移人口高质量就业的影响，相关研究为促进农业转移人口高质量就业提供经验借鉴。

7.3.1　薪酬福利维度高质量就业的实证结果分析

分析社会资本对农业转移人口收入维度高质量就业的影响。采用线性概率模型进行估计，结果见表 7 − 3。第（1）列和第（2）列的因变量为农业转移人口的高薪酬分位，如果农业转移人口的工资处于其所在城市农业转移人口样本工资排序的 70% 以上就取 1，否则取 0。第（3）列和第（4）列的因变量为农业转移人口的同比工资增加，如果农业转移人口当前的工资高于去年同期的工资时取值为 1，如果农业转移人口当前的工资与去年基本相同或下降则取值 0。第（1）列和第（3）列分别控制了农业转移人口个体的性别、年龄、年龄的平方、民族、婚姻状况、受教育水平、迁入时间、迁移范围、迁入城市固定效应和时间固定效应；第（2）列和第（4）列分别增加控制农业转移人口的家庭人口规模、家庭月收入、城市人口密度和城市人均 GDP。

表 7 −3　　　社会资本影响农业转移人口收入维度高质量就业的回归结果

变量	高薪酬分位	高薪酬分位	工资增加	工资增加
	（1）	（2）	（3）	（4）
社会资本	0.016 ***	0.014 ***	0.029 ***	0.027 ***
	(0.004)	(0.004)	(0.003)	(0.003)
个体特征	控制	控制	控制	控制
家庭特征	不控制	控制	不控制	控制
城市特征	不控制	控制	不控制	控制
城市固定效应	控制	控制	控制	控制
时间固定效应	控制	控制	控制	控制
观测值	213459	190949	135454	124318
R-squared	0.142	0.178	0.205	0.204
因变量均值	0.534	0.522	0.258	0.259

注：标准误聚集在城市层面并展示在括号中。*** 代表 1% 的统计学显著性水平。

社会资本显著促进了农业转移人口从事高薪酬工作，进而使农业转移人口的工资处于目的地城市农业转移人口的薪酬分布中的高薪酬分位。第（2）列中社会资本的系数为 0.014，且在 1% 的水平上显著，表明有社会资本的农业转移人口的工资比没有社会资本的农业转移人口的工资持续增加的概率高 1.4%。第（4）列增加控制家庭特征和迁入城市特征后，社会资本仍然显著促进了农业转移人口的工资增加。有社会资本的农业转移人口出现工资增加的概率比没有社会资本的农业转移人口出现工资增加的概率高 2.7%。

7.3.2　就业能力维度高质量就业的实证结果分析

分析社会资本对农业转移人口就业能力维度高质量就业的影响。采用线性概率模型进行估计，结果见表 7 - 4。第（1）列和第（2）列的因变量是高端服务就业，当农业转移人口在高端服务业行业从事技能就业取值为 1，否则取值为 0。第（3）列和第（4）列的因变量为正规就业，当农业转移人口在正规部门从事正规就业时取值为 1，否则取值为 0。第（5）列和第（6）列的因变量为企业家型创业，当农业转移人口从事企业家型创业时取值为 1，否则取值为 0。第（1）列、第（3）列和第（5）列分别控制了农业转移人口个体的性别、年龄、年龄平方、民族、婚姻状况、受教育水平、迁入时间、迁移范围、迁入城市固定效应和时间固定效应；第（2）列、第（4）列和第（6）列分别增加控制农业转移人口家庭人口规模、家庭月收入、城市人口密度和城市人均 GDP。

表 7 - 4　　　　社会资本影响农业转移人口就业能力维度

高质量就业的回归结果

变量	高端服务业就业		正规就业		企业家型创业	
	（1）	（2）	（3）	（4）	（5）	（6）
社会资本	0.003 ***	0.003 ***	0.049 ***	0.049 ***	0.006 ***	0.002
	(0.001)	(0.001)	(0.006)	(0.006)	(0.002)	(0.002)
个体特征	控制	控制	控制	控制	控制	控制
家庭特征	不控制	控制	不控制	控制	不控制	控制

续表

变量	高端服务业就业		正规就业		企业家型创业	
	(1)	(2)	(3)	(4)	(5)	(6)
城市特征	不控制	控制	不控制	控制	不控制	控制
城市固定效应	控制	控制	控制	控制	控制	控制
时间固定效应	控制	控制	控制	控制	控制	控制
观测值	178408	160267	173230	156570	176632	158845
R-squared	0.061	0.062	0.184	0.188	0.032	0.066
因变量均值	0.016	0.017	0.374	0.391	0.066	0.065

注：标准误聚集在城市层面并展示在括号中。*** 代表 1% 的统计学显著性水平。

社会资本显著提高了农业转移人口从事高端服务业就业的概率。第 (2) 列中社会资本的系数为 0.003，且在 1% 的水平上显著，表明有社会资本的农业转移人口比没有社会资本的农业转移人口从事高端服务业的概率高 0.3%。对于农业转移人口在高端服务业就业的平均值 (0.017) 来说，社会资本为农业转移人口在高端服务业就业的概率贡献了 17.65%。

社会资本显著提高了农业转移人口从事正规就业的概率。第 (4) 列社会资本的系数为 0.049，且在 1% 的水平上显著，表明有社会资本的农业转移人口从事正规就业的概率增加 4.9%。对于农业转移人口正规就业的平均值 (0.391) 来说，社会资本为农业转移人口从事正规就业的概率贡献了 12.53%。可能的原因是，非正规部门就业的农业转移人口往往从事低生产率的工作，因为该工作不能提供学习机会或者稳定收入来源 (Chen et al.，2018；世界银行集团，2019)。

社会资本没有显著提高农业转移人口从事企业家型创业的概率。第 (6) 列中社会资本的系数为 0.002，但不显著，表明有社会资本的农业转移人口与没有社会资本的农业转移人口从事企业家型创业的概率没有显著差异。

7.3.3 劳动关系和社会保障维度高质量就业的实证结果分析

分析社会资本对农业转移人口劳动关系和社会保障维度的高质量就业的影响。采用线性概率模型进行估计，结果见表 7 - 5。第 (1) 列和第

（2）列的因变量长期劳动合同覆盖，当农业转移人口与工作单位（雇主）签订无固定期限劳动合同时取值为1，否则取值为0。第（3）列和第（4）列的因变量为本地医疗保险覆盖，当农业转移人口在迁入城市办理医疗保险取值为1，否则取值为0。第（1）列和第（3）列分别控制了农业转移人口个体的性别、年龄、年龄的平方、民族、婚姻状况、受教育水平、迁入时间、迁移范围、迁入城市固定效应和时间固定效应；第（2）列和第（4）列分别增加控制农业转移人口的家庭人口规模、家庭月收入、城市人口密度和城市人均 GDP。

表 7-5　　　　社会资本影响农业转移人口劳动关系和社会保障维度

高质量就业的回归结果

变量	长期劳动合同覆盖		本地医疗保险覆盖	
	(1)	(2)	(3)	(4)
社会资本	0.005 (0.005)	0.005 (0.005)	0.034 *** (0.004)	0.032 *** (0.004)
个体特征	控制	控制	控制	控制
家庭特征	不控制	控制	不控制	控制
城市特征	不控制	控制	不控制	控制
城市固定效应	控制	控制	控制	控制
时间固定效应	控制	控制	控制	控制
观测值	92828	86449	211478	189240
R-squared	0.036	0.031	0.161	0.170

注：标准误聚集在城市层面并展示在括号中。*** 代表1%的统计学显著性水平。

社会资本没有显著促进农业转移人口的长期劳动合同覆盖。第（2）列中社会资本的系数为0.005，但不显著，表明有社会资本的农业转移人口与没有社会资本的农业转移人口在签订长期劳动合同的概率方面没有显著差异。结果表明，社会资本没有显著提高农业转移人口签订长期劳动合同的概率。

社会资本显著提高了农业转移人口办理本地医疗保险的概率。第（4）列中社会资本的系数为0.032，且在1%的水平上显著，表明有社会资本的农业转移人口比没有社会资本的农业转移人口在城市办理医疗保险的概率高3.2%。对于农业转移人口办理城镇医疗保险的平均值（0.170）来说，社会资本为农业转移人口的城市医疗保险覆盖贡献了 18.82%。

7.4　数字经济发展下社会资本对农业转移人口高质量就业的影响分析

近年来，数字经济蓬勃发展，改变了劳动力市场资源配置方式和生产关系。数字经济作为中国新一轮科技革命和产业变革的决胜点，其对生产力和生产关系的影响必然对传统就业优先战略提出重大挑战。实现"人口数量红利"向"人口质量红利"乃至"人口数字红利"转变，实现"稳就业保民生""推进共同富裕"的目标，中国仍面临着更高质量就业的重大挑战。那么，在不同的数字经济发展水平下，社会资本对农业转移人口的高质量就业又产生了什么影响呢？本节将检验数字经济发展对社会资本的高质量就业效应的调节作用。

7.4.1　模型设定

原始整合型社会资本、原始跨越型社会资本和新型跨越型社会资本的高质量就业效应可能会受到迁入城市数字经济发展水平的影响。首先，根据理论分析部分可知，数字经济可能通过劳动力替代效应、就业创造效应和生产率提升效应影响农业转移人口的高质量就业水平；其次，数字经济发展水平对不同类型社会资本的高质量就业效应的影响可能不同。为了考察在不同的城市数字经济发展水平下，异质性社会资本对农业转移人口高质量就业的影响是否存在差异，本章将数字经济与异质性社会资本进行交互，探究数字经济对农业转移人口高质量就业的调节效应。设定以下回归方程：

$$HQE_{ict} = \beta_0 + \beta_{1k} SC_{ictk} X\ DigEcon_{ct} + \beta_{2k} SC_{ictk} + \beta_3\ DigEcon_{ct}$$
$$+ \beta_4 X_{it} + \beta_5 M_{c(t-1)} + \theta_c + \varepsilon_{ict} \tag{7.1}$$

其中，i,c,t 和 k 分别表示农业转移人口、农业转移人口迁入城市、年份和异质性社会资本。HQE_{ict} 表征农业转移人口的高质量就业指数。SC_{ictk} 度量异质性社会资本，$SC_{ictk} = \{Ructm_{ictk}, Urctm_{ictk}, Urnat_{ictk}\}$，$Ructm_{ictk}$ 度量农业转移人口的原始整合型社会资本，$Urctm_{ictk}$ 度量农业转移人口的原始跨越型社会资本，$Urnat_{ictk}$ 度量农业转移人口的新型跨越型社会资本。$DigEcon_{ct}$ 衡量城市数字经济发展水平。$SC_{ictk} X DigEcon_{ct}$ 衡量城市数字经济发展对异质性社会资本的高质量就业效应的调节作用。X_{it} 为影响农业转移人口高质量就业的个体特征和家庭特征的一系列变量。$M_{c(t-1)}$ 表征影响农业转移人口高质量就业的城市特征变量，如迁入城市的人口密度和人均 GDP 水平，并采用滞后一期数据。σ_c 为迁入城市固定效应，ε_{ict} 为误差项。

本章关注的回归系数为 $\beta_{1k}(k=1, 2, 3)$，β_{2k} 和 β_3。β_{1k} 衡量高数字经济发展下社会资本的高质量就业效应与低数字经济发展下社会资本的高质量就业效应的差异；β_{2k} 衡量低数字经济发展下社会资本的高质量就业效应，β_3 衡量数字经济对低社会资本农业转移人口的高质量就业的影响。

7.4.2　实证结果分析

表 7－6 的第（1）列和第（2）列展示了数字经济对社会资本的高质量就业效应的异质性影响。因变量为农业转移人口的高质量就业水平，是一个多维度的连续变量。第（1）列控制农业转移人口的个体特征、迁入城市固定效应和时间固定效应；第（2）列增加农业转移人口家庭特征、迁入城市特征。

表 7－6　　　数字经济发展调节下社会资本影响农业转移人口
高质量就业的回归结果

变量	高质量就业指数	
	（1）	（2）
原始整合型社会资本×数字经济指数（对数）	－ 0.047 ***	－ 0.036 ***
	(0.011)	(0.012)
原始跨越型社会资本×数字经济指数（对数）	－ 0.037 *	－ 0.024
	(0.022)	(0.021)

续表

变量	高质量就业指数	
	（1）	（2）
新型跨越型社会资本×数字经济指数（对数）	0.022 * (0.012)	0.021 * (0.012)
数字经济指数（对数）	−0.019 (0.022)	−0.026 (0.019)
原始整合型社会资本	0.296 *** (0.069)	0.225 *** (0.073)
原始跨越型社会资本	0.293 ** (0.134)	0.201 (0.126)
新型跨越型社会资本	−0.064 (0.071)	−0.072 (0.073)
个体特征	控制	控制
家庭特征	不控制	控制
城市特征	不控制	控制
城市固定效应	控制	控制
时间固定效应	控制	控制
观测值	163073	162635
R-squared	0.190	0.211

注：标准误聚集在城市层面并展示在括号中。***，**，* 分别代表 1%、5% 和 10% 的统计学显著性水平。

数字经济发展对农业转移人口的高质量就业产生了抑制效应，表明数字经济发展水平有劳动力替代效应。数字经济增加了高技术密集型制造业就业份额（孟祺，2021），导致对农业转移人口就业产生挤出效应，对农业转移人口的就业质量产生了负面影响。特别是人工智能发展对不同技能劳动力需求存在非线性影响，存在明显的"就业极化"现象（Acemoglu et al.，2011；Goos et al.，2014）。奥托尔等（Autor et al.，2003）提出了考虑技术进步的劳动力替代效应的"基于任务的需求模型"（task-based demand model），发现数字化对劳动力需求的影响是模糊的，在执行常规任务和手工任务方面替代了劳动力，而在执行非常规任务和复杂任务方面补充了劳动力。农业转移人口主要在非正规部门就业，大部分农业转移人口主要从事常规任务和手工任务，更容易受到数字经济和人工智能的冲击。

数字经济降低了原始整合型社会资本的高质量就业效应。第（1）列中原始整合型社会资本与数字经济指数的交互项为 −0.047，且在 1% 的水平上显著，说明数字经济发展使得原始整合型社会资本的高质量就业下降，下降幅度为 0.047。第（2）列中原始整合型社会资本与数字经济指数的交互项为 −0.036，在 1% 的水平上显著，说明数字经济发展使得原始整合型社会资本的高质量就业下降，下降幅度为 0.036。数字经济发展恶化了原始整合型社会资本的就业质量，可能的原因是原始整合型社会资本所形成的关系网络为闭环型网络，难以应对城市的经济冲击。

数字经济对原始跨越型社会资本的高质量就业效应没有显著影响。第（1）列中原始跨越型社会资本与数字经济指数的交互项系数为 −0.037，且在 10% 的水平上显著，说明数字经济发展使得原始跨越型社会资本的多维度高质量就业减少，减少幅度为 0.037。在控制农业转移人口的家庭特征以及迁入城市特征后，第（2）列中原始跨越型社会资本与数字经济指数的交互项系数为 −0.024，但不显著。说明数字经济发展使得原始跨越型社会资本的高质量就业水平下降，下降幅度为 0.024。在面对数字经济冲击时，原始跨越型社会资本起到了就业保护屏障作用，增强了农业转移人口的抗风险能力，进而促进了农业转移人口的高质量就业。

数字经济提高了新型跨越型社会资本的高质量就业效应。第（1）列中新型跨越型社会资本与数字经济指数的交互项系数为 0.022，且在 10% 的水平上显著。结果显示数字经济发展使得新型跨越型社会资本的高质量就业增加，增加幅度为 0.022。在控制农业转移人口的家庭特征以及迁入城市特征后，第（2）列中新型跨越型社会资本与数字经济指数的交互项系数为 0.021，在 10% 的水平上显著，说明数字经济发展使得新型跨越型社会资本的高质量就业水平提升，提升幅度为 0.021。在面对数字经济冲击时，新型跨越型社会资本起到了就业保护屏障作用，增强了农业转移人口的抗风险能力，进而促进了农业转移人口的高质量就业。

7.5　社会资本影响农业转移人口高质量就业的区域异质性分析

图 7 - 1 展示了原始整合型社会资本、原始跨越型社会资本和新型跨越型社会资本对东部地区农业转移人口的高质量就业的影响。原始跨越型社会资本、原始整合型社会资本和新型跨越型社会资本对东部地区农业转移人口的高质量就业指数均没有显著影响，可能的原因是，东部地区农业转移人口的就业质量主要由人力资本驱动。

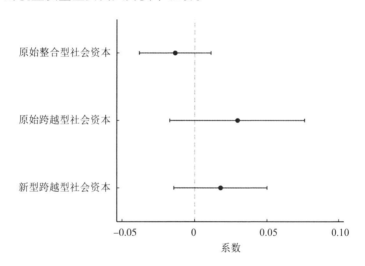

图 7 - 1　三种社会资本影响东部地区农业转移人口高质量就业的实证结果

注：图中点为回归模型中原始整合型社会资本、原始跨越型社会资本和新型跨越型社会资本的回归系数，线段为 95% 置信区间。回归中均控制了农业转移人口的个体特征、家庭特征、迁入城市特征、迁入城市固定效应和时间固定效应，标准误聚集在城市层面。

图 7 - 2 展示了原始整合型社会资本、原始跨越型社会资本和新型跨越型社会资本对中部地区农业转移人口的高质量就业的影响。原始跨越型社会资本和新型跨越型社会资本显著提高了中部地区农业转移人口的高质量就业绩效，其中原始跨越型社会资本的高质量就业效应最高，而原始整合型社会资本对农业转移人口的高质量就业绩效没有显著影响。

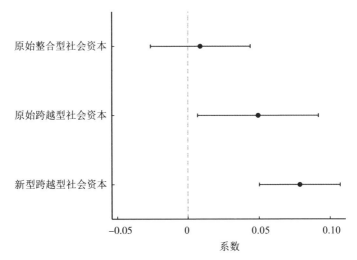

图7-2　三种社会资本影响中部地区农业转移人口
高质量就业的实证结果

注：图中点为回归模型中原始整合型社会资本、原始跨越型社会资本和新型跨越型社会资本的回归系数，线段为95%置信区间。

图7-3展示了原始整合型社会资本、原始跨越型社会资本和新型跨越型社会资本对西部地区农业转移人口的高质量就业的影响。原始跨越型社会资本和新型跨越型社会资本显著提高了西部地区农业转移人口的高质量就业绩效，而原始整合型社会资本对西部地区农业转移人口的高质量就业绩效则没有显著影响。

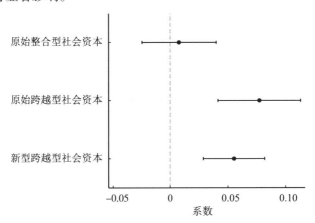

图7-3　三种社会资本影响西部地区农业转移人口高质量就业的实证结果

注：图中点为回归模型中原始整合型社会资本、原始跨越型社会资本和新型跨越型社会资本的回归系数，线段为95%置信区间。

图 7-4 展示了原始整合型社会资本、原始跨越型社会资本和新型跨越型社会资本对东北地区农业转移人口的高质量就业的影响。原始跨越型社会资本和新型跨越型社会资本均显著提高了东北地区农业转移人口的高质量就业绩效，原始整合型社会资本则对东北地区农业转移人口的高质量就业绩效没有显著影响。比较三种社会资本的回归系数发现，原始跨越型社会资本对东北地区农业转移人口的高质量就业的影响最大。

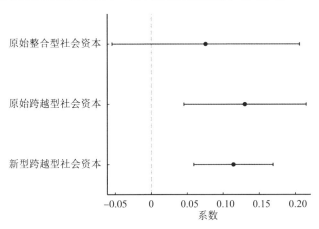

图 7-4　三种社会资本影响东北地区农业转移人口高质量就业的实证结果

注：图中点为回归模型中原始整合型社会资本、原始跨越型社会资本和新型跨越型社会资本的回归系数，线段为 95% 置信区间。

7.6　社会资本影响农业转移人口高质量就业的群体异质性分析

7.6.1　社会资本影响农业转移人口高质量就业的代际异质性分析

当前农业转移人口群体已呈现高度异质性，不同代际、受教育水平农业转移人口表现出不同的特征差异和行为表现（刘传江，2013）。首先，探究社会资本的高质量就业效应在农业转移人口代际上的异质性。参考现有关于农业转移人口代际划分的研究，本章将农业转移人口按照代际不同分为两个子群体：出生年份在 1980 年以前的第一代农业转移人口和出生年份在 1980 年以后的第二代农业转移人口。其次，分别研究三种社会资本对第一代农业转移人口的高质量就业的影响和三种社会资本对第二代农业转移人口的高质量就业的影响。

图 7-5 和图 7-6 展示了三种社会资本对第一代农业转移人口和第二代农业转移人口的高质量就业的回归结果。原始整合型社会资本对

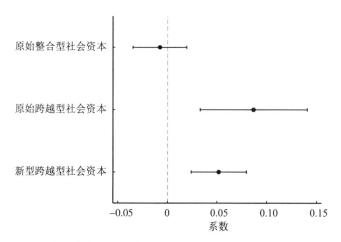

图 7-5　三种社会资本影响第一代农业转移人口高质量就业的实证结果

注：图中点为回归模型中原始整合型社会资本、原始跨越型社会资本和新型跨越型社会资本的回归系数，线段为 95% 置信区间。

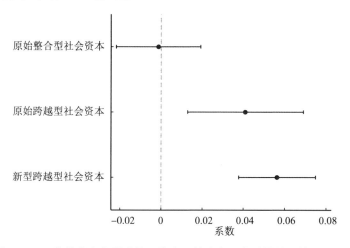

图 7-6　三种社会资本影响第二代农业转移人口高质量就业的实证结果

注：图中点为回归模型中原始整合型社会资本、原始跨越型社会资本和新型跨越型社会资本的回归系数，线段为 95% 置信区间。

第一代农业转移人口和第二代农业转移人口的高质量就业没有显著影响。原始跨越型社会资本显著提高了第一代农业转移人口和第二代农业转移人口的高质量就业水平。新型跨越型社会资本也显著提高了第一代农业转移人口和第二代农业转移人口的高质量就业水平。原始跨越型社会资本和新型跨越型社会资本均显著促进了农业转移人口高质量就业。

7.6.2 社会资本影响农业转移人口高质量就业的受教育水平异质性分析

进一步探究原始整合型社会资本、原始跨越型社会资本和新型跨越型社会资本的高质量就业效应在不同受教育水平子样本间的差异。根据农业转移人口受教育水平的不同，将农业转移人口分为四个子群体：小学及以下学历的农业转移人口、初中学历的农业转移人口、中专及高中学历的农业转移人口和大专及以上学历的农业转移人口。然后，分别研究原始跨越型社会资本、原始整合型社会资本和新型跨越型社会资本对小学及以下学历农业转移人口高质量就业的影响，对初中学历农业转移人口高质量就业的影响，对高中及中专学历农业转移人口高质量就业的影响，和对大专及以上学历农业转移人口高质量就业的影响。

图7-7展示了原始整合型社会资本、原始跨越型社会资本和新型跨越型社会资本对小学及以下学历农业转移人口的高质量就业的影响；图7-8展示了原始整合型社会资本、原始跨越型社会资本和新型跨越型社会资本对初中学历农业转移人口的高质量就业的影响；图7-9展示了原始整合型社会资本、原始跨越型社会资本和新型跨越型社会资本对高中及中专学历农业转移人口的高质量就业的影响；图7-10展示了原始整合型社会资本、原始跨越型社会资本和新型跨越型社会资本对大专及以上学历农业转移人口的高质量就业的影响。

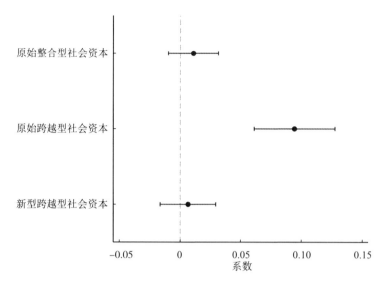

图 7 - 7　三种社会资本影响小学及以下学历农业转移人口
高质量就业的实证结果

注：图中点为回归模型中原始整合型社会资本、原始跨越型社会资本和新型跨越型社会资本的回归系数，线段为 95% 置信区间。

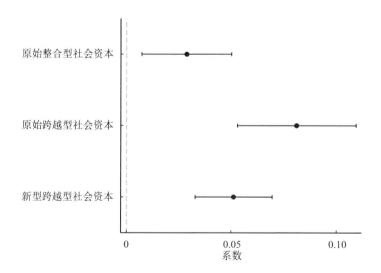

图 7 - 8　三种社会资本影响初中学历农业转移人口
高质量就业的实证结果

注：图中点为回归模型中原始整合型社会资本、原始跨越型社会资本和新型跨越型社会资本的回归系数，线段为 95% 置信区间。

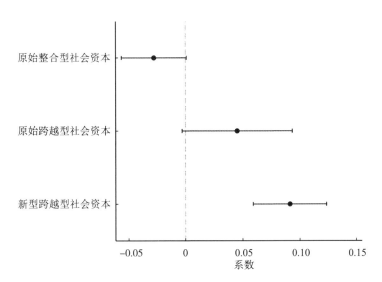

图 7 – 9　三种社会资本影响中专及高中学历农业转移人口
高质量就业的实证结果

　　注：图中点为回归模型中原始整合型社会资本、原始跨越型社会资本和新型跨越型社会资本的回归系数，线段为 95% 置信区间。

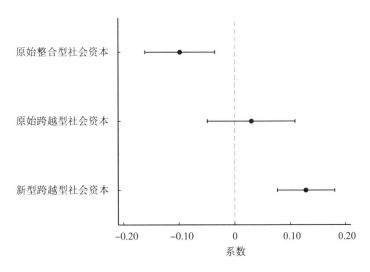

图 7 – 10　三种社会资本影响大专及以上学历农业转移人口
高质量就业的实证结果

　　注：图中点为回归模型中原始整合型社会资本、原始跨越型社会资本和新型跨越型社会资本的回归系数，线段为 95% 置信区间。

从三种社会资本的高质量就业的角度进行分析，发现：原始整合型社会资本降低了中专及以上学历农业转移人口的高质量就业水平，原始整合型社会资本对中专及以上学历农业转移人口的高质量就业产生挤出效应。原始整合型社会资本提高了初中学历农业转移人口的高质量就业水平，而对小学及以下学历的农业转移人口来说，原始整合型社会资本对农业转移人口的高质量就业没有显著影响。

原始跨越型社会资本不仅提高了高中及以下学历农业转移人口的高质量就业水平，而且放大了教育水平的高质量就业差异。图7－8中原始跨越型社会资本的高质量就业效应最高。

新型跨越型社会资本提高了初中及以上学历农业转移人口的高质量就业水平，但对小学及以下学历农业转移人口的高质量就业没有显著影响。此外，新型跨越型社会资本放大了教育水平的高质量就业差异。图7－10中，新型跨越型社会资本使得大专及以上学历农业转移人口的高质量就业效应最高。

从异质性受教育水平的农业转移人口的高质量就业的角度进行分析，可以得出不同教育水平农业转移人口的高质量就业路径：（1）小学及以下学历农业转移人口应多建立原始跨越型社会资本以实现高质量就业。（2）初中学历农业转移人口应多建立原始跨越型社会资本和新型跨越型社会资本以实现高质量就业。（3）中专及高中学历农业转移人口应多建立原始跨越型社会资本和新型跨越型社会资本，并减少原始整合型社会资本以实现高质量就业；（4）大专及以上学历农业转移人口应多建立新型跨越型社会资本以实现高质量就业。

7.6.3　社会资本影响农业转移人口高质量就业的性别异质性分析

社会资本的高质量就业效应可能在不同性别农业转移人口群体中存在差异。一般来说，女性农业转移人口由于文化水平较低、家庭事务限制以及社会规范约束，其就业的概率明显低于男性（Goldin，2014）。此外，行业的性别差异、性别角色差异和非认知技能差异也导致了性别就业差异

（Blau et al.，2017）。那么，异质性社会资本的高质量就业效应是否存在性别差异？回答此问题有助于为降低性别就业差异提供经验借鉴。为此，本部分进一步检验社会资本的高质量就业效应在男性和女性农业转移人口样本之间是否存在差异。

图 7 - 11 和图 7 - 12 分别展示了三种社会资本影响女性农业转移人口和男性农业转移人口高质量就业的回归结果。

图 7 - 11 显示，原始整合型社会资本、原始跨越型社会资本和新型跨越型社会资本提高了女性农业转移人口的高质量就业水平。原始跨越型社会资本对女性农业转移人口的高质量就业的影响最大。图 7 - 12 显示，原始跨越型社会资本和新型跨越型社会资本提高了男性农业转移人口的高质量就业水平，而原始整合型社会资本则降低了男性农业转移人口的高质量就业水平。新型跨越型社会资本对男性农业转移人口的高质量就业指数的影响最大。可能的原因是，原始整合型社会资本是闭合型网络中的资源，没有表现出生产率促进效应，而原始跨越型社会资本和新型跨越型社会资本则表现出良好的生产率促进效应。

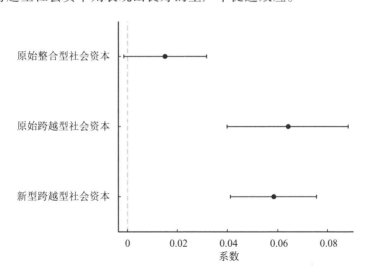

图 7 - 11　三种社会资本影响女性农业转移人口
高质量就业的实证结果

注：图中点为回归模型中原始整合型社会资本、原始跨越型社会资本和新型跨越型社会资本的回归系数，线段为 95% 置信区间。

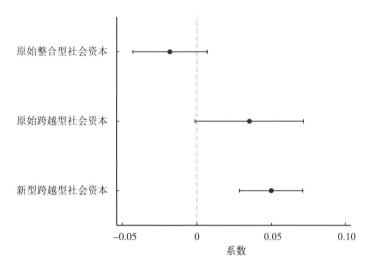

**图 7 – 12　三种社会资本影响男性农业转移人口
高质量就业的实证结果**

注：图中点为回归模型中原始整合型社会资本、原始跨越型社会资本和新型跨越型社会资本
的回归系数，线段为 95% 置信区间。

7.7　本章小结

　　本章基于流动人口动态监测（CMDS）调查数据、中国数字普惠金融
指数和城市统计数据，研究了社会资本对农业转移人口高质量就业的异质
性效应。首先，从高质量就业指标体系的四个维度 7 个指标出发，探究了
社会资本对农业转移人口薪酬福利、就业能力、劳动关系、社会保障四个
维度高质量就业的影响。其次，研究数字经济发展调节下社会资本的高质
量就业效应，最后，从区域异质性、受教育水平异质性、性别异质性和代
际异质性等方面，研究了社会资本对不同群体农业转移人口高质量就业的
影响。相关研究为促进不同群体农业转移人口多维度高质量就业提供经验
启示。

　　社会资本对农业转移人口高质量就业水平的回归结果发现：（1）在薪
酬福利维度，社会资本对农业转移人口的高薪酬分位和同比工资增加有显
著的促进作用。（2）在就业能力维度，社会资本显著提高了农业转移人口

从事高端服务业行业、正规就业的概率，但对农业转移人口从事企业家型创业没有显著影响。在劳动关系和社会保障方面，社会资本显著提高了农业转移人口办理本地医疗保险的概率，但对农业转移人口与企业签订长期劳动合同没有显著影响。

社会资本影响农业转移人口高质量就业的数字经济发展水平异质性分析发现：（1）数字经济对农业转移人口高质量就业的劳动力替代效应高于就业创造效应和生产率提升效应，数字经济发展抑制了农业转移人口的高质量就业水平，对农业转移人口的就业质量有负面影响。（2）数字经济发展提高了开放式网络的高质量就业效应，降低了封闭式网络的高质量就业效应。

社会资本影响农业转移人口高质量就业的区域异质性分析发现：（1）异质性社会资本对东部地区农业转移人口的高质量就业没有显著影响；（2）原始跨越型社会资本和新型跨越型社会资本均显著促进了中部地区农业转移人口高质量就业，其中原始跨越型社会资本的高质量就业效应最高；（3）原始跨越型社会资本和新型跨越型社会资本均显著提高了西部地区农业转移人口的高质量就业绩效，其中新型跨越型社会资本的高质量就业效应最高；（4）原始跨越型社会资本和新型跨越型社会资本也显著提高了东北地区农业转移人口的高质量就业绩效，其中原始跨越型社会资本的高质量就业效应最高。

社会资本影响农业转移人口高质量就业的个体异质性分析发现：（1）原始跨越型社会资本和新型跨越型社会资本显著提高了第一代农业转移人口和第二代农业转移人口的高质量就业水平。（2）原始整合型社会资本降低了中专及以上学历农业转移人口的高质量就业水平；原始跨越型社会资本不仅提高了高中及以下学历农业转移人口的高质量就业水平，而且放大了教育水平的高质量就业差异；新型跨越型社会资本提高了初中及以上学历农业转移人口的高质量就业水平，但对小学及以下学历农业转移人口的高质量就业没有显著影响。（3）原始跨越型社会资本和新型跨越型社会资本提高了女性和男性农业转移人口的高质量就业水平，但原始整合型社会资本则降低了男性农业转移人口的高质量就业水平。

本章主要研究了社会资本对农业转移人口高质量就业的异质性影响，

与同类研究相比，本部分的研究贡献和研究意义如下：（1）系统探究社会资本对农业转移人口四个维度7个方面的高质量就业的影响，有助于深化了解社会资本的高质量就业效应，能够更有针对性地从社会资本角度提出推进农业转移人口高质量就业的政策建议。（2）探究数字经济发展影响下社会资本对农业转移人口高质量就业的影响，拓展了数字经济对农业转移人口高质量就业的影响的研究。现有研究大多从国家和省级层面展开研究，如王文（2020）基于中国30个省份的面板数据研究发现，工业智能化促进了行业就业结构高级化，有助于实现高质量就业。孟祺（2021）基于我国2000～2018年的面板数据研究发现，数字经济的替代效应和抑制替代效应并存，导致数字经济没有减少就业。本章计算了城市层面的数字经济发展指数，研究发现数字经济降低了农业转移人口的高质量就业水平，但是数字经济增强了新型跨越型社会资本的高质量就业效应。本书的研究为系统探究数字经济对农业转移人口高质量就业的影响提供经验证据。

第 **8** 章

研究结论与对策建议

就业是最大的民生，就业质量直接影响着就业者的获得感、幸福感和安全感。社会资本是农业转移人口的重要资源，它能够在市场不完善时提高帕累托效率，提高农业转移人口的就业绩效。大量研究关注了社会资本的就业效应或工资效应。然而，鲜有文献量化分析社会资本对农业转移人口高质量就业的影响，也缺乏对社会资本影响农业转移人口高质量就业的机制的讨论。实际上，全面、系统地衡量农业转移人口的高质量就业水平，探究社会资本是否以及如何影响农业转移人口高质量就业，不仅可以为全面刻画农业转移人口的高质量就业水平提供合适的指标框架，还可以从社会资本的角度为促进农业转移人口高质量就业提供新的视角。

本书主要研究了社会资本对农业转移人口高质量就业的影响及其影响机制，探究了数字经济发展下社会资本对农业转移人口高质量就业的影响，得到了相应的研究结论，并据此提出促进农业转移人口社会资本积累和高质量就业的对策建议。

8.1 研究结论

本书重点回答了以下五个方面的问题：（1）农业转移人口的高质量就

业现状如何？（2）社会资本影响农业转移人口高质量就业的机理是什么？（3）社会资本对农业转移人口的高质量就业有什么影响？（4）社会资本通过哪些机制影响了农业转移人口的高质量就业水平？（5）数字经济发展下社会资本对农业转移人口的高质量就业产生了什么样的影响？

围绕研究问题，本书的主要研究内容为：（1）阐述了研究的背景和意义，对现有关于社会资本和农业转移人口就业、农业转移人口高质量就业的研究成果以及与社会资本、高质量就业相关的理论进行了系统的梳理，奠定了文章的理论基础。（2）展开社会资本影响农业转移人口高质量就业的理论分析，推导出社会资本影响农业转移人口高质量就业的理论模型，梳理社会资本影响农业转移人口高质量就业的人力资本促进机制、工作搜寻与就业匹配机制、市民身份认同机制，并构建数字经济发展影响下社会资本的高质量就业的理论框架，厘清本书的理论分析框架。（3）从薪酬福利、就业能力、劳动关系和社会保障四个维度构建农业转移人口微观层面的高质量就业的指标体系，根据这一指标体系，采用 CMDS 调查数据对我国农业转移人口的高质量就业水平进行了测算与综合评价。（4）实证分析了原始整合型社会资本、原始跨越型社会资本和新型跨越型社会资本对农业转移人口的高质量就业的影响，研究了社会资本对不同分位度的农业转移人口高质量就业的影响，并厘清了各个社会资本的生产率增强效应和成本降低效应。（5）实证检验了社会资本影响农业转移人口高质量就业的机制，包括人力资本促进机制、工作搜寻与就业匹配机制和市民身份认同机制。（6）研究了社会资本影响农业转移人口高质量就业的异质性，实证分析了社会资本对农业转移人口的高质量就业的影响，数字经济发展下社会资本对农业转移人口高质量就业的影响，以及社会资本对不同群体农业转移人口的高质量就业水平的影响。（7）总结主要研究结论，并提出促进农业转移人口高质量就业的对策建议。

采用 CMDS 2011 年和 2017 年的调查数据、城市统计数据、家谱数据以及中国数字普惠金融指数展开分析。通过一系列理论与实证分析得到以下研究结论。

第一，高质量就业指劳动者就业能力的提升和就业福利待遇的改善，它体现了就业质量的动态变化过程，包含静态维度的就业薪酬福利好、就业能力强、就业稳定性高和就业权益保障足，动态维度的收入持续增加。微观层面的高质量就业反映了农业转移人口在就业过程中所面临的各种境遇的客观优劣程度，包括劳动者的薪酬福利、就业能力、劳动关系和社会保障方面的就业质量。高质量就业是新时代劳动力的获得感、幸福感和安全感的重要保障，是促进经济高质量发展和实现全体人民共同富裕的重要保障。高质量就业体现农业转移人口就业的新方向和模式，反映农业转移人口在劳动力市场就业的经济效益和社会效益。在本书中，农业转移人口的高质量就业体现为拥有较高的薪酬福利水平、工资收入稳步增长、就业能力强、工作稳定性高和社会保障覆盖全，它是一个包含薪酬福利、就业能力、工作稳定性和社会保障四个维度 7 个指标的指标体系。

第二，农业转移人口的高质量就业指数处于较低水平，2011～2017 年全国农业转移人口的高质量就业指数整体差异有所扩大，不同地区和群体农业转移人口的高质量就业存在较大差异。在农业转移人口的高质量就业指数的动态演进趋势方面，2011～2017 年农业转移人口的高质量就业指数呈下降趋势，低质量就业的农业转移人口的就业质量具有较强的稳定性，农业转移人口的就业质量向上转移的难度较大。此外，农业转移人口的就业质量越低，面临的就业质量等级下降转移风险越大。在农业转移人口高质量就业指数的时空异质性和群体异质性评价方面，东部地区农业转移人口的高质量就业水平最高，东北地区和西部地区次之，而中部地区农业转移人口的高质量就业水平最低。随着农业转移人口受教育水平的提高，其高质量就业指数呈现不断增大的趋势。随着年龄增加，农业转移人口的高质量就业指数呈现先增加后下降的倒 "U" 型趋势。

第三，农业转移人口的总体社会资本处于中等水平，不同地区和群体之间社会资本水平存在较大差异。农业转移人口的原始整合型社会资本、原始跨越型社会资本和新型跨越型社会资本也存在区域和群体异质性。随着农业转移人口受教育水平的提高，农业转移人口的社会资本也不断增加。20 岁以下的农业转移人口的社会资本最高，随着年龄的增加，农业转移人口社会资本呈下降趋势。从不同类型社会资本的角度来看，以原始整合型社会资本为主的农业转移人口占比最多，以原始跨越型社会资本为主的农业转移人口占比最少；东部地区农业转移人口以原始整合型社会资本为主，非东部地区农业转移人口以新型跨越型社会资本为主。从受教育水平差异看，随着农业转移人口受教育水平提高，以原始整合型社会资本为主的农业转移人口的比例下降，而以新型跨越型社会资本为主的农业转移人口的比例持续上升。从性别差异看，女性农业转移人口以新型跨越型社会资本为主，男性农业转移人口以原始整合型社会资本为主。从年龄阶段差异看，随着年龄的增加，以原始整合型社会资本为主的农业转移人口份额持续下降，以原始跨越型社会资本为主的农业转移人口份额呈倒"U"型，以新型跨越型社会资本为主的农业转移人口份额呈上升趋势。

第四，原始整合型社会资本是成本降低型社会资本，它提高了高质量就业的概率但降低了农业转移人口的高质量就业绩效；原始跨越型社会资本和新型跨越型社会资本均是生产率增强型社会资本，它们提高了高质量就业的概率，并且提高了农业转移人口的高质量就业绩效。社会资本对农业转移人口的高质量就业有显著的正向影响。从三种社会资本的回归结果来看，原始整合型社会资本降低了农业转移人口的高质量就业水平，而原始跨越型社会资本和新型跨越型社会资本均提高了农业转移人口的高质量就业水平。原始整合型社会资本对中低分位的高质量就业有显著影响，而对中分位和中高分位的高质量就业没有显著影响。原始跨越型社会资本和新型跨越型社会资本对中低分位、中分位和中高分位农业转移人口的高质量就业均有显著影响，而且原始跨越型社会资本的高质量就业效应随着高质量就业分位数的增加而持续增大。新型跨越型社会资本的高质量就业效应随着高质量就业分位数的增加而呈现倒"U"型趋势。原始整合型社会资本是一种成本降低型社会资本，它只能降低农业转移人口就业的搜寻成本进而降低了农业转移人口到现代部门就业的门槛，但不能提高农业转移人口的生产率。原始跨越型社会资本和新型跨越型社会资本是生产率增强型社会资本，它们能够提高农业转移人口的生产率，促进农业转移人口到现代部门工作进而实现高质量就业。

第五，社会资本主要通过人力资本促进机制、工作搜寻与就业匹配机制、市民身份认同机制提高农业转移人口高质量就业。在社会资本影响农业转移人口高质量就业的人力资本促进机制检验部分，发现新型跨越型社会资本通过人力资本促进机制提高了农业转移人口的高质量就业，而原始整合型社会资本和原始跨越型社会资本降低了农业转移人口业余时间学习的概率。在社会资本影响农业转移人口高质量就业的工作搜寻和就业匹配机制检验部分，发现原始整合型社会资本和原始跨越型社会资本对农业转移人口高质量就业具有网络搜寻效应，而新型跨越型社会资本对农业转移人口的高质量就业的网络搜寻效应不显著。此外，原始跨越型社会资本和新型跨越型社会资本对农业转移人口的高质量就业有良好匹配效应，说明原始跨越型社会资本和新型跨越型社会资本具有良好的劳动力市场信号传递效应。在社会资本影响农业转移人口高质量就业的市民身份认同机制检验部分，发现原始跨越型社会资本和新型跨越型社会资本均通过市民身份认同机制提高了农业转移人口的高质量就业，但原始整合型社会资本对高质量就业的影响的市民身份认同机制不显著。

第六，社会资本显著提高了农业转移人口的薪酬和同比工资增加，促进农业转移人口从事高端服务业就业和正规就业，社会资本也提高了农业转移人口的本地医疗保险覆盖和长期劳动合同覆盖。在薪酬福利维度，社会资本对农业转移人口的高薪酬分位和同比工资增加有显著的促进作用。在就业能力维度，社会资本显著提高了农业转移人口从事高端服务业、正规部门正规就业的概率，但对农业转移人口从事企业家型创业没有显著影响。在社会保障维度，社会资本显著提高了农业转移人口办理本地医疗保险的概率，但对农业转移人口与企业签订长期劳动合同没有显著影响。

第七，数字经济发展对农业转移人口的高质量就业产生了劳动力替代效应，但数字经济提高了原始跨越型社会资本和新型跨越型社会资本的高质量就业效应。数字经济发展对农业转移人口高质量就业产生了挤出效应，恶化了农业转移人口的就业质量，说明数字经济发展水平对农业转移人口高质量就业的影响表现为劳动力替代效应。数字经济降低了原始整合型社会资本的高质量就业效应，提高了新型跨越型社会资本的高质量就业效应。

第八，社会资本对不同区域和群体的农业转移人口的高质量就业的影响不同。异质性社会资本对东部地区农业转移人口的高质量就业没有显著影响，原始跨越型社会资本和新型跨越型社会资本显著促进了中部地区、西部地区和东北地区农业转移人口的高质量就业。原始跨越型社会资本和新型跨越型社会资本显著提高了第一代和第二代农业转移人口的高质量就业水平。原始整合型社会资本降低了中专及以上学历农业转移人口的高质量就业水平；原始跨越型社会资本不仅提高了高中及以下学历农业转移人口的高质量就业水平，而且放大了不同教育水平下的高质量就业差异；新型跨越型社会资本提高了初中及以上学历农业转移人口的高质量就业水平，但对小学及以下学历农业转移人口的高质量就业没有显著影响。原始跨越型社会资本和新型跨越型社会资本提高了女性和男性农业转移人口的高质量就业水平，但原始整合型社会资本则降低了男性农业转移人口的高质量就业水平。

8.2　政策建议

结合本书的主要研究内容和研究结论，本书从提高农业转移人口社会资本积累的角度和促进农业转移人口高质量就业的角度提出相应的政策建议，以促进农业转移人口高质量就业和实现完全市民化。

8.2.1　提高农业转移人口社会资本积累的相关政策建议

8.2.1.1　加快户籍制度改革，提高农业转移人口的市民化水平

农业转移人口的社会资本积累函数表明，社会资本受到农业转移人口的流动性的影响。实证分析结果显示，以农业转移人口社会网络中城市户口同乡为来源的社会资本有持续的高质量就业回报。两者均强调了完全市民化的重要性。为此，要加快户籍制度改革，提高农业转移人口的市民化进程，进而促进农业转移人口的社会资本积累。

进一步加快户籍制度改革进程，放开大中小城市入户限制，降低农业转移人口的落户门槛，促进农业转移人口有序市民化。通过积极的市民化政策降低农业转移人口流动的频率，促进农业转移人口在城市定居和落户，从"半市民化"状态转变为"市民化"状态，进而促进农业转移人口的社会资本积累和高质量就业。

8.2.1.2　加强社区服务建设，提高农业转移人口社会资本异质性

农业转移人口的原始跨越型社会资本和新型跨越型社会资本具有生产率提高效应，能够促进农业转移人口高质量就业。然而，以原始跨越型社会资本和新型跨越型社会资本为主的农业转移人口的比例并不高，特别是以原始跨越型社会资本为主的农业转移人口的比例很低。未来的政策设计应关注如何促进农业转移人口与城市户口居民交往，增强农业转移人口的社会资本中原始跨越型社会资本和新型跨越型社会资本的比例。

首先，加强社区建设，增加农业转移人口与社区居民的社会资本积累。如提供社区公共设施、增加社区健康教育、卫生服务，举行社区选举与公共事务讨论活动，提高农业转移人口公共参与的概率，增强农业转移人口与不同层次社会群体接触的概率和频率，提高农业转移人口的社会资本的异质性。

其次，通过公共服务均等化政策提高农业转移人口的公共服务水平，在此过程中提高农业转移人口与城市户口居民交往的频率，促进农业转移人口与城市户口居民交往与合作，丰富农业转移人口的社会网络结构。

最后，加强公共基础设施建设，降低农业转移人口建立异质性社会资本的成本。加强城市互联网基础设施建设，扩大互联网和数字产品在农业转移人口群体的覆盖率，降低农业转移人口获取信息和建立社会网络的成本，促进农业转移人口通过社会网络建立基于业缘、趣缘的新型社会关系网络，进而提高农业转移人口的异质性社会资本。

8.2.1.3　充分考虑群体差异，优化社会资本促进政策

在制定促进农业转移人口社会资本积累和提高农业转移人口社会资本异质性的相关政策措施时，应针对不同的农业转移人口群体实施差异化的政策。

首先，应重点关注低学历农业转移人口群体的社会资本水平，农业转移人口的社会资本积累政策应优先向低学历农业转移人口群体倾斜，如通过结对的方式促进城市本地人一对一帮助低学历农业转移人口，或者通过公共活动，如提供工作技能培训等，增加低学历农业转移人口与城市户口

同乡、城市本地人接触的概率，进而提高他们的社会资本水平。

其次，应重点关注中年农业转移人口的异质性社会资本促进机制。中年农业转移人口的原始整合型社会资本水平最低，而新型跨越型社会资本水平也较低，导致中年农业转移人口在城市劳动力市场面临着"高不成低不就"的就业状态。因此，社区建设和公共活动建设应重点关注中年农业转移人口群体，促进他们的公共参与，进而增加他们的社会资本。

8.2.2　促进农业转移人口高质量就业的相关政策建议

8.2.2.1　加大技能培训力度，提高农业转移人口人力资本水平

首先，通过市场调查了解企业和农业转移人口的技能需求，制定具有市场前景的技能培训方案。政府可以根据企业对劳动力素质的需求，并结合农业转移人口当前的知识技能水平，设定相应的农业转移人口技能培训方案，并将该方案分别与企业和农业转移人口讨论和反馈，进而制定具有市场前景又与农业转移人口的意愿相契合的技能培训方案。

其次，在农业转移人口聚集地和社区开展技能培训，提高农业转移人口的技能水平。政府应根据农业转移人口的就业特点和生活习惯，选取农业转移人口聚集的地区作为技能培训点，通过张贴技能培训工作安排、广告宣传等方式扩大农业转移人口对技能培训的知晓率，吸引农业转移人口积极参与技能培训。

再次，企业应结合各岗位的技能需求，加大农业转移人口的技能培训力度。企业应该充分了解农业转移人口的技能水平和人力资本水平，结合不同岗位对技能的需求差异，开展相应的技能培训活动，提高农业转移人口胜任工作岗位的能力。

最后，发挥人力资本和社会资本水平较高的农业转移人口的示范带动效应。理论分析和实证检验发现，社会网络能够通过蔓延效应、社会影响效应和社会学习效应提高农业转移人口的人力资本水平。因此，在推进农业转移人口技能培训过程中可以设置先进模范奖励等激励机制，鼓励高技能农业转移人口带动低技能农业转移人口学习新技能，促进新技能的广泛扩散进而提高农业转移人口的整体技能水平。

8.2.2.2 完善技能认定机制，提高农业转移人口就业匹配质量

首先，根据我国技能分类标准和农业转移人口的特点，制定适宜农业转移人口的技能认定方案。在制订农业转移人口的技能认定方案时，除了参考国家技能分类标准外，也应该结合农业转移人口自身技能水平和就业行业、职业特征，制定与农业转移人口的能力相适宜的技能认定标准。同时，政府或行业协会等第三方机构应保持技能证书的可信度，以准确地传递农业转移人口的技能信号。

其次，提高农业转移人口的人力资本数字化水平。加强目的地城市和迁出地城市农业转移人口的信息管理系统建设，及时动态更新农业转移人口的教育、技能、就业信息。加强农业转移人口的数字化人力资本建设，帮助企业及时了解农业转移人口的人力资本水平，进而提高农业转移人口与企业的就业匹配质量，提高农业转移人口的工作持续时间。

再次，完善农业转移人口工作搜寻机制建设，增加农业转移人口和企业之间的互相了解。企业通过开展就业宣传会和咨询会等方式宣传企业，增强农业转移人口对企业的了解。此外，企业通过面试会和推荐会等活动来加强企业与农业转移人口之间的相互了解程度，以避免因为就业不匹配而带来的效率损失。

最后，健全服务农业转移人口就业的第三方就业推荐机制，提高农业转移人口的就业匹配质量。政府应引导社会建立服务农业转移人口的第三方就业推荐机构，如就业中介或行业协会，依托第三方推荐机构的公信力来帮助农业转移人口推荐合适的工作，进而降低就业匹配摩擦，促进农业转移人口高质量就业。

8.2.2.3 畅通信息传递渠道，提高农业转移人口工作搜寻效率

首先，进一步完善农业转移人口就业服务平台建设，及时发布就业需求信息。建立以农业转移人口需求为主的就业信息服务平台，根据地域、企业类型和企业对劳动力的需求特征，分门别类地发布就业需求信息，方便农业转移人口及时了解招聘信息。

其次，设置多样化的就业信息传递渠道，降低农业转移人口的工作搜

寻成本。通过开发发布就业信息的小程序、建立就业交流的微信群或 QQ 群，帮助企业及时发布就业招聘信息，帮助农业转移人口快速了解企业就业需求，降低农业转移人口的工作搜寻时间。

最后，健全服务农业转移人口就业的政府部门或第三方机构。政府可以专门设置促进农业转移人口就业的职能部门，方便农业转移人口进行正式工作搜寻。也可以通过第三方就业中介机构向农业转移人口传递就业需求信息，提高农业转移人口的工作搜寻效率。

8.2.2.4 推进社会融合政策，强化农业转移人口市民身份认同

首先，进一步推进户籍制度改革，简化超大城市落户限制，放开大中城市落户限制。进一步加快户籍制度改革进程，降低农业转移人口的落户门槛，促进农业转移人口有序市民化，提高农业转移人口的城市归属感。

其次，进一步加快基本公共服务均等化建设，提高农业转移人口的公共服务获得感。通过加快就业、教育、医疗卫生、公共基础设施和资源等方面的公共服务均等化改革进程，加大农业转移人口的基本公共服务覆盖率，提高农业转移人口的公共服务获得感和对目的地城市的认同感。

最后，提高农业转移人口的公共参与和社会治理参与，提高农业转移人口的市民身份认同度。邀请农业转移人口参与社区选举活动和社区委员会活动，鼓励农业转移人口竞选社区委员会相关职位，促进农业转移人口参与社区治理和公共治理活动，强化农业转移人口的主人公意识。通过提高农业转移人口的市民身份认同进而提高农业转移人口的就业积极性，促进农业转移人口高质量就业和实现市民化。

8.2.2.5 优化数字经济结构，促进农业转移人口充分高质量就业

首先，深化数字经济的就业创造效应，拓宽农业转移人口就业渠道。依托互联网发展和数字技术大力发展数字经济、网络经济、平台经济和共享经济。通过深化"互联网＋"创业创新培育行动，鼓励中小企业积极发展电子商务、物联网、云计算、智慧物流、数字经济等新业态，拓展就业渠道。支持发展行业内、区域内互联网平台，引导小微企业参与线上线下生产流通分工，积极融入软件应用商店、开放开发平台、电子商务平台等

新兴平台生态体系，催生新型职业类型和新型就业需求。加快发展"互联网＋"现代服务业，推进新一代信息技术与服务业深度融合，加快技术进步、效率提升和组织变革，催生更广泛的新业态、新模式，大力发展普惠金融、信托租赁、移动支付等新兴金融业，离岸结算、转口贸易、跨境物流仓储等现代物流业，拓宽农业转移人口的就业渠道。

其次，强化数字经济的生产率提升效应，提高农业转移人口劳动生产率。通过"宽带中国""宽带乡村"等互联网公共基础设施建设，提高农村城市信息化水平和数字经济发展，为农业转移人口提供物廉价美的数字化产品，使得农业转移人口以较低的成本使用数字产品和网络社交媒体，提高农业转移人口可及的信息量和丰富农业转移人口可及的信息类型。同时，充分利用数字经济发展带来的"数字红利"，发挥信息的资源配置效应和知识溢出效应，促进新知识和新技术在农业转移人口中的传播和扩散，提高农业转移人口的人力资本积累和劳动生产率。

最后，优化数字经济的社会资本促进效应，促进农业转移人口高质量就业。提高农业转移人口的移动互联网覆盖率和网络社交媒体应用水平，鼓励农业转移人口积极参与网络社群和网络公共活动，提高农业转移人口的异质性社会资本积累。特别是鼓励原始整合型社会资本的农业转移人口通过网络社交媒体与城市人交流和建立社会联系，积累跨越型社会资本，进而提高自己的技能水平和市民身份认同，促进原始整合型社会资本农业转移人口高质量就业。同时，促进原始跨越型社会资本和新型跨越型社会资本农业转移人口进一步提高社会资本积累和人力资本积累，进而实现更高质量就业。

8.3　研究展望

本书较为系统地研究了社会资本以及原始整合型社会资本、原始跨越型社会资本和新型跨越型社会资本对农业转移人口高质量就业的影响，分析了三种社会资本影响农业转移人口高质量就业的机制，并分析了社会资本对四个维度 7 个高质量就业指标的影响、数字经济发展水平下社会资本对农业转移人口高质量就业的影响以及社会资本对农业转移人口高质量就业的群体影响的异质性，得到一系列结论，并提出促进农业转移人口社会资本积累和提高农业转移人口高质量就业水平的政策建议。但是，本书的研究仍存在以下有待完善和进一步研究的地方：

第一，农业转移人口的高质量就业指标体系有待进一步完善。受研究数据限制，本书主要从薪酬福利、就业能力、劳动关系和社会保障四个维度构建7个高质量就业指标。尽管该指标体系能够比较全面地度量农业转移人口的高质量就业水平，但仍无法反映农业转移人口就业的福利情况和详细的社会保障情况。未来的研究中可以扩展高质量就业的维度，如增加福利水平、晋升机会、利益表达机制等方面的指标。

第二，农业转移人口的社会资本指标有待进一步细化和完善。本书旨在研究不同关系强度和网络开放度分类的社会资本的高质量就业效应，并探究这些社会资本影响农业转移人口高质量就业的机制。因此，基于CMDS调查数据库的社会资本相关指标为本书提供了指标基础和数据基础，并使得本书可以揭示不同类型社会资本的高质量就业效应。然而，考虑到社会资本的定义依然模糊和其包含的指标种类较多，未来的研究中可以结合其他数据库中关于社会资本的调查项目以全面地度量社会资本。

参 考 文 献

[1] 蔡昉，陈晓红，张军，李雪松，洪俊杰，张可云，陆铭．研究阐释党的十九届五中全会精神笔谈 [J]．中国工业经济，2020 (12)：5 - 27.

[2] 蔡昉．被世界关注的中国农民工——论中国特色的深度城市化 [J]．国际经济评论，2010 (2)：40 - 54.

[3] 蔡跃洲，陈楠．新技术革命下人工智能与高质量增长、高质量就业 [J]．数量经济技术经济研究，2019，36 (5)：3 - 22.

[4] 陈斌开，陈思宇．流动的社会资本—传统宗族文化是否影响移民就业？ [J]．经济研究，2018，53 (3)：35 - 49.

[5] 陈飞，苏章杰．城市规模的工资溢价：来源与经济机制 [J]．管理世界，2021，37 (1)：19 - 32，2，15 - 16.

[6] 程名望，贾晓佳，俞宁．农村劳动力转移对中国经济增长的贡献 (1978～2015 年)：模型与实证 [J]．管理世界，2018，34 (10)：161 - 172.

[7] 崔静，冯玲．同群效应研究述评与未来展望 [J]．商业经济研究，2017 (10)：101 - 103.

[8] 戴亦一，肖金利，潘越．"乡音"能否降低公司代理成本？——基于方言视角的研究 [J]．经济研究，2016，51 (12)：147 - 160，186.

[9] 邓睿．身份的就业效应——"城市人"身份认同影响农民工就业质量的经验考察 [J]．经济社会体制比较，2019 (5)：91 - 104.

[10] 丁守海，丁洋，吴迪．中国就业矛盾从数量型向质量型转化研究 [J]．经济学家，2018 (12)：57 - 63.

[11] 董延芳，罗长福，付明辉．加班或不加班：农民工的选择还是别无选择 [J]．农业经济问题，2018 (8)：116 - 127.

[12] 樊增增．中国家庭收入不平等及其影响因素——基于分位数回归模型的实证 [J]．统计与决策，2020，36 (19)：60 - 64.

[13] 付明辉，祁春节. 要素禀赋、技术进步偏向与农业全要素生产率增长？——基于28个国家的比较分析 [J]. 中国农村经济，2016 (12)：76 – 90.

[14] 韩东. 农民工就业质量研究 [D]. 长春：吉林大学，2019.

[15] 何大安. 互联网应用扩张与微观经济学基础——基于未来"数据与数据对话"的理论解说 [J]. 经济研究，2018，53 (8)：177 – 192.

[16] 惠建国，刘冠军. 新中国70年就业政策的创新发展与经验总结 [J]. 财经问题研究，2020 (9)：18 – 25.

[17] 解垩. 中国非农自雇活动的转换进入分析 [J]. 经济研究，2012，47 (2)：54 – 66.

[18] 赖德胜. 高质量就业的逻辑 [J]. 劳动经济研究，2017，5 (6)：6 – 9.

[19] 李红阳，邵敏. 城市规模、技能差异与劳动者工资收入 [J]. 管理世界，2017 (8)：36 – 51.

[20] 梁文泉，陆铭. 后工业化时代的城市：城市规模影响服务业人力资本外部性的微观证据 [J]. 经济研究，2016，51 (12)：90 – 103.

[21] 刘兵权，王耀中. 分工、现代生产性服务业与高端制造业发展 [J]. 山西财经大学学报，2010，32 (11)：35 – 41.

[22] 刘传江，付明辉. 新时代中国经济发展的新旧动能转换的思路建议 [J]. 经济界，2019 (1)：3 – 6.

[23] 刘传江，龙颖桢，付明辉. 非认知能力对农民工市民化能力的影响研究 [J]. 西北人口，2020，41 (2)：1 – 12.

[24] 刘传江，覃艳丽，李雪. 网络社交媒体使用、社会资本积累与新时代农业转移人口的城市融合——基于六市1409个样本的调查 [J]. 杭州师范大学学报（社会科学版），2018，40 (6)：98 – 108.

[25] 刘传江，周玲. 社会资本与农民工的城市融合 [J]. 人口研究，2004，28 (5)：12 – 18.

[26] 刘传江. 迁徙条件、生存状态与农民工市民化的现实进路 [J]. 改革，2013 (4)：83 – 90.

[27] 刘守英，王一鸽. 从乡土中国到城乡中国——中国转型的乡村

变迁视角 [J]. 管理世界, 2018, 34 (10): 128-146, 232.

[28] 鲁元平, 王韬. 收入不平等、社会犯罪与国民幸福感 ——来自中国的经验证据 [J]. 经济学 (季刊), 2011, 10 (4): 1437-1458.

[29] 陆铭, 李爽. 社会资本、非正式制度与经济发展 [J]. 管理世界, 2008 (9): 5-26.

[30] 吕朝凤, 陈汉鹏, López-Leyva S. 社会信任、不完全契约与长期经济增长 [J]. 经济研究, 2019, 54 (3): 4-20.

[31] 毛晶晶, 路琳, 史清华. 上海农民工就业质量影响因素研究 ——基于代际差异视角 [J]. 中国软科学, 2020 (12): 65-74.

[32] 孟祺. 数字经济与高质量就业: 理论与实证 [J]. 社会科学, 2021 (2): 47-58.

[33] 聂长飞, 简新华. 中国高质量发展的测度及省际现状的分析比较 [J]. 数量经济技术经济研究, 2020, 37 (2): 26-47.

[34] 宁光杰. 自我雇佣还是成为工资获得者? ——中国农村外出劳动力的就业选择和收入差异 [J]. 管理世界, 2012 (7): 54-66.

[35] 潘越, 宁博, 纪翔阁, 戴亦一. 民营资本的宗族烙印: 来自融资约束视角的证据 [J]. 经济研究, 2019, 54 (7): 94-110.

[36] 潘越, 翁若宇, 纪翔阁, 戴亦一. 宗族文化与家族企业治理的血缘情结 [J]. 管理世界, 2019, 35 (7): 116-135, 203-204.

[37] 乔丹, 陆迁, 徐涛. 信息获取与农户节水灌溉技术采用——以甘肃省民勤县为例 [J]. 南京农业大学学报 (社会科学版), 2017, 17 (4): 147-155, 160.

[38] 邱雅静. 欧洲工作质量研究的新进展: 发展与挑战 [J]. 社会发展研究, 2015, 2 (3): 209-231, 246.

[39] 沈嘉贤. 新时代高质量就业评价指标体系研究 [J]. 统计科学与实践, 2020 (6): 13-16.

[40] 世界银行集团. 2019 年世界发展报告: 工作性质的变革 [R]. 2019.

[41] 宋冬林, 王林辉, 董直庆. 技能偏向型技术进步存在吗? ——来自中国的经验证据 [J]. 经济研究, 2010 (5): 68-81.

[42] 苏丽锋，赖德胜. 高质量就业的现实逻辑与政策选择 [J]. 中国特色社会主义研究，2018 (2)：32 - 38.

[43] 孙三百，黄薇，洪俊杰，王春华. 城市规模、幸福感与移民空间优化 [J]. 经济研究，2014 (1)：97 - 111.

[44] 田国强. 现代经济学的本质（上）[J]. 学术月刊，2016，48 (7)：5 - 19.

[45] 万建香，汪寿阳. 社会资本与技术创新能否打破"资源诅咒"？——基于面板门槛效应的研究 [J]. 经济研究，2016 (12)：76 - 89.

[46] 王春超，张玲，周先波. 社会关系网为什么能提升农民工工资 [J]. 统计研究，2017，34 (2)：79 - 91.

[47] 王春超，钟锦鹏. 同群效应与非认知能力——基于儿童的随机实地实验研究 [J]. 经济研究，2018，53 (12)：177 - 192.

[48] 王春超，周先波. 社会资本能影响农民工收入吗？——基于有序响应收入模型的估计和检验 [J]. 管理世界，2013 (9)：55 - 68，101，187.

[49] 王丹利，陆铭. 农村公共品提供：社会与政府的互补机制 [J]. 经济研究，2020，55 (9)：155 - 173.

[50] 王建. 正规教育与技能培训：何种人力资本更有利于农民工正规就业？[J]. 中国农村观察，2017 (1)：113 - 126，143 - 144.

[51] 王文. 数字经济时代下工业智能化促进了高质量就业吗 [J]. 经济学家，2020 (4)：89 - 98.

[52] 王阳，杨宜勇. 健全更高质量就业促进机制 [J]. 劳动经济评论，2020，13 (2)：97 - 116.

[53] 王永钦，董雯. 机器人的兴起如何影响中国劳动力市场？——来自制造业上市公司的证据 [J]. 经济研究，2020，55 (10)：159 - 175.

[54] 吴雨，李成顺，李晓，弋代春. 数字金融发展对传统私人借贷市场的影响及机制研究 [J]. 管理世界，2020，36 (10)：53 - 64，138，65.

[55] 吴玉锋，雷晓康，聂建亮. 从"结构"到"认知"：社会资本与流动人口社会融合——基于2014年中国劳动力动态调查数据 [J]. 人口与发展，2019，25 (5)：111 - 122.

[56] 伍山林. 农业劳动力流动对中国经济增长的贡献 [J]. 经济研

究, 2016, 51 (2): 97 – 110.

[57] 肖红梅. 新型城镇化背景下新生代农民工就业稳定性研究 [D]. 北京: 首都经济贸易大学, 2015.

[58] 严成樑. 社会资本、创新与长期经济增长 [J]. 经济研究, 2012, 47 (11): 48 – 60.

[59] 杨菊华, 王毅杰, 王刘飞, 刘传江, 陈友华, 苗国, 王谦. 流动人口社会融合: "双重户籍墙" 情景下何以可为? [J]. 人口与发展, 2014, 20 (3): 2 – 17, 64.

[60] 杨汝岱, 陈斌开, 朱诗娥. 基于社会网络视角的农户民间借贷需求行为研究 [J]. 经济研究, 2011, 46 (11): 116 – 129.

[61] 叶静怡, 武玲蔚. 社会资本与进城务工人员工资水平——资源测量与因果识别 [J]. 经济学 (季刊), 2014, 13 (4): 1303 – 1322.

[62] 叶静怡, 周晔馨. 社会资本转换与农民工收入——来自北京农民工调查的数据 [J]. 管理世界, 2010 (10): 34 – 46.

[63] 叶文平, 李新春, 陈强远. 流动人口对城市创业活跃度的影响: 机制与证据 [J]. 经济研究, 2018, 53 (6): 157 – 170.

[64] 余泳泽, 潘妍. 中国经济高速增长与服务业结构升级滞后并存之谜——基于地方经济增长目标约束视角的解释 [J]. 经济研究, 2019, 54 (3): 150 – 165.

[65] 张川川, 马光荣. 宗族文化、男孩偏好与女性发展 [J]. 世界经济, 2017 (3): 122 – 143.

[66] 张丹丹, 王也, Meng X., Cameron L. 农民工犯罪类别的决定因素——基于监狱调查数据的实证分析 [J]. 经济学 (季刊), 2014, 14 (1): 83 – 112.

[67] 张鹏, 张平, 袁富华. 中国就业系统的演进、摩擦与转型—劳动力市场微观实证与体制分析 [J]. 经济研究, 2019, 54 (12): 4 – 20.

[68] 张世虎, 顾海英. 信息渠道变革引致乡村居民多样化高质量就业的逻辑 [J]. 劳动经济研究, 2020, 8 (4): 121 – 144.

[69] 张勋, 万广华, 张佳佳, 何宗樾. 数字经济、普惠金融与包容性增长 [J]. 经济研究, 2019, 54 (8): 71 – 86.

［70］章元，陆铭．社会网络是否有助于提高农民工的工资水平？［J］．管理世界，2009（3）：45－54．

［71］赵涛，张智，梁上坤．数字经济、创业活跃度与高质量发展——来自中国城市的经验证据［J］．管理世界，2020，36（10）：65－76．

［72］周敏慧，Arcand J L，陶然．企业家精神代际传递与农村迁移人口的城市创业［J］．经济研究，2017，52（11）：74－87．

［73］朱志胜．非认知能力与乡城移民创业选择：来自CMDS的经验证据［J］．中国人力资源开发，2019，36（10）：93－107．

［74］左翔，李辉文．市场化进程中的劳动者社群网络与企业效率［J］．经济研究，2017，52（3）：106－121．

［75］Abebe G.，Caria A. S.，Fafchamps M.，Falco P.，Franklin S.，Quinn S. Anonymity or Distance？Job Search and Labour Market Exclusion in a Growing African City［J］. The Review of Economic Studies，2021，88（3）：1279－1310．

［76］Acemoglu D，Autor D. Skills，tasks and technologies：Implications for employment and earnings［J］. Handbook of Labor Economics，2011，4（PART B）：1043－1171．

［77］Acemoglu D，Wolitzky A. Sustaining cooperation：community enforcement versus specialized enforcement［J］. Journal of the European Economic Association，2020，18（2）：1078－1122．

［78］Akerlof G A，Kranton R E. Economics and identity［J］. Quarterly Journal of Economics，2000，115（3）：715－753．

［79］Alatas V，Banerjee A，Chandrasekhar A G. Hanna R，Olken B A. Network structure and the aggregation of information：theory and evidence from Indonesia［J］. American Economic Review，2016，106（7）：1663－1704．

［80］Albouy D，Stuart B A. Urban population and amenities：the neo-classical model of location［J］. International Economic Review，2020，61（1）：127－158．

［81］Alchian A A. Uncertainty，evolution，and economic theory［J］. Journal of Political Economy，1950，58（3）：211－221．

［82］ Ali S N, Miller D A. Ostracism and forgiveness ［J］. American Economic Review, 2016, 106 (8): 2329 – 2348.

［83］ Allcott H, Diamond R, Dubé J P, Handbury J, Rahkovsky I, Schnell M. Food deserts and the causes of nutritional inequality ［J］. Quarterly Journal of Economics, 2019, 134 (4): 1793 – 1844.

［84］ Alvarez-Cuadrado F, Poschke M. Structural change out of agriculture: Labor push versus labor pull ［J］. American Economic Journal: Macroeconomics, 2011, 3 (3): 127 – 158.

［85］ Arduini T, Bisin A, Özgür O, Patacchini E. Dynamic social interactions and health risk behavior ［J］. NBER Working Paper, 2019, No. 26223.

［86］ Autor D H, Levy F, Murnane R J. The skill content of recent technological change: an empirical exploration ［J］. Quarterly Journal of Economics, 2003, 118 (4): 1279 – 1333.

［87］ Axelrod R. The evolution of cooperation ［M］. New York: Basic Books, 1984.

［88］ Bacher-Hicks A, Billings S B, Deming D J. The School to Prison Pipeline: Long-Run Impacts of School Suspensions on Adult Crime ［J］. NBER Working Paper, 2019, No. 26257.

［89］ Bai Y, Jia R. Elite recruitment and political stability: the impact of the abolition of China's Civil Service Exam ［J］. Econometrica, 2016, 84 (2): 677 – 733.

［90］ Baker G, Gibbs M, Holmstrom B. The internal economics of the firm: evidence from personnel data ［J］. Quarterly Journal of Economics, 1994, 109 (4): 881 – 919.

［91］ Bakshi R K, Mallick D, Ulubaşoğlu M A. Social capital as a coping mechanism for seasonal deprivation: the case of the Monga in Bangladesh ［J］. Empirical Economics, 2018, 57 (1): 239 – 262.

［92］ Banerjee A, Chandrasekhar A G, Duflo E, Jackson M O. The diffusion of microfinance ［J］. Science, 2013, 341 (6144).

［93］Barr T，Bojilov R，Munasinghe L. Referrals and search efficiency：who learns what and when？［J］. Journal of Labor Economics，2019，37（4）：1267 – 1300.

［94］Baumol W J. Macroeconomics of unbalanced growth：the anatomy of urban crisis［J］. American Economic Review，1967，57（3）：415 – 426.

［95］Bayer B G，Holmstrom B. Internal labor markets：too many theories，too few facts［J］. American Economic Review，1995，85（2）：255 – 259.

［96］Beaman L A. Social networks and the dynamics of labour market outcomes：evidence from refugees resettled in the U. S. ［J］. Review of Economic Studies，2012，79（1）：128 – 161.

［97］Becker G S. Human capital：a theoretical and empirical analysis，with special reference to education［M］. 1964，Chicago：University of Chicago Press.

［98］Becker G S. The economic approach to human behavior［M］. 1976，Chicago：University of Chicago Press.

［99］Behrman J R，Kohler H P，Watkins SnC. Social networks and changes in contraceptive use over time：evidence from a longitudinal study in rural Kenya［J］. Demography，2002，39：713 – 738.

［100］Bhuller M，Kostol A，Vigtel T C. How broadband internet affects labor market matching［R］. IZA Discussion Paper，2020，No. 12895.

［101］Bian Y，Huang X. The guanxi influence on occupational attainment in urban China［J］. Chinese Journal of Sociology，2015，1（3）：307 – 332.

［102］Bian Y. Guanxi and the allocation of urban jobs in China［J］. The China Quarterly，1994，140：971 – 999.

［103］Billings S，Hoekstra M. Schools，Neighborhoods，and the Long-Run Effect of Crime-Prone Peers［R］. NBER Working Paper，2019，No. 25730.

［104］Blau F D，Kahn L M. The gender wage gap：extent，trends，and explanations［J］. Journal of Economic Literature，2017，55（3）：789 – 865.

［105］Bloom D E，Chen S，Kuhn M，McGovern M E，Oxley L，Prettner K. The economic burden of chronic diseases：Estimates and projections for

China, Japan, and South Korea [J]. Journal of the Economics of Ageing, 2020, 17: 100163.

[106] Blundell R, Joyce R, Keiller A N, Ziliak J P. Income inequality and the labour market in Britain and the US [J]. Journal of Public Economics, 2018, 162: 48 –62.

[107] Bourdieu, P. Le capital social [J]. Actes de la recherche en sciences sociales, 1980, 31 (1): 2 –3.

[108] Bowles S, Gintis H. Social capital and community governance [J]. Economic Journal, 2002, 112 (483): 419 –436.

[109] Burchell B, Sehnbruch K, Piasna A, Agloni N. The quality of employment and decent work: definitions, methodologies, and ongoing debates [J]. Cambridge Journal of Economics, 2014, 38 (2): 459 –477.

[110] Bütikofer A, Peri G. Cognitive and noncognitive skills and the selection and sorting of migrants [r]. NBER Working Paper, 2017, No. 23877.

[111] Cai J, de Janvry A, Sadoulet E. Social networks and the decision to insure [J]. American Economic Journal: Applied Economics, 2015, 7 (2): 81 –108.

[112] Calvó-Armengol A, Jackson M O. The effects of social networks on employment and inequality [J]. American Economic Review, 2004, 94 (3): 426 –454.

[113] Cao J, Xu Y, Zhang C. Clans and calamity: How social capital saved lives during China's Great Famine [J]. Journal of Development Economics, 2022, 157: 10286.

[114] Carrell S E, Hoekstra M, Kuka E. The Long-Run Effects of Disruptive Peers [J]. American Economic Review, 2018, 108 (11): 3377 –3415.

[115] Carrington W J, Detragiache E, Vishwanath T. Migration with endogenous moving costs [J]. American Economic Review, 1996, 86 (4): 909 –930.

[116] Carter M, Laajaj R, Yang D. Subsidies and the African Green Revolution: direct effects and social network spillovers of randomized input subsidies in Mozambique [R]. NBER Working Paper, 2019, No. 26208.

［117］Cassan G，Keniston D，Kleineberg T. A division of laborers：identity and effciency in India ［R］. NBER Working Paper，2021，No. 28462.

［118］Charness G，Chen Y. Social identity，group behavior，and teams ［J］. Annual Review of Economics，2020，12：691 – 713.

［119］Chen B，Liu D，Lu M. City size，migration and urban inequality in China ［J］. China Economic Review，2018，51：42 – 58.

［120］Chen S，Lan X. Tractor vs. animal：rural reforms and technology adoption in China ［J］. Journal of Development Economics，2020，147：102536.

［121］Chen T，Kung J K sing，MA C. Long live Keju！The persistent effects of China's civil examination system ［J］. Economic Journal，2020，130 （631）：2030 – 2064.

［122］Chen Y，Fan Z，Gu X，Zhou L-A. Arrival of young talent：the send-down movement and rural education in china ［J］. American Economic Review，2020，110 （11）：3393 – 3430.

［123］Chen Y，Wang L，Zhang M. Informal search，bad search？：the effects of job search method on wages among rural migrants in urban China ［J］. Journal of Population Economics，2018，31 （3）：837 – 876.

［124］Chen-Zion A Y，Rauch J E. History dependence，cohort attachment，and job referrals in networks of close relationships ［R］. NBER Working Paper，2019，No. 26358.

［125］Chetty R，Friedman J N，Hendren N，Jones M R，Porter S R. The opportunity atlas：mapping the childhood roots of social mobility ［R］. NBER Working Paper，2018，No. 25147.

［126］Chetty R，Hendren N，Katz L F. The Effects of Exposure to Better Neighborhoods on Children：New Evidence from the Moving to Opportunity Experiment ［J］. American Economic Review，2016，106 （4）：855 – 902.

［127］Chetty R，Hendren N. The impacts of neighborhoods on intergenerational mobility I：Childhood exposure effects ［J］. Quarterly Journal of Economics，2018a，133 （3）：1107 – 1162.

［128］Chetty R，Hendren N. The impacts of neighborhoods on intergenerational mobility Ⅱ: County-level estimates [J]. Quarterly Journal of Economics, 2018b, 133 (3): 1163 – 1228.

[129] Chetty R, Hendren N, Kline P, Saez E. Where is the land of opportunity? The geography of intergenerational mobility in the United States [J]. Quarterly Journal of Economics, 2014, 129 (4): 1553 – 1623.

[130] Chuang Y, Schechter L. Social networks in developing countries [J]. Annual Review of Resource Economics, 2015, 7: 451 – 472.

[131] Coleman J S. Social capital in the creation of human capital [J]. American Journal of Sociology, 1988, 94: S95 – S120.

[132] Costa D L, Kahn M E. Cowards and heroes: group loyalty in the American Civil War [J]. Quarterly Journal of Economics, 2003, 118 (2): 519 – 548.

[133] Coveney M, Oosterveen M. What drives ability peer effects? [J]. European Economic Review, 2021, 136: 103763.

[134] Dai R, Mookherjee D, Munshi K, Zhang X. Community networks and the growth of private enterprise in China [J]. Cambridge Working Papers in Economics, 2018, No. 1850.

[135] Dasgupta P. Social capital, in The New Palgrave Dictionary of Economics [M]. London: Macmillan Publishers, 2018, 12473 – 12481.

[136] De La Roca J, Puga D. Learning by working in big cities [J]. Review of Economic Studies, 2017, 84 (1): 106 – 142.

[137] Dekker R, Engbersen G. How social media transform migrant networks and facilitate migration [J]. Global Networks, 2014, 14 (4): 401 – 418.

[138] Dimaggio P, Garip F. Network effects and social inequality [J]. Annual Review of Sociology, 2012, 38: 93 – 118.

[139] Dinardi M, Guldi M, Simon D. Body weight and internet access: evidence from the rollout of broadband providers [J]. Journal of Population Economics, 2018, 32: 877 – 913.

[140] Doeringer P B, Piore M J. Internal labor markets and manpower analysis. Lexington [M]. Massachusetts: D. C. Heath and Company, 1971.

[141] Doeringer P B, Piore M J. Internal labor markets and manpower analysis (reprinted) [M]. London: M. E. Sharpe, Inc, 1985.

[142] Dube A, Giuliano L, Leonard J. Fairness and frictions: the impact of unequal raises on quit behavior [J]. American Economic Review, 2019, 109 (2): 620 - 663.

[143] Duesenberry J S. Income, saving and the theory of consumer behavior [M]. Cambridge: Harvard University Press, 1949.

[144] Durlauf S N, Fafchamps M. Social capital [J]. Handbook of economic growth, 2005, 1 (SUPPL. PART B): 1639 - 1699.

[145] Ellison G. Cooperation in the prisoner's dilemma with anonymous random matching [J]. Review of Economic Studie, 1994, 61 (3): 567 - 588.

[146] European Commission. Taking five years of the European employment strategy [R]. Brussels: European Commission, 2002.

[147] Fafchamps M. Market institutions in Sub-Saharan Africa [M]. Cambridge: MIT Press, 2004.

[148] Fan C C. The elite, the natives, and the outsiders: migration and labor market segmentation in urban China [J]. Annals of the Association of American Geographers, 2002, 92 (1): 103 - 124.

[149] Fershtman C, Gneezy U. Discrimination in a segmented society: an experimental approach [J]. Quarterly Journal of Economics, 2001, 116 (1): 351 - 377.

[150] Fisman R, Shi J, Wang Y, Wu W. Social ties and the selection of China's political elite [J]. American Economic Review, 2020, 110 (6): 1752 - 1781.

[151] Fleisher B M, Yang D T. Labor laws and regulations in China [J]. China Economic Review, 2003, 14 (4): 426 - 433.

[152] Foltz J, Guo Y, Yao Y. Lineage networks, urban migration and income inequality: evidence from rural China [J]. Journal of Comparative Economics, 2020, 48 (2): 465 - 482.

[153] Fu M, Liu C, Yang M. Effects of public health policies on the

health status and medical service utilization of Chinese internal migrants [J]. China Economic Review, 2020, 62 (8): 101464.

[154] Fukuyama F. Social capital [R]. Tanner Lecture on Human Values, 1997.

[155] Giulietti C, Ning G, Zimmermann K F. Self-employment of rural-to-urban migrants in China [J]. International Journal of Manpower, 2012, 33 (1): 96 –117.

[156] Glaeser E L, Laibson D, Sacerdote B. An economic approach to social capital [J]. Economic Journal, 2002, 112 (483): F437 – F458.

[157] Goldin C. A grand gender convergence: its last chapter [J]. American Economic Review, 2014, 104 (4): 1091 –1119.

[158] Goos B M, Manning A, Salomons A. Explaining job polarization: routine-biased technological change and of fshoring [J]. American Economic Review, 2014, 104 (8): 2509 –2526.

[159] Granovetter M S. The strength of weak ties [J]. American Journal of Sociology, 1973, 78 (6): 1360 –1380.

[160] Green G P. Handbook of Rural Development [M]. Cheltenham: Edward Elgar Publishing Limited, 2013.

[161] Greif A, Tabellini G. The clan and the corporation: sustaining cooperation in China and Europe [J]. Journal of Comparative Economics, 2017, 45 (1): 1 –35.

[162] Grossman G M, Helpman E. Identity Politics and Trade Policy [J]. The Review of Economic Studies, 2021, 88 (3): 1101 –1126.

[163] Grossman M. On the Concept of Health Capital and the Demand for Health [J]. Journal of Political Economy, 1972a, 80 (2): 223 –255.

[164] Grossman M. The demand for health: a theoretical and empirical investigation [M]. New York: Columbia University Press, 1972b.

[165] Guiso B L, Sapienza P, Zingales L. The role of social capital in financial development [J]. American Economic Review, 2004, 94(3): 526 –556.

[166] Guldi M, Herbst C M. Offline effects of online connecting: the im-

pact of broadband diffusion on teen fertility decisions ［J］. Journal of Population Economics, 2017, 30 (1): 69 – 91.

［167］ Hajek A, König H H. The relation between personality, informal caregiving, life satisfaction and health-related quality of life: evidence of a longitudinal study ［J］. Quality of Life Research, 2018, 27 (5): 1249 – 1256.

［168］ Helliwell J F, Aknin L B, Shiplett H, Huang H, Wang S. Social capital and prosocial behaviour as sources of well-being ［R］. NBER Working Paper, 2017, No. 23761.

［169］ Helliwell J F, Norton M B, Huang H, Wang S. Happiness at different ages: The social context matters ［R］. NBER Working Paper, 2018, No. 25121.

［170］ Hicks J R. The Theory of Wages ［M］. London: Macmillan, 1932.

［171］ Hjort J, Poulsen J. The arrival of fast internet and employment in Africa ［J］. American Economic Review, 2019, 109 (3): 1032 – 1079.

［172］ Honig E. Creating Chinese Ethnicity: Subei People in Shanghai, 1850 – 1980 ［M］. New Haven: Yale University Press, 1992.

［173］ Hudson K. The new labor market segmentation: labor market dualism in the new economy ［J］. Social Science Research, 2007, 36 (1): 286 – 312.

［174］ International Labour Organization (ILO). Decent work, report of the direct general ［R］. International Labour Conference, 87th Session, Geneva: ILO, 1990.

［175］ International Labour Office (ILO). International Standard Classification of Occupations: ISCO – 08 ［R］. Geneva: International Labour office, 2012.

［176］ Ioannides Y M, Loury L D. Job information networks, neighborhood effects, and inequality ［J］. Journal of Economic Literature, 2004, 42 (4): 1056 – 1093.

［177］ Jackson M O. Networks in the understanding of economic behaviors ［J］. Journal of Economic Perspectives, 2014, 28 (4): 3 – 22.

［178］ Jarosch G, Oberfield E, Rossi-Hansberg E. Learning from coworkers ［J］. Econometrica, 2021, 89 (2): 647 – 676.

［179］Jovanovic B. Job matching and the theory of turnover ［J］. Journal of Political Economy, 1979, 87 (5): 972 – 990.

［180］Kalfa E, Piracha M. Social networks and the labour market mismatch ［J］. Journal of Population Economics, 2018, 31 (3): 877 – 914.

［181］Kandori M. Social norms and community enforcement ［J］. Review of Economic Studies, 1992, 59 (1): 63 – 80.

［182］Karbownik K, Özek U. Setting a good example? Examining sibling spillovers in educational achievement using a regression discontinuity design ［R］. NBER Working Paper, 2019, No. 26411.

［183］Knack S, Keefer P. Does social capital have an economic payoff? A cross-country investigation ［J］. Quarterly Journal of Economics, 1997, 112 (4): 1251 – 1288.

［184］Krishnan P, Sciubba E. Links and architecture in village networks ［J］. Economic Journal, 2009, 119: 917 – 949.

［185］Kube R, Löschel A, Mertens H, Requate T. Research trends in environmental and resource economics: Insights from four decades of JEEM ［J］. Journal of Environmental Economics and Management, 2018, 92: 433 – 464.

［186］Leibowitz A A. The demand for health and health concerns after 30 years ［J］. Journal of Health Economics, 2004, 23 (4): 663 – 671.

［187］Li Z, Liu Z, Anderson W, Yang P, Wu W, Tang H, You L. Chinese rice production area adaptations to climate changes, 1949 – 2010 ［J］. Environmental Science and Technology, 2015, 49 (4): 2032 – 2037.

［188］Lin N. A network theory of social capital ［J］. The Handbook of Social Capital, 2005: 1 – 25.

［189］Lin Y, Zhang Q, Chen W, Ling L. The social income inequality, social integration and health status of internal migrants in China ［J］. International Journal for Equity in Health, 2017, 16 (1): 1 – 11.

［190］Lleras-Muney A, Miller M, Sheng S, Sovero V T. Party on: the labor market returns to social networks and socializing ［R］. NBER Working Paper, 2020, No. 27337.

[191] Loury G. A dynamic theory of racial income differences [M] // Wallace P, LeMund A, eds. Women, Minorities, and Employment Discrimination. Lexington: Lexington Books, 1977: 153 – 186.

[192] Loury L D. Some contacts are more equal than others: informal networks, job tenure, and wages [J]. Journal of Labor Economics, 2006, 24 (2): 299 – 318.

[193] Lu S, Chen S, Wang P. Language barriers and health status of elderly migrants: micro-evidence from China [J]. China Economic Review, 2019, 54: 94 – 112.

[194] Maertens A. Who cares what others think (or do)? Social learning and social pressures in cotton farming in India [J]. American Journal of Agricultural Economics, 2017, 99 (4): 988 – 1007.

[195] Magnan N, Spielman D J, Lybbert T J, Gulati K. Leveling with friends: Social networks and Indian farmers' demand for a technology with heterogeneous benefits [J]. Journal of Development Economics, 2015, 116: 223 – 251.

[196] Magruder J R. Intergenerational networks, unemployment, and persistent inequality in South Africa [J]. American Economic Journal: Applied Economics, 2010, 2 (1): 62 – 85.

[197] Mahajan P, Yang D. Taken by storm: hurricanes, migrant networks, and US immigration [J]. American Economic Journal: Applied Economics, 2020, 12 (2): 250 – 277.

[198] Mc Call J J. Economics of information and job search [J]. Quarterly Journal of Economics, 1970, 84 (1): 113 – 126.

[199] Meng X. Labor market outcomes and reforms in China [J]. Journal of Economic Perspectives, 2012, 26 (4): 75 – 102.

[200] Miquel G P i, Qian N, Xu Y, Yao Y. Making democracy work: culture, social capital and elections in China [R]. NBER Working Paper, 2015, No. 21058.

[201] Montgomery J D. Social networks and labor-market outcomes: toward an economic analysis [J]. American Economic Review, 1991, 81

（5）：1408 - 1418.

［202］Munshi K, Rosenzweig M. Networks and misallocation：insurance, migration, and the rural-urban wage gap ［J］. American Economic Review, 2016, 106 （1）：46 - 98.

［203］Munshi K. Community networks and migration ［J］. The Oxford Handbook of the Economics of Networks, 2015：629 - 648.

［204］Munshi K. Community networks and the process of development ［J］. Journal of Economic Perspectives, 2014, 28 （4）：49 - 76.

［205］Munshi K. Information networks in dynamic agrarian economies ［J］. Handbook of Development Economics, 2007, 4：3085 - 3113.

［206］Munshi K. Networks in the modern economy：Mexican migrants in the U. S. labor market ［J］. Quarterly Journal of Economics, 2003, 118 （2）：549 - 599.

［207］Munshi K. Social learning in a heterogeneous population：Technology diffusion in the Indian Green Revolution ［J］. Journal of Development Economics, 2004, 73 （1）：185 - 213.

［208］Munshi K. Social networks and migration ［J］. Annual Review of Economics, 2020, 12：503 - 524.

［209］Munshi K. Strength in numbers：networks as a solution to occupational traps ［J］. Review of Economic Studies, 2011, 78 （3）：1069 - 1101.

［210］Murphy F X. Does increased exposure to peers with adverse characteristics reduce workplace performance? Evidence from a natural experiment in the US Army ［J］. Journal of Labor Economics, 2019, 37 （2）：435 - 466.

［211］Ostrom E. Social capital：A fad or fundamental concept? ［M］// Dasgupta P, Seragilden I, eds. Social Capital：A Multifaceted Perspective. Washington, DC：World Bank, 2000.

［212］Panczak R, Moser A, Held L, Jones P A, Rühli F J, Staub K. A tall order：Small area mapping and modeling of adult height among Swiss male conscripts ［J］. Economics and Human Biology, 2017, 26：61 - 69.

［213］Park S. Socializing at work：evidence from a field experiment with manufacturing workers [J]. American Economic Journal: Applied Economics, 2019, 11 (3): 424 – 455.

[214] Parsons C, Reysenbach T, Wahba J. Network sorting and labor market outcomes: evidence from the chaotic dispersal of the Viet Kieu [R]. IZA Discussion Paper, 2020, No. 13952.

[215] Partha D. Social capital [M] // The New Palgrave Dictionary of Economics. Macmillan Publishers, 2018: 12473 – 12481.

[216] Perreira K M, Pedroza J M. Policies of exclusion: implications for the health of immigrants and their children [J]. Annual Review of Public Health, 2019, 40: 7. 1 – 7. 20.

[217] Piore M J. The dual labor market: theory and implications [M] // Grusky D B, ed. Social Stratification: Class, Race, and Gender in Sociological Perspective. Boulder, CO: Westview Press, 2001.

[218] Pissarides C A. Job matchings with state employment agencies and random search [J]. Economic Journal, 1979, 89 (356): 818 – 833.

[219] Pissarides C A. Equilibrium in the labor market with search frictions [J]. American Economic Review, 2011, 101 (4): 1092 – 1105.

[220] Putnam R. Bowling alone: America's declining social capital [J]. Journal of Democracy, 1995, 6 (1): 65 – 78.

[221] Putnam R. Bowling Alone: The Collapse and Revival of American Community [M]. New York: Simon & Schuster, 2001.

[222] Putnam R, Leonardi R, Nanetti R Y. Making Democracy Work: Civic Traditions in Modern Italy [M]. Princeton: Princeton University Press, 1993.

[223] Rauch J, Trindade V. Ethnic Chinese networks in international trade [J]. Review of Economics and Statistics, 2002, 84 (1): 116 – 130.

[224] Rees A. Information networks in labor markets [J]. American Economic Review, 1966, 56 (1 – 2): 559 – 566.

[225] Regmi K, Henderson J D. Labor demand shocks at birth and cognitive achievement during childhood [J]. Economics of Education Review, 2019,

73: 101917.

[226] Romer P M. Endogenous technological change [J]. Journal of Political Economy, 1990, 98 (5): S71 – S102.

[227] Roy A D. Some thoughts on the distribution of earnings [J]. Oxford Economic Papers, 1951, 3 (2): 135 – 146.

[228] Sahay R, Cihak M, N'Diaye P, Barajas A, Mitra S, Kyobe A, Mooi Y, Yousefi S R. Financial inclusion: can it meet multiple macroeconomic goals? [R]. IMF Staff Discussion Note, 2015.

[229] Satyanath S, Voigtländer N, Voth H J. Bowling for fascism: social capital and the rise of the Nazi Party [J]. Journal of Political Economy, 2017, 125 (2): 319 – 361.

[230] Schechter L, Yuskavage A. Reciprocated versus unreciprocated sharing in social networks [R]. SSRN Electronic Journal, 2011.

[231] Schiff M. Social capital, labor mobility, and welfare: the impact of uniting states [J]. Rationality & Society, 1992, 4 (2): 157 – 175.

[232] Schultz T W. Investment in human capital [J]. American Economic Review, 1961, 51 (1): 1 – 17.

[233] Simon C J, Warner J T. Matchmaker, matchmaker: the effect of old boy networks on job match quality, earnings, and tenure [J]. Journal of Labor Economics, 1992, 10 (3): 306 – 330.

[234] Simon K. Economic growth and income inequality [J]. American Economic Review, 1955, 45 (1): 1 – 28.

[235] Sjaastad L. A. The costs and returns of human migration [J]. Journal of Political Economy, 1962, 70 (5): 80 – 93.

[236] Sobel J. Can we trust social capital? [J]. Journal of Economic Literature, 2002, 40 (1): 139 – 154.

[237] Stigler G. J. Information in the labor market [J]. Journal of Political Economy, 1962, 70 (5): 94 – 105.

[238] Sun T. Balancing innovation and risks in digital financial inclusion—Experiences of Ant Financial Services Group [M] // Handbook of Blockchain,

Digital Finance, and Inclusion：Vol. 2. Elsevier Inc. , 2018：37 – 43.

［239］Tajfel H, Turner J. An integrative theory of intergroup conflict ［M］// Worchel S, Austin W, eds. The Social Psychology of Intergroup Relations. Monterey, CA：Brooks, 1979：94 – 109.

［240］Topa G. Social interactions, local spillovers and unemployment ［J］. Review of Economic Studies, 2001, 68（2）：261 – 295.

［241］Topa G, Zenou Y. Neighborhood and network effects ［M］// Handbook of Regional and Urban Economics：Vol. 5A. Part. 1. Elsevier B. V. , 2015.

［242］Tsai L L. Accountability Without Democracy：Solidary Groups and Public Goods Provision in Rural China ［M］. Cambridge Studies in Comparative Politics. Cambridge, MA：Cambridge University Press, 2007.

［243］Van Hook J, Bachmeier J D, Coffman D L, Harel O. Can we spin straw into gold? An evaluation of immigrant legal status imputation approaches ［J］. Demography, 2015, 52（1）：329 – 354.

［244］Viscusi W. K. A theory of job shopping：a Bayesian Perspective ［J］. Quarterly Journal of Economics, 1980, 94（3）：609 – 614.

［245］Wagstaff A, Culyer A J. Four decades of health economics through a bibliometric lens ［J］. Journal of Health Economics, 2012, 31（2）：406 – 439.

［246］Wang S. Y. Marriage networks, nepotism, and labor market outcomes in China ［J］. American Economic Journal：Applied Economics, 2013, 5（3）：91 – 112.

［247］Williamson O E. The Economic Institutions of Capitalism ［M］. New York：Free Press, 1985.

［248］Wilson R. Moving to Jobs：The Role of Information in Migration Decisions ［J］. Journal of Labor Economics, 2020：forthcoming.

［249］Wolcott E. L. Employment inequality：Why do the low-skilled work less now? ［J］. Journal of Monetary Economics, 2021, 118：161 – 177.

［250］Wolitzky A. Cooperation with network monitoring ［J］. Review of Economic Studies, 2013, 80（1）：395 – 427.

［251］ Young H. P. Innovation diffusion in heterogeneous populations：contagion, social influence, and social learning ［J］. American Economic Review, 2009, 99 (5)：1899 – 1924.

［252］ Zhang C. Family support or social support? The role of clan culture ［J］. Journal of Population Economics, 2019, 32 (2)：529 – 549.

［253］ Zhang X., Li G. Does guanxi matter to nonfarm employment? ［J］. Journal of Comparative Economics, 2003, 31 (2)：315 – 331.

［254］ Zhang X., Yang J., Wang S. China has reached the Lewis turning point ［J］. China Economic Review, 2011, 22 (4)：542 – 554.

［255］ Zhao Y. Leaving the countryside：rural-to-urban migration decisions in China ［J］. American Economic Review, 1999, 89 (2)：281 – 286.

［256］ Zhao Y. The role of migrant networks in labor migration：the case of China ［J］. Contemporary Economic Policy, 2003, 21 (4)：500 – 511.

后　记

　　时光飞逝，转眼已毕业四年，如今作为高校青年教师继续从事教学科研工作。回望二十四载求学历程，博士期间尤以珞珈山那段岁月最为难忘。如今，本书得以出版，不仅是对曾经艰苦求索的成果沉淀，更是对未来探索未知领域的一次美好启航。本书聚焦"数字经济下社会资本与农业转移人口高质量就业"课题，缘起于对传统产业转型升级与数字经济迅速发展背景下劳动市场变化的深刻思考，以及在社会调查中对农业转移人口就业情况的持续观察。农业转移人口是城市的新来者，通常在次属劳动力市场工作，面临迁移摩擦、歧视、工作不稳定和社会保障不足等多重困境。特别是当前经济增长放缓和产业结构转型升级双重压力下质量型矛盾成为劳动力市场主要矛盾，农业转移人口面临着从劳动力供给数量增加向供给质量提升转型的挑战。与此同时，农业转移人口离开家乡进入城市后，可用的社会资源和信息渠道减少，对重构社会网络具有强烈的需求。随着人口城镇化率不断提高，农业转移人口在城市的社会资本逐渐发生分化，从而可能重塑其就业形态。如何持续促进农业转移人口就业质的有效提升和量的合理增长，不断增强其获得感、幸福感、安全感？如何通过社会资本重构助力该群体突破职业发展瓶颈？在不同的数字经济发展水平下，社会资本对农业转移人口高质量就业产生了什么影响？成为推进新型城镇化和中国式现代化的重要命题。这一现实关切驱动着我展开理论与实证研究，希望通过理论与实证分析为相关政策制定提供有力支撑和启示。

　　回望这段充满挑战与收获的求学时光，每一步都凝聚着师长的谆谆教诲和同窗的帮助。我衷心感谢我的指导老师刘传江教授。导师刘传江教授以严谨的治学态度引领我走进学术殿堂。从博士入学伊始，刘老师便结合学科前沿与我个人特点制定培养方案，引领我走出一条充满探索与创新的学术之路。从博士论文的研究选题、研究设计、写作、修改和答辩，无不凝结着刘老师的汗水。每每我有做得不当的地方，刘老师都及时指出我的问题。正是刘老师每次的建设性批评，才使我不断地突破自己的舒适区，不断地成长。他的严格要求令我终生难忘，成为我不断进取的重要动力。

此外，武汉大学经济发展研究中心和经济研究所的师长们为研究提供了重要支撑。叶初升教授在现实问题方面的点拨，杨艳琳教授对高质量就业的剖析，杨冕教授在研究设计上的指导，董延芳副教授的研究框架建议，以及余江副教授的实证研究方法，这些宝贵意见使研究不断深化完善。尤其难忘预答辩期间，各位老师对选题、文献综述、理论构建、研究设计、结论及政策建议等方面提出了二十余条修改意见，让论文实现了质的提升。

家人的支持是完成本研究的基石。父亲始终用他那宽厚而坚定的臂膀支持着我，无论是在学业上遇到困境还是生活中遭遇挫折，他总能给予我无尽的鼓励与力量。母亲默默的付出和细致入微的关怀，让我能心无旁骛地投入学术研究中。弟弟主动分担照顾父母的责任，先生在我攻博期间默默承担了家庭责任。家人的理解和支持，成为我不断奋进的最大动力。

本书付梓之际，正值数字经济与实体经济深度融合的关键节点。那些在调研中结识的面孔——在流水线旁自学 Python 的装配工，通过短视频平台组建装修联盟的泥瓦匠，运用区块链技术追溯农产品来源的新农人——他们用实践智慧为理论研究注入鲜活注脚。谨以此书，向所有在我求学和成长路上给予关怀与帮助的人表达最深的谢意！愿这部著作能在新时代背景下，为高质量就业和农业转移人口福利的研究提供新思路，更希望引发社会各界对农业转移人口发展权益的深层关注。

谨以此书献给所有关心新型城镇化建设的同仁。未来将继续深耕人口和劳动经济学领域，以更扎实的研究回应时代命题，为推进高质量就业贡献学术力量。最后，本书能够顺利出版，离不开经济科学出版社编辑老师的大力支持，在此特别致谢！

付明辉

2025 年 3 月于广州